뿌리깊은기업

100년을 넘긴 민족기업에서부터 고희를 넘긴
이 시대 70대 장수기업의 설립 배경과 성장사
그리고 그 경영 노하우의 숨은 비결을 찾아서

뿌리깊은기업

The *SECRETS* of
Deep-Rooted Our Enterprises

新産業戰略研究院 編

화산
문화

이 책을 발간하면서

21세기 들어 일자리가 세계적 관심사가 되고 있다. 일자리를 만들고 생산을 통해 부를 창조하는 주체는 기업이다. 그렇기 때문에 국력을 가늠하는 기준은 군사력이 아니라 그 나라가 자랑할 수 있는 기업 특히 우량기업의 숫자라는 것이 통설이다.

그러나 그 기업도 생명체와 마찬가지로 영원불멸한 것이 아니다. 어제까지 날아가는 새도 떨어뜨릴 기세로 번창하던 기업이 어느 날 쇠퇴의 나락에 떨어진 사례를 우리는 수없이 보아 왔다. 이 때문에 기업 특히 우량기업이 많은 것 못지않게 영속 기업이 많아야 한다는 것은 날이 갈수록 더욱 강조되고 있다. 기업이 장수해야 일자리와 국부 증진이 안정적인 것은 두말할 여지가 없다.

한국의 근대기업 역사는 1876년의 개항을 기점으로 한다면 이제 겨우 130여년 - 그 짧은 기간 한국 기업사는 정치사회 만큼이나 격동의 연속이었다. 일제시대, 해방, 전쟁, 정변, 외환위기 등. 적지 않은 기업들이 그 같은 각종 위기를 용케 극복하고 오늘에 이르고 있다. 두산(斗山, 1896년 설립), 동화(同和, 1897년 설립)약품, 경방(京紡, 1919년 설립), 삼양사(三養社, 1924년 설립), 삼성(三星, 1938년 설립) 등이 그 대표적인 케이스다. 이들 기업들의 장수 비결은 과연 무엇일까.

장수기업은 대부분 우량기업으로 분류된다. 기업의 수명은 동서를 막론하고 대체로 30여년으로 보고 있다. 기업환경이 날이 갈수록 더 타이트해

지고 있기 때문에 앞으로는 훨씬 더 짧아질 것이다. 그러나 장수기업들은 그 같은 수많은 어려움을 극복하는 과정에서 체질이 강화되어 오히려 더 높은 성과를 얻는다는 결론이다. 미국의 일등 기업은 70%가 장수기업이라는 대한상공회의소의 분석이다. 대한상의는 '장수기업은 곧 일류기업을 의미한다'고까지 말한다.

'뿌리 깊은 기업'을 취재하면서 나타난 한국 장수기업의 특징은 하나같이 '중단없는 혁신'이었다. 창립 당시의 업종을 100% 바꾼 환골탈태형(두산)이 있는가 하면 오로지 한 업종에만 전념하면서도 안주하지 않고 개선과 개혁을 끊임없이 추진하고 있었다. 이들 장수기업의 장수 비결과 경영 노하우를 벤치마킹하자는 것이 이 책의 목적이다. 참으로 다행스러운 것 중의 하나는 세계에서 가장 오래된 기업의 창업자가 한국인이었다는 사실에서 지금의 한국기업에도 그러한 DNA가 면면히 흐르고 있으리라는 위안이다.

578년 설립된 일본의 '곤고구미'(金剛組)가 세계에서 가장 오래된 기업이라는 사실은 확실한 증명도 없지만 부정할 수도 없다는 것이 대부분의 학자들의 생각이다. 미국 브라이언트대학 학장을 지낸 윌리엄 오하라(William T. O'Hara)는 「세계 장수기업, 세기를 뛰어넘은 성공」(Centuries of Success)에서, 일본경제신문은 '200년 기업'에서 각각 '곤고구미'를 세계 최장수기업으로 인정했다. 일본 쇼토쿠(聖德)태자는 일본에서 가장 오래된 절인 시텐노지(四天王寺) 건립을 위해 백제로부터 유중광(柳重光, 일본이름 金剛重光)을 초청, 중책을 맡겼고 15년 만에 절을 완성했다. 그 '곤고구미'는 2006년 경영부진으로 다까마쓰(高松)건설에 합병되었지만 지금도 하나의 사업부로 남아 있다.

이 책이 취급하고 있는 '장수기업'의 정의 등에 대해서는 논쟁의 여지가 있을 수 있다. 집필자 6명이 몇 달 간에 걸쳐 논의를 거듭한 끝에 다음과 같이 정리했다. 첫째, 인간도 환갑을 넘겨야 장수 축에 끼일 수 있듯이 기업도

2010년 현재 설립 60년은 넘는 것으로 한다. 60년의 역사는 세계 평균 기업 수명 30여년을 2배 넘게 존속하는 것으로 장수라는 말을 써도 손색이 없다. 둘째, 패밀리 기업은 두말할 여지가 없지만 일반 법인기업 처럼 오너는 바뀌어도 기업의 뿌리를 인정하고 있는 기업, 그리고 회사 이름이 같거나 고유의 브랜드를 그대로 유지하고 있는 기업은 모두 장수기업으로 규정했다.

조사, 취재의 한계 등으로 이 책에서는 74개 기업만 취급했다. 60년 넘는 기업에 대한 통일된 자료는 아직 없지만 각 지방에 있는 소규모 기업까지 망라하면 수백 개에 이르고 있는 것으로 추산됐다. 그 중에서 취재가 가능한 기업만 선정했다. 아쉽지만 나머지 기업은 다음 기회로 미룬다.

또 한가지는 사기업 위주로 선정한다는 원칙이었다. 공기업은 모두 배제했고 공기업 성격이 강한 병원, 신문사 등도 제외했다. 사기업 중에서는 이미 다른 단행본이나 미디어에서 많이 취급한 노포(老鋪)는 가능한 한 취급하지 않기로 했다.

2010년 현재, 장수기업을 업종별로 보면 가장 많은 것은 제조업이었다. 74개 기업 중 거의 절반인 33개사(44.5%)가 제조업이었다. 다음으로 식음료(12개), 제약(8개), 건설(5개), 보험(4개), 운수(3개), 서비스(3개), 출판(3개), 기타(3개)의 순이었다. 제조업이 많은 것은 설립 당시의 업종에서 벗어나 시간이 지나면서 제조업으로 변신했기 때문인 것으로 분석됐다.

74개 기업의 장수기업 유형은 5개 카테고리로 분류했다. 1) 장수기업 모두 변신, 혁신의 달인이었지만 그 중에서도 혁신을 좀 더 파격적으로 한 '창조적 파괴형', 2) 눈앞의 이익보다 지역의 신의와 신뢰를 중시하는 '향토기업형', 3) 딴 눈 팔지 않고 오로지 한 분야에만 집중한 '한 우물형', 4) 동업, 협업의 단점 보다 장점을 더 살린 '공동 경영형', 5) 주인은 바뀌었지만 창업정신, 업종, 브랜드 등은 그대로 유지 계승되고 있는 '기업은 영원하다 형' 등이다.

5가지 장수 유형에서 두드러진 것은 한 우물형이 37%인 27개 기업으로 가장 많고 오너가 바뀐 기업이 28%인 21개사로 그 다음을 차지했다는 점이다. 한국의 장수 기업은 다양한 분야에서 치열한 생존경쟁을 경험하는 서구의 기업과는 달리 실속형이면서 위험회피 성향이 강한 보수적인 면모를 보여주고 있다고 해석할 수 있겠다. 그리고 이미 검증된 기업을 인수하여 사업을 확장하는 것도 실속과 위험회피 성향과 일치한다고 볼 수 있다.

한국 장수기업의 또 하나의 두드러진 특징은 패밀리 기업이 압도적이라는 것이다. 중소기업은 물론 재벌기업도 대부분 패밀리 기업이다. 오너가 바뀐 기업도 새 오너는 패밀리 기업으로 발전시키고 있다. 패밀리 기업은 단점 보다 장점이 더 많은 것으로 분석되고 있다. 윌리엄 오하라는 이코노미스트에 기고한 글에서 "빠른 의사결정과 번득이는 기업가적 지혜-가족들은 서로를 신뢰하고 재산을 중시하지만 동시에 명성도 중시한다. 현재의 가족은 물론 미래의 자손까지 생각한다. 한마디로 특이한 존재다. 이것이 바로 가족기업이 오래 견디는 이유다"라고 썼다.

그래선지 동서를 막론하고 장수기업엔 패밀리 기업이 많다. 미국에선 패밀리 기업을 학문적으로 연구하는 대학만도 100개가 넘는다. 유럽에서도 많은 대학들이 패밀리 기업에 대해 연구하고 있고 1, 2세들에게 믿을 만한 지원책을 제공하고 있다는 것이다. 이 책은 장수기업을 저널리스틱하게 기술하고 있지만 패밀리 기업을 학문적으로 연구하는데 그 입문서가 될 수 있으면 하는 바람이다.

이 책이 나오기까지 물심양면으로 지원해 주신 송병락 서울대 명예교수, 신산업전략연구원 이사진 여러분, 그리고 특히 편집과정에서 많은 조언을 해 주신 화산문화 허만일 대표에게 존경과 감사를 드린다.

2011년 9월 10일
(사)신산업전략연구원장 **김두겸**

3. 한 우물에 전념 ─ 타협하지 않는다

1. 창조적 파괴

- 변신, 혁신, 환골탈태 -

경방(京紡)

– 민족기업의 긍지 90년

국내 제조기업 중 최장수 기업으로서 1980년대까지 한국경제의 버팀목 역할을 해온 기업이 경방이다. 섬유산업이 사양 산업으로 인식되는 시점에서도 섬유산업 경쟁력을 위해 고부가가치의 기술 개발에 나서고, 설비 현대화에 박차를 가해 살아남은 고지식한 기업이다.

1910년, 경방의 모체가 되는 경성직뉴(京城織紐) 공장이 지금 서울 광희문 근처에 세워졌다

'우리 옷감을 우리 손으로' 만들자며 출발한 민족기업. 경방은 일제강점기에 순수 민족자본으로 세워진 우리나라 면방직 제조업의 효시로 한국기업사와 맥을 같이 한다. 경방에 따라 붙는 수식어는 '애국과 민족', '신용과 정직'이다. 3·1독립운동이 일어난 1919년 인촌 김성수의 주도로 창립된 경성방직주식회사는 당시 국산품 이용 물산장려운동이 확산되던 시기에 '1인 1주 운동'의 주식공모를 통한 민족자본으로 출범했다. 회사 설립 자체가 독립 운동이었다. 창업이념은 '경제독립과 민족자존'으로 2만주 발행 주식 전부를 한국인들이 소유한 상태

경방의 첫 상표 '태극성', 경방에서 생산되어 전국으로 팔려나간 광목은 나라 잃은 민족의 설움을 달래고 독립의지를 불태웠다

에서 출발했다. 창업 후 경방은 험난한 길을 걸었다. 이른바 삼품(三品)사건으로 설립되자마자 문을 닫게 될 위기에 처했으며, 1925년에는 대홍수로 공장이 전부 침수되기도 했다. 그러나 이런 시련을 딛고 일어나 지속적으로 방적공장과 조면공장을 준공하고 만주지역에 남만방적주식회사를 설립하면서 일본 자본에 대적할 수 있는 민족 최대의 기업으로 성장했다.

창립자는 김성수(金性洙)였으나 해방 후 혼란기를 거쳐 지금의 경방을 탄탄히 가꾼 인물은 김용완(金容完) 전 회장. 그는 김성수의 매제로 1929년 일본 히로시마고등사범학교 수학과를 졸업하고 삼수사(현 삼양사)에 입사했다가 1938년 경성방직 지배인으로 취임, 상무이사를 거쳐 1946년에 4대 사장에 올랐다.

그러나 만주까지 사세를 확장했던 경방은 1945년 광복 이후 38선 이북의 공장을 모두 잃고 영등포공장만 건지게 된다. 그마저도 1950년 전쟁으로 폐허가 돼 뼈대만 남았다. 그러기에 김용완, 그가 제2의 창업자인 것이다. 김용완은 해방 후 노동쟁의를 평정하면서 공장을 정상가동하고 전쟁으로 초토화된 공장을 재건했다.

1960~1970년대에는 시설 현대화를 지속적으로 추진해 당시 수출 한국의 기수로서 성공신화를 이루기도 했다. '기업은 사회의 공기(公器)'를 강조하던 그는 1947년 대한방직협회의 초대 이사장을 맡았고 후에 전국경제인연합회 회장을 여러 차례 역임하는 등 기업과 경제발전에도 공헌했다.

경방이 전성기를 구가하던 때는 1970년대. 정부가 경공업 위주의 수출

드라이브 정책을 추진한 덕에 방직물류시장을 선도하면서 고도성장을 이뤘다. 이후 방직업이 쇠락하면서부터 사업다각화에 나선다.

경성방직은 국내 최초로 광목을 생산한 데 이어 면사를 만주로 수출하고 만주에 공장까지 세워 국내기업 첫 해외 진출을 기록했다. 1956년 3월에는 국내 최초로 증권거래소에 기업을 상장(회원번호 001)해 국내 주식시장 발전에 초석이 되는 등 기업사적 중요 기록을 보유했다.

경방의 최대 장점은 신용이었다. 경방의 신용은 진작부터 널리 알려져 있었다. 경방은 1964년 2월 국내기업 역사상 처음 정부와 은행 보증 없이 자체 신용으로 외국 회사의 차관 도입에 성공했다. 당시 일본의 이토추상사로부터 120만 달러의 차관계약을 성사시킨 주역 고 김용완은 회고록을 통해 당시 상황을 이렇게 전한다. "나는 정부나 은행의 지불보증 없이 경성방직 자체보증만으로 차관을 요구했다. 왜냐하면 만일 경성방직이 부실해져 차관을 갚지 못한 경우가 생기더라도 국가에 폐를 끼치지 않기 위해서였다"

김용완의 이 같은 정직성과 신용은 경방과 오래 거래해 온 이토추상사의 마음을 움직였고, 마침내 장기저리의 유리한 조건으로 차관도입에 성공함으로써 1960년대 말 시설 현대화와 기술혁신에 나서는 원천을 만들었다.

1970년, 창립 50주년을 넘기면서 경성방직주식회사를 '주식회사 경방'으로 바꾼 이 회사는 김용완의 장남 김각중 시대에 들어선다. 이후 서울 공장 외에 경기도 용인, 반월, 광주에 공장을 추가로 준공하고 1987년에는 수출 1억달러를 돌파했다.

경방의 옛 영등포 공장 부지의 도시, 자연, 사람이 만나는 공간 타임 스퀘어, 내부에는 쇼핑몰에서부터 다양한 취미와 오락 공간까지 배치했다

1990년대 들어 방직업이 하향세를 보이자 사업다각화에 나서, 영등포공장 용지에 경방프라자를 신축하고 경방어패럴을 설립하는 등 유통업과 패션업에 진출했다. 2007년 김각중은 명예회장으로 물러나고 장남인 김준 부사장이 대표이사 사장에 올랐다. 이로서 창업 2세대에 이어 3세대 경영체제로 들어섰다. 창업 3세대 들어 경방은 옛 영등포공장자리를 개발해 종합쇼핑몰화하는 사업을 본격 추진, 2009년 완공시켰다. 타임스퀘어로 명명된 이 사업체는 김각중의 차남 김담이 맡았다. 김담은 2001년 우리 홈쇼핑 사업을 주도한 인물로 홈쇼핑 회사와 경방필백화점을 운영했던 경험을 바탕으로 이 사업을 성공적으로 일궈냈다.

　　2006년 롯데그룹에 우리홈쇼핑을 매각한 자금이 타임스퀘어를 건설하는 데 도움이 됐다. 타임스퀘어는 창립 1년 만에 안정세를 이루며 입점 사업체들이 늘고 있다. 개장 후 하루 평균 매출은 28억원, 주말이면 30만명이 넘게 다녀간다. 첨단시설과 풍성한 문화행사 등을 통해 수도권 인근 고객을 끌어들인 게 주효했다. 타임스퀘어는 이제 경방의 미래를 견인할 성장 동력 노릇을 하고 있다. (www.kyungbang.co.kr)　　　　　　　－ 박영규 －

두산(斗山)

– 포목에서 맥주, 다시 중공업으로

국내 최고(最古) 기업인 두산은 매헌(梅軒) 박승직(朴承稷)이 1896년 서울 종로 4가 배오개에서 '박승직상점'을 연데서 기초한다. 현재 21개 계열사에 18조원의 자산총액을 기록하며 국내 20대기업집단에 속한다. 두산은 시대에 맞는 사업을 일으키면서 패밀리 경영으로 기업을 운영해 왔다. 박승직과 후손 외에 박승직의 처 정정숙이나 박두병의 처 명계춘의 내조도 더한 가족경영의 모델이다. 정정숙은 박가분을 만들고, 후에 며느리와 함께 맥주사업 기반에 보탬을 준 운수업을 일궜다. 두산가 3세대 형제들의 총수 승계도 특이하다. 이복 형제는 물론 기업경영과 무관한 의사 출신 형제에게도 총수직을 맡길 만큼 형제경영 원칙이

1896년.지금의 종로 4가 배오개 에서 박승직상점 (두산의 모기업)의 문을 연 보부상 박승직(朴承稷)

박승직 상점의 모습과 상호 간판

1896년에서 1996년까지 두산 창업 100주년을 기념하는 현수막

지켜진다. 박승직은 후손에게 가족 공동경영과 교육, 우애를 강조하며 인화에 기초한 가족경영을 당부했다. 두산 형제들이 그룹 중요사안을 가족회의에서 결정하는 것도 유지에 따른 것이다.

대기업을 일군 것은 박두병과 그의 아들이지만 보부상 박승직과 아내 정정숙이 없었다면 오늘날 두산은 없었을 것이다. 박승직은 1864년 경기도 광주 탄벌리에서 태어났다. 숯가마골로 불리던 오지에서 지내던 그에게 대처로 나갈 기회가 열렸다. 그의 집안이 세력가 민영완의 소작인이었는데 민영완이 해남군수로 부임할 때 박승직을 데려갔기 때문이다. 박승직은 낯선 땅 해남에서 관청 일을 거들면서 틈틈이 시장에서 장사를 배웠다. 그 후 등짐장수로 나서 팔도를 누빈 박승직이 서울에서 가게를 튼 곳은 1896년 8월 서울 종로 4가 배오개였다. 최초의 근대적 상점인 '박승직상점'을 연 것이다. 포목을 취급하던 박승직상점이 1915년에는 박가분을 출시해 장안의 여성들로부터 사랑을 받는다. 박가분은 박승직의 처 정정숙이 만들어낸 상품이다.

박승직은 41살이던 1905년 3번째 혼례를 치렀는데 그 상대가 당시 19살 정정숙이다. 박가분은 1930년대 후반 일본화장품에 밀려나지만 그동안 상점의 위기를 건진 구세주로서 1925년 상점이 주식회사로 거듭나는데 결정적 보탬이 됐다. 박두병의 아내 명계춘도 시어머니 정씨와 함께 운수사업을 일궈 두산의 성장에 기여했다. 이런 바탕 아래 한 세기를 넘어 이룩된 두산의 역사는 시대에 맞춰 거듭 진화한다. 두산이란 명칭은 1946년 박승직이 아들 박두병 이름 첫 자인 말 두(斗)에 뫼 산(山)자를 붙여 지은 것이다. 그때부터 상호가 '두산상회'로 바뀌고 박두병이 이끄는 두산 시대가 열린다.

박두병(朴斗秉)은 1910년 10월 박승직과 정정숙 사이에서 태어났다. 경성고등상업학교(서울상대 전신)에 다니던 때 명계춘과 결혼했다. 졸업 후 조선은행에 취직하지만 4년 후 박승직상점의 수습사원이 돼 3개월 만에 취체역상무를 맡는다. 그의 나이 22살이었다. 그는 1938년에는 개업 이래 최대의 흑자를 낸다. 자본금 6만원을 18만원으로 증액하고 순이익도 4만 2천원을 넘겼다. 1939년 순이익은 23만 7천원.

1951년 두산상회로의 변신은 굴지의 기업집단으로 성장해 나가는 기틀이 된다. 무역업을 시작하고 OB맥주도 설립한다. OB맥주야말로 두산의 반석이다. 박두병은 우여곡절 끝에 1952년 단독 입찰로 맥주업체 인수에 성공한다. 적산기업이던 소화기린맥주를 동양맥주로 바꾸고 오리엔탈(Oriental)과 브루어리(Brewery)의 이니셜인 OB를 상표로 채택했다. 초기 점유율은 라이벌인 크라운의 절반도 안 되는 30%였으나 사업개시 6년만인 1958년 57 대 43으로 크라운을 추월한다. 맥주사업이 번창하자 1960년대 들어 건설, 식음료, 기계 산업 및 언론, 문화 부문의 다양한 사업을 전개한다. 건설 및 기계 산업 등은 맥주공장 건설과 설비 등에 관련된 사업체로 모태기업인 OB맥주 성장의 결과였다. 그는 1967년부터 1973년 3월 타계 때까지 3대에 걸쳐 대한상공회의소 회장을 역임한다. 그동안 맥주사업을 전문경영인 정수창에게 맡기는 데 그는 박두병의 사후 1981년까지 그룹의 총수를 맡았다.

두산은 1970년대 들어 '수성과 확장의 조화'를 방향으로 삼아 외국기업과 제휴를 통해 기술고도화를 꾀하며 합병전략을 통해 사업을 확충하고, 정리하며 내실을 다진다. 이것이 1980년대 그룹 도약의 발판을 이루고, 3대 박용곤 시대인 1990년대에도 확장을 지속한다. 두산의 대대적 변신은 2000년 안팎에 절정을 이룬다.

두산은 1997년에 닥친 IMF를 예견한 듯 앞서서 구조조정을 단행한다. 1995년 그룹의 유동성이 마이너스 9천억원에 이르자 박용곤은 구조조정에 나서지만 집행은 다음해 있을 두산 100년 기념 이후로 넘겨진다. 박용곤은 1996년 10월 100주년 기념행사 뒤 12월 그룹운영위원회를 열어 박용오에게 총수를 넘긴다. 박용오는 즉시 대대적인 구조조정을 개시했다. 가치 창출을 못하는 기업뿐 아니라 이익을 창출하는 알짜배기 기업도 정리했다. 모태기업인 동양맥주마저도 처분했다. 유동성 위기를 막을 현금 확보 때문이었다. 동양맥주 지분 50%를 팔아 외자유치에 성공하는 데 이것이 업종을 소비재에서 산업재로 바꾸는 결정적 촉매가 된다. 두산은 2001년 한국중공업인수를 계기로 연관 글로벌기업 인수에 나서 그룹을 종합기계사업체로 변신시켜 나간다.

배오개에서 시작한 두산이 기계플랜트산업 부문에서 굴지의 세계기업으로 등장한 것이다. 두산의 세계일류상품은 해수 담수화 플랜트 등 총 15개로 세계 최고의 기술로 큰 수출실적을 올리고 있다. 비운의 결말을 보인 '형제의 난'이 흠이긴 하지만 114년간 전해져 오는 우애를 바탕으로 한 가족경영 전통은 두산 가계의 특징으로 치부할 만하다.

(www.doosancorp.co.kr)   – 박영규 –

삼성(三星)

– 위기 두 번 넘기고 제2 창업에 성공

1961년 5월 삼성은 기업 존립과 관계되는 절체절명의 위기를 맞는다. 군사혁명정부의 서릿발 같은 부정축재자 단죄 의지 때문이었다. 전 재산이 몰수될 위기였다. 1938년 대구에서 창업한 삼성상회(현 삼성물산)를 시작으로 하고 있는 삼성 역사 23년 만의 일이다. 당시 내로라하는 대기업주는 대부분 구속 수감됐다. 삼호의 정재호, 개풍 이정림, 대한방직 설경동, 극동해운 남궁련, 한국유리 최태섭, 화신 박흥식, 조선견직 김지태 등 모두 11명. 이들은 전 재산을 국가에 헌납한다는 각서도 썼다. 일본에 체류 중이던 이병철(李秉喆)도 전 재산 헌납의 뜻을 밝히고 귀국했다.

귀국 즉시 서울 메트로 호텔로 연행된 이병철은 하루 뒤 국가최고회의 박정희 부의장과 대면하는 자리에서 부정축재자를 단죄하는 것 보다 그들을 경제건설의 일꾼으로 활용하는 것이 대한민국 경제건설에 더 도움이 된다는 요지로 박정희를 설득했다.

그 설득이 주효했는지 그 다음 날 구속자 전원이 석방됐다. 그들

1938년 대구에서 창업한 삼성상회(현 삼성물산)

은 경제재건촉진회를 발족시켜 혁명정부의 공약인 시급한 민생고 해결에 일익을 담당했다. 부정축재자에서 경제건설의 기수로 변신한 것이다.

당시의 상황을 이병철은 『호암자전』에서 다음과 같이 쓰고 있다.

"기업하는 사람의 본분은 많은 사업을 일으켜 많은 사람들에게 일자리를 제공하면서 그 생계를 보장해 주는 한편 세금을 납부하여 그 예산으로 국토방위는 물론이고 정부운영, 국민교육, 도로 항만시설 등 국가운영을 뒷받침하는데 있다고 생각합니다. 이른바 부정축재자를 처벌한다면 그 결과는 경제위축으로 나타날 것이며 이렇게 되면 당장 세수가 줄어 국가운영이 타격을 받을 것입니다. 오히려 경제인들에게 경제건설의 일익을 담당하게 하는 것이 국가에 이익이 될 줄 압니다"

박부의장은 내 말을 감동 깊게 듣는 것 같았으나 그렇게 되면 국민들이 납득하지 않을 것이라고 했다. "국가의 대본(大本)에 필요하다면 국민을 납득시키는 것이 바로 정치가 아니겠습니까"

뒤에 안 일이만 혁명정부는 이미 시정 기본방침을 '일면 건설, 일면 국방'에 두고 특히 경제발전에 주력하기로 결정하고 있었다. 그렇기 때문에 경제인을 처벌하는데 따르는 마이너스 면도 충분히 인식하고 있었다는 것이다. 그러나 이 문제는 너무나 정치문제화되어 있었기 때문에 다소 과중한 조치라는 것을 알면서도 부득이 단행하지 않을 수 없었다고 한다.

삼성 창업자 이병철 앞에는 많은 수식어가 붙어 있다. 한국 최고의 기업가 이병철, 경영의 귀재 이병철, 한국 자본주의를 일군 이병철 등. 그러나

『호암 경영철학』에 수록된 이병철의 메모장, 그는 그날 챙겨야 할 일, 미결사항, 전화해야 할 곳 등을 기록하고 있다

장수 기업의 토대를 마련한 기업가 이병철을 평가할 때는 '탁월한 전략가 이병철' 만큼 어울리는 수식어가 없다는 분석도 있다. 서슬퍼런 군사 혁명가 앞에서 백척간두의 위기를 기회로 탈바꿈 시킬 수 있었던 것은 타고난 전략가였기 때문에 가능했다는 이야기다. 창립 이후 처음 맞은 위기를 무사히 넘긴 삼성이지만 5년 뒤 다시 위기가 찾아온다. 이번엔 내부에서 빚어졌다. 외환을 극복하자 내우가 닥친 것이다.

1966년 9월 삼성은 한국비료 사카린 밀수사건에 휘말린다. 이 해 말 이병철은 한국비료를 국가에 헌납하고 자신은 삼성경영 일선에서 물러났다. 당시 56세, 삼성은 이병철의 3남 중 장남 이맹희가 총괄하기 시작했다. 1972년까지 이맹희는 삼성관련 회사 17개사의 임원직을 역임할 정도로 명실상부한 후계자였다. 차남 이창희는 한비사건으로 6개월 형을 살았고 출옥 후에도 5년간은 공식적으로 기업활동을 못하도록 제재를 받고 있었다.

"창업주에겐 은퇴란 없다"라는 말이 있다. 한비사건이 매듭지어 지고 정치정세도 다소 안정을 되찾은 70년대 들어 이병철은 조금씩 삼성 경영에 관심을 보이기 시작했다. 성격이 불같은 이맹희의 경영능력에 회의를 느꼈을 지도 모른다. 여기에 큰 사건이 터졌다. 차남 이창희의 모반이다. 삼성경영에서 왕따당하고 있다는 상실감 때문인지 그는 외화 도피, 계열사의 탈세 등 아버지를 고발하는 삼성의 비리 6가지를 폭로한 탄원서를 청와대에 보냈다. 이후 후계자 문제에서 창희는 완전히 배제됐다.

아버지가 보는 이맹희는 재벌총수로서의 경영능력 부족이었다. "그룹 전체가 혼란에 빠졌다"고 『호암자전』은 말한다. 후계자 선정에는 덕망과 관리능력이 기준인데 이맹희는 거기에 부적합했다는 것이다. 이맹희는 "갖가지 오해와 부자지간의 마찰" 때문이었다고 그의 자서전 『묻어둔 이야기』에서 말했다. "아버지가 복귀하고 싶어 하는데 나는 모든 것이 완전히 나에게 짐 지워진 줄로만 알았다. 내 첫 번째 잘못이었다."

1973년 이병철은 은퇴 7년 만에 삼성에 공식 복귀했다. 이맹희는 그 후

1987년 이건희 그룹회장이 취임하면서 사기를 받아 흔들고 있다

에도 아버지의 복귀에 반발하여 유랑생활을 계속했다. 삼성의 후계자는 3남인 이건희 쪽으로 기울었다. 1976년 이병철은 위암 판정을 받고 일본에서 수술 치료를 받는다. 출국을 앞둔 그 해 9월 가족회의에서 "앞으로 삼성은 건희가 이끌어 가도록 하겠다"고 선언했다. 이건희(李健熙)는 79년 2월 그룹 부회장이 됐고 회장으로 공식 취임한 87년까지 8년 동안 제왕학(帝王學)을 터득했다.

이건희가 이끄는 삼성은 지금 '한국 제1'에서 '세계 제1'로 눈부신 발전을 거듭하고 있다. 삼성상회(삼성물산)에서 시작한지 71년 만인 2009년 말 현재 계열사도 총 64개(금융감독원 공시 사이트)로 늘어났다. "마누라와 자식 빼곤 다 바꾸어라"라는 케치프레이즈 아래 삼성의 체질개선에 올인했던 그는 수성과 '제2의 창업'에 성공했다. 현재 안전한 3세 경영을 위해 복선 레일을 깔고 있다. 이병철의 선택과 이건희의 수성(守成) 전략은 탁월했다는 평가다. 2011년 6월 27일, 대구시와 삼성물산은 "1938년 고 이병철회장이 28세 때 세운 대구시 중구 인교동에 있던 옛 삼성상회 터를 대구시 기념공간으로 만들어 삼성의 역사와 함께 세계적 기업인 삼성의 창업지가 대구시라는 것을 널리 알려 나라경제와 지역경제 발전에 도움이 되도록한다"고 선언하였다. (www.samsung.co.kr)   - 김두겸 -

일동제약(日東製藥)

– 1975년 기업공개, 주식 98% 임직원에 배정

일동제약은 본사와 4개의 자회사, 연구소, 장학재단 등을 산하에 두고, 모두 1,200여명의 임직원이 일반·전문의약품 등 150여종의 의약품과 의료기기, 건강식품, 화장품 등을 생산하는 국내 굴지의 제약회사이다.

'인류의 건강과 행복한 삶에 기여하는 초일류기업' 일동제약의 중앙연구소 건물

창업자 송파(松波) 윤용구(尹溶求, 1908-1993)는 경성약학전문학교(서울대학교 약학과 전신)를 졸업 후 삼양공사(三陽公司)라는 소규모 의약품 소매점을 경영했다. 일제침략 전쟁이 한창이던 1942년 3월 당시 도산 위기에 있던 일동, 대도, 대동, 수도 쌍용 등 5개 군소 제약회사를 인수, 서울 종로 4가에서 일동제약(日東製藥)이라는 이름 아래 사세를 확장해 갔다.

8·15광복과 6·25동란 등 혼란 속에서도 일동제약은 '민족제약의 자립'을 다짐하고 사업의 기틀을 다졌다. 1958년 국내 최초로 유산균 제제 '비오비타'와 영양제 '아로나민'을 개발해, 오늘날까지 60년 넘게 이 회사의 대표적 제품으로 성가를 높이고 있다. 일동제약은 의약품 원료를 대부분

외국에 의존했던 당시 국내 제약업계에 '주 원료는 자가 생산으로'라는 새로운 풍토를 일깨우는 역할을 했다. 남양산업을 인수하여 일동후디스주식회사로 재출범하고, 일본 OSG사와 제휴로 알칼리 이온수기 산업에도 진출했다. 2007년에는 유통전문회사 일동생활건강(주)을 설립하는 등 사업 확장과 다각화를 계속하고 있다.

일동제약의 창의와 도전정신은 광고, 선전에서도 남달랐다. 1971년 TV의 스포츠 프로그램에 '일동스포츠'라는 타이틀과 '체력은 국력'이라는 카피를 연동시켜 새 제품 '아로나민'이 국민영양제라는 이미지를 굳히는 데 성공했다. 1971년에 시도된 '의지의 한국인' 시리즈 TV 프로그램에도 일동제약은 단독으로 광고에 참여했다. 이 프로그램은 각계의 숨은 일꾼들의 불굴의 의지를 부각시켜 당시 정부의 새마을운동 추진과 함께 고단한 삶을 살아가던 국민에게 '하면 된다'는 자신감과 활력을 불어넣는 효과를 거두었다. 일동제약 이미지와 회사를 연결시켜 건실한 기업이라는 국민과의 공감대 형성에 성공한 것이다. 우량아 선발 프로인 '베이비 컨테스트'에는 비오비타를 내세워 공동 주최, 어린이 건강제라는 이미지를 굳혔다.

일동제약의 영양제 '아로나민'과 유산균 제제 '비오비타'

일동제약 창업주 윤용구는 기업경영의 핵심으로 사원들간의 인화를 가장 중시했다. 인화는 상호 신뢰에서 온다는 신념이었다. 개인의 재능 보다는 인간적 성실성을 높이 평가하는 인사 원칙에 충실했다.

충분한 휴식이 직원들의 업무 능력을 높인다는 발상에서 1973년 국내 최초로 주 5일 근무제를 실시했고, 구내식당을 운영, 직원들에게 점심을 무료로 제공했다. 1975년 6월 자본금 10억원으로 기업을 공개할 때는 주식의 98%를 임직원들에게 배정하는 파격적 결단으로 종업원들의 사기를 높였고, '내 회사', '우리 회사'라는 긍지를 갖게 했다.

1976년 1월 당시 생산담당 상무인 창업주의 차남 윤원영(尹元榮)이 대표이사 사장으로 취임, 2세 경영에 들어갔으나, 8년 후 자진사퇴하고, 당시 부사장이던 이금기(李金器)를 대표이사 사장으로 승진시켜 경영권을 넘겼다. 서울대학교 약학대학 출신인 이 사장은 1960년 평사원으로 입사한 후 '일동 맨'으로 잔뼈가 굵은 전문 경영인이다. 2010년 6월 현재는 이정치(李政治), 설성화(薛省和) 등 공동대표 체제이며, 이들도 모두 정통 일동 맨들이다. 혈족이나 낙하산 승계를 철저히 배제하고, '경영은 전문 경영인에게'라는 창업주의 일관된 철학이 이어져 내려오고 있는 것이다.

1993년 창업자 타계 직후, '기업이익의 사회환원'과 '인재육성'이라는 창업주의 유지에 따라 재단법인 송파재단을 설립하고 대학생과 고등학생들에게 해마다 장학금을 지급하고 있다. 2009년 현재 연인원 316명에게 11억6천여만원을 지급했다.

세계적인 외환위기는 일동제약에도 예외일 수 없었다. 전자공학을 전공한 창업주의 장남 윤두영(斗榮)이 1974년 설립한 맥슨(Maxon)전자에 대한 과도한 자금지원과 지급보증 때문에 1998년 9월 일동제약은 워크아웃에 들어갔다. 그러나 전 임직원의 합심 단결로 무보증전환사채 인수와 임금반납, 인력 감축, 구조 조정 등으로 2년 만인 2000년 9월 자율추진업체로 선정됐으며, 2001년 9월 금융기관의 차입금을 모두 상환함으로써 워크아웃을 완전 졸업했다.

2010년 6월에는 주총을 통한 경영권 도전이 있었다. 일반투자자 안 모 주주(지분 11.4%)가 '이사회의 투명성과 감사 기능의 독립성'을 요구하며 4

명의 이사와 감사를 선임해 달라는 안건을 정기 주총에 상정했다. 창업주 측의 지분과 그 우호주를 합치면 일동의 주식 지분은 40%에 이르지만 안 모 주주 측도 위임장을 확보한 지분이 만만치 않아 위기의식이 감돌았으나, 주총 결과 감사 1인을 선임하는 선에서 타협, 경영권 방어에 일단 성공했다.

일동제약이 70년의 역사를 쌓아 오면서 제약업계의 거목으로 성장, 발전 해 온 원동력은 시대적 역경 속에서도 지켜온 끊임없는 기술적 연구와 신제 품 개발에 대한 창조적 노력이 기본이 됐다. 또한 기업 경영은 경영 전문가 에게 맡긴다는 창업주의 유지를 계승한 것은 이 기업이 희수의 연륜을 버티 면서 계속 성장하는 요인으로 평가할 수 있다. (www.ildong.com)

- 노계원 -

한진(韓進)그룹

- 그룹 분리, 제2의 도약기로 새출발

조중훈(趙重勳, 1920-2002)은 개인 구멍가게 한진상사를 시작한 지 50여년 만에 전세계를 누비는 육·해·공 물류업을 비롯 관광, 항공, 택배, 공항, 정보통신, 중공업, 건설, 금융, 영화사 등 24개 계열사와 학교법인 2개를 거느린 대규모 재벌기업으로 성장시킨 입지전적 인물이다. 전체 매출액은 10조원을 웃돌고, 종합물류회사인 모기업 (주)한진만 해도 2009년도 매출액이 9,000여억원에 상시 종업원이 2천명이 넘는 큰 회사다.

서울 태생인 창업주 조중훈은 부친의 사업실패로 휘문고등보통학교를 중퇴하고 진해 해원양성소에 들어갔다. 학업을 마치고 일본 고베조선의 수습을 거쳐 화물선을 타고 천진, 홍콩, 상해 등지를 항해하면서 국제무역의 꿈을 키웠다. 그는 1942년 일본에서 귀국하면서 갖고 들여온 보링기계 1대로 서울 효제동 7평짜리 공장에서 처음 간판을 건것이 자동차엔진을 수리

1950년대 인천 한진상사 창고

하는 이연(理研)공업사였다. 그러나 전쟁수행에 혈안이 된 조선총독부는 이듬해 기업정비령을 내리고, 이 공장의 모든 설비를 군수업체에 합병해 버렸다.

광복과 동시에 조중훈은 무역업에 뜻을 두고 인천시 항동에 한진상사를 설립했다. 중국을 겨냥한 청운의 꿈이었으나 중국이 공산화되는 바람에 꿈을 접고 운수업으로 방향을 바꿨다. 중고트럭 1대를 사들여 45년 11월부터 인천부두의 화물을 수송하기 시작했다. 2년 뒤 트럭 15대를 보유하게 된 한진상사는 교통부로부터 정식으로 경기도 화물운송면허를 받았다. 그러나 한국전쟁이 터지자 한진상사는 문을 닫으면서 필요한 장비를 직원들에게 나눠줘 버렸다. 공산군이 그 장비들을 이용하지 못하게 하려는 배려였다. 휴전 후 인천에서 다시 문을 연 한진상사는 56년 주한 미8군 구매처와 군수물자 수송계약을 체결해 군수물자 수송권을 따내고, 미군의 이사 화물 포장을 맡아 운송사업의 기틀을 다졌다. 58년 주식회사 한진상사로 법인화하고, 61년에는 한진관광을 설립했다. 69년에는 당시 적자에 허덕이던 대한항공공사를 흡수 합병, 보잉747과 에어버스 등 여객기를 도입하고, 파리, 뉴욕 취항에 이어 미수교국인 중국, 소련, 아프리카까지 항로를 넓히면서 운수·관광사업을 본격화했다.

(주)한진상사는 한국군이 월남전에 파병되던 66년 5월부터 약 5년 6개월 동안 전쟁중인 월남에 군수물자의 운송과 하역을 맡는 근로자 1,200여명을 파견해 약 1억 5,000만 달러의 외화를 벌어들

1966년 베트남에서 하역현장을 살펴보고 있는 조중훈회장

였다. 이른바 월남특수를 누린 것이다. 한진이 세계적인 운송기업으로 명성을 다진 결정적 계기였고, 오늘날 거대한 한진그룹이 형성되는 기초가 됐다. 74년 주식을 증권거래소에 상장해 기업을 공개하면서 다시 중동에 눈을 돌렸다.

77년 쿠웨이트 슈웨이크항 터미널 운영사업, 79년 사우디아라비아 제다의 항만하역사업 등 해외사업을 본격화했다. 이에 앞서 68년에는 당시 국내에서는 생소했던 컨테이너 운송방식을 도입, 운송업계에 혁신을 가져왔다. 80년 동아통운(주)를 흡수합병하고, 83년 사우디아라비아 현지합작법인을 설립했다. 90년 대한종합운수(주)를 인수하고, 91년에는 소하물일관수송사업 면허를 취득해 30kg 이하 소형화물을 탁송자의 문 앞에서 받는 사람의 문 앞까지 배달해주는 택배사업을, 98년에는 통신판매사업을 시작했다. 96년 미국 플루어다니엘사와 콘소시엄으로 인천공항 여객터미널 골조공사를 1,950억 원에 수주하고, 99년에는 (주)협신을 인수 합병했다.

2000년대 들어서는 2003년 ISO14001(환경경영시스템) 인증을, 2006년 ISO9001(품질경영시스템) 인증을 획득했다. 같은 해 여객사업부(한진고속)를 (주)동양고속운수에 양도했다. 2008년에는 한·일간 해상국제택배 서비스를 개시하고, 2009년 업계 최초로 시간지정 집하서비스, 2010년에는 시간지정 집배송서비스 '플러스택배'를 출시했다. 창업당시 화물트럭 1대로 시작해 월남전 특수, 중동특수를 바탕으로 성장한 한진은 이제 운송에서 하역, 보관, 포장, 정보시스템 등 모든 물류기능을 갖춘 세계적인 굴지종합물류기업으로 자리를 굳혔다.

그러나 (주)한진의 이러한 발전의 뒤안에는 역경과 불미스런 사건들로 얼룩졌다. 대한항공을 인수한 직후인 69년 12월 KAL YS11기가 강제 납북됐고, 78년 4월 항로를 잃은 KAL여객기가 소련 무르만스크에 강제 착륙, 83년 9월 KAL기가 소련공군에 의해 피격, 87년 KAL 858기 미얀마 상공에서 폭발, 97년 괌공항에서 KAL여객기 추락사고, 99년 런던에서

KAL화물기 추락 등 항공기 사고가 잇따라 기업의 신용도가 실추됐다.

반면에 각종 수상경력도 다양하다. 94년 건설교통부 물류대상 해운부문 본상, 98년 물류대상 육운부문 대통령상 표창, 2000년 물류산업발전 동탑 산업훈장, 2002년 전경련의 최우수 글로벌 경영인상, 2004년 한국능률협회 브랜드파워 택배부문 1위(6년 연속), 2004년 한국소비자연맹 신뢰기업 대상, 2008년 Web Awards 고객서비스분야 최우수상(8년 연속), 지식경제부 서비스품질 우수기업 인증 등 다수의 수상 기록을 갖고 있다.

한진그룹은 2002년 창업자 조중훈이 작고한 후 2세 승계과정에서 그룹이 크게 쪼개졌다. 장남 조양호(趙亮鎬)는 그룹회장 자리를 지키면서 모기업 (주)한진의 대표이사 회장과 대한항공 회장직을 겸하고 있다. 2남 조남호는 한진중공업, 3남 조수호(2006년 사망)는 한진해운, 4남 조정호는 메리츠증권을 맡았다. 그 과정에서 형제간에 분쟁이 터져 법정싸움으로 까지 번졌다.

한진그룹은 창업기, 도약기, 성장기, 성숙기, 그룹분리를 거쳐 이제 제2의 도약기를 지향하고 있다. 승계과정에서 일어난 불미스러운 일들을 비 온 뒤 땅이 더 굳어지는 현상으로 받아들이고 있다. 덩치가 분산돼 작아졌으니 제2의 도약이 더 편해질지도 모른다. 2010년 말에는 조양호의 1남 2녀의 자녀들도 모두 대한항공의 임원으로 승진, 한진그룹 창업 3대를 준비하는 포석을 마련했다. (www.hanjin.net)　　　　　　　　　　－ 노계원 －

LG

– 동업, 협업, 청산, 순혈체제로 재정비

1947년 부산의 락희화학공업사(현 LG화학)에서 시작된 LG그룹(1955년 1월, 그룹의 명칭을 '럭키 금성'에서 '럭키'의 L과 '금성'의 G를 따 LG로 변경)은 창업 50여년 만에 중대 위기를 맞는다. 창업자 구인회(具仁會), 2세 구자경(具滋暻)에 이어 1995년 3세 구본무(具本茂)가 그룹 회장에 취임하면서 그룹을 분할해야 한다는 움직임이 조심스럽게 타진되기 시작했다. 이때까지 LG그룹은 성공적인 동업경영의 대표적 케이스였다. 경상남도 진주 출신인 구인회 가는 1940년대 초부터 동향 사돈인 허만정(許萬正, 구인회의 장인인 허만식(許萬寔)의 6촌 형)가와 동업, 사세를 확장했다. 구씨 가의 경영능력과 허씨 가의 자금이 결합하여 이후 반세기 넘도록 아름다운 동업으로 그룹을 키웠다.

그러나 3대째에 접어들면서 이대로 자자손손 가기는 어렵지 않겠느냐는 분위기가 일기 시작

1947년 락희화학의 최초의 화장품 제품 '럭키크림'

1959년 개발된 금성사의 국내 최초의 라디오 A-501

1966년 금성사의 국내 최초 흑백 TV 수상기

했다. 경영능력이 있는 자손만도 50명이 넘을 지경이니 그들을 한 울타리에 가둬 두기는 여간 벅찬 일이 아니었다. '양가의 후손들이 재산 문제를 두고 다투는 불미스러운 일은 없어야 한다. 내 생전에 이 문제를 매듭지어야 한다' 는 것이 양가 2대의 공통된 생각이었다.

동업 청산 문제는 1999년부터 본격화됐다. 문제는 어떤 업종을 떼줄 것인가였다. 이 문제에서 기준이 된 것은 양가의 지분율이었다. 상호 양해된 지분율은 65 대 35. 락희화학공업사 창립 당시부터 구씨 가가 65% 선, 허씨 가가 35% 선을 보유했고 그 후도 이 지분율은 지켜졌다는 것이다.

분리 협상은 결코 순탄치 만은 않았지만 허씨 가의 가족회의는 최종적으로 정유와 유통 등 서비스 부문을 선택했다는 후문이었다. LG그룹의 재산 35% 지분에 해당하는 개별 기업이다. 2005년 허씨 가는 LG칼텍스(현 GS칼텍스), LG홈쇼핑(현 GS홈쇼핑), LG건설(현 GS건설)을 각각의 계열사를 포함하여 분리, 새로 GS그룹으로 독립했다. 1947년의 락희화학공업사를 기점으로 보면 만 57년간의 아름다운 동업의 끝이었다.

구씨 가와 허씨 가의 동업 청산은 구씨 가계의 분가도 촉진시켰다. 창업자 구인회는 6남 중 장남. 형제 모두가 창업 당시부터 사업에 참여하여 오늘의 LG만들기에 나름대로 기여했다. 계열분리 선두주자는 보험업종이었다. 외환위기 이후 LG는 대한생명의 입찰에 참여한다. 그러나 정부는 빅 5의 생보사 진입을 금지했다. LG는 결국 생보에 대한 꿈을 접었다. 이 과정에서 구인회의 바로 아래 동생인 구철회가 손해보험이라도 단독으로 맡아하겠다고 제의한다. 언젠가는 치루어야 할 계열분리. 이것이 그 단초가 됐다. 1999년 11월 LG화재가 가장 먼저 살림을 차려 나갔다.

이젠 창업자 구인회의 셋째, 넷째, 다섯째 동생 차례다. 셋째 구태회, 넷째 구평회, 다섯째 구두회는 전선과 산전을 묶어 공동 경영키로 합의한다. 2005년 LG전선(현 LS전선), LG산전(현 LS산전), LG-Nikko동제련(현 LS-Nikko동제련)등을 각각의 계열사까지 포함하여 계열분리, LS그룹으로 새출발했다. LG에 남은 것은 LG화학과 LG전자, 그리고 무선 통신. 트라이앵글 체제다.

부산 서대신동의 락희화학 크림공장 전경

구씨, 허씨 가의 동업과 구씨 집안의 협업이 LG 그룹 발전의 원동력이었다면 엄격한 유교적 가풍을 바탕으로 한 확고한 위계질서는 LG를 60년 넘게 장수하게 만든 정신적 지주였다. LG는 장자 승계원칙을 고수했고 어른들이 결정을 내리면 그 누구도 거역을 못했다. 또 이같은 유교적 가풍 때문인지 여자들은 발언권이 거의 없었다는 이야기다. LG그룹에 여성 경영자가 없는 것은 이 때문인지 모른다.

구씨, 허씨 가의 동업청산과 구씨 집안에 대한 계열분리로 LG는 환갑을 넘기면서 장손 집안만의 순혈 경영으로 새 출발하고 있다. 단출해서 기동력은 뛰어나겠지만 동업, 협업 시대의 장점은 얻기 어렵다. 거기에 회장 구본무에겐 뚜렷한 승계자가 없다. 슬하에 1남 1녀를 두었지만 오래전에 아들을 잃었다. 양자를 입적시킨 상태다. 이 때문에 재계에선 4대째의 기업 지배구조에 대해 눈여겨 보고 있다. 구인회 - 구자경 - 구본무로 이어져 온 총수자리의 맥이 구본무를 마지막으로 끊길지도 모른다는 우려. 형제가 돌아가며 국왕이 되는 사우디아라비아식 승계방식과 여성 승계 가능성도 있지만 이것은 지금까지의 승계원칙을 깨는 것이다. 양자 승계도 불가능한 것만은 아니다. 전문 경영인 영입도 검토될 수 있을 것이다. 그 어떤 경우라도 LG가 3대에서 끝난다고는 상상도 할 수 없다. (www.lg.co.kr) - 김두겸 -

2. 지역과 함께

– 눈앞의 이익보다 신의와 신뢰 실천 –

강진정미소(康津精米所)

– 60년 넘게 정부 양곡 도정해 온 강진의 자부심

전라남도 강진군 강진읍내 시외버스터미널에서 동쪽으로 장흥을 향해 2km쯤 가다 보면 길가 왼쪽으로 이 고장의 시인 영랑(永郎) 김윤식(金允植)의 입상이 눈에 들어온다. 거기에서 100여미터 지나면 오른쪽으로 골목길이 보이고, 그 골목길 중간쯤 탁 트인 논밭 가장자리(강진군 군동면 호계리 901번지)에 제법 큰 규모의 정미소가 있다. 이 정미소에는 아무 데에도 간판이 걸려 있지 않다. 주인 김유홍(金攸弘, 95)옹이 이곳 강진에서는 워낙 유명해서 강진정미소는 몰라도 주인 강 옹의 이름만 대면 쉽게 안내를 받을 수 있다.

강진정미소는 여느 정미소가 그렇듯이 피댓줄이 올라가는 2층 높이의 함석 지붕에 나무판자로 벽이 둘러쳐 있고, 아래층은 시멘트블록담이 4면을 둘러싸고 있다. 정미소 둘레에 들어서 있는 7개의 저장창고까지 포함해서 공장 건평이 600

1945년 설립한 강진정미소 앞에 선 창업주 김유홍옹

평이라고 하니 제법 큰 규모다. 등기에 나와 있는 공장 대표는 김옹의 장남 김창한(金昌漢, 69)으로 돼있으나, 실제로는 서울에 거주하고 있고, 공장을 운영하는 현업 사장은 김옹이다. 도정 기술자인 공장장과 경리담당 여직원을 포함해서 모두 7명의 직원들이 한식구처럼 일하고 있다고 한다.

이 공장의 설립연도에 대한 공식기록은 확인할 수 없다. 다만 주인 김옹이 30세 때 정미소를 시작했다고 하니, 광복 무렵인 1945년을 전후해서 창업한 것으로 보면 될 것 같다. 햇수로는 65년이 넘었으니 사람으로 치면 회갑을 지난 셈이다. 강진에서 가장 오래된 정미소는 병영면 하멜기념관 옆에 있던 동영정미소로 이보다 5년 앞서 설립된 것이다. 3대가 대를 이어 70여 년 동안 도정일을 해오다가 몇 년 전에 경영난으로 문을 닫은 상태다.

강진정미소는 처음부터 정부양곡만을 도정했고, 지금도 그 전통을 지켜오고 있다. 2005년부터 정부의 추곡수매제가 폐지되기는 했으나, 식량안보 목적의 공공비축제가 실시돼, 정부양곡의 매입, 가공, 보관업체의 위상은 별로 달라진 것이 없다. 60년대까지만 해도 강진군에서 생산되는 농산물과 함께 이곳에서 도정된 백미가 탐진강 마량포구에서 뱃길을 따라 군산과 인천 등지로 수송됐으나, 지금은 도로가 발달해 모두 육로를 이용하고 있다.

도정 과정에서 나오는 먼지가 뿌옇게 공장안을 메우고 있는 가운데 7세트의 도정기가 굉음을 울리고 있어 고함을 질러도 알아 듣기가 어려울 정도다. 한달이면 평균 40kg들이 나락 1,000가마를 도정할 수 있는 설비라고 한다. 150m 정도의 작달막한 체구를 지팡이 하나에 의지하고 정미소와 인접해 있는 안집을 드나들며 공장장과 경리직원을 부리는 김옹의 발걸음은 망백에 가까운 나이를 실감할 수 없을 정도로 활기찬 인상이다.

김옹이 운영하는 사업체는 강진정미소 외에도 또 다른 정부양곡 도정업체인 중앙정미소(강진읍 동성리 233-2)와 중앙창고, 강진창고, 막걸리양조장인 강진주조공사 등 5개나 된다. 강진에서는 내로라하는 갑부인 셈이다. 그리고 그런 대규모의 사업체를 운영하면서도 지금까지 어떤 어려움이나 위기같은 것이 없었다고 김옹은 잘라 말한다. 심지어는 6·25 때도 공장문을 닫은 적이 없다고 했다.

"사업을 하면서 돈도 많이 번 것은 사실이다"고 김옹의 장남 김창한(대한곡물협회부회장. 전남곡물협회회장)은 말했다. 정부로부터의 창고보관료(을지 1급 기준 톤당 쌀·현미는 176.8원, 벼는 137.6원), 도정료(톤당 벼→쌀 100,890원, 현미→쌀 92,719원), 포장료(톤당 40kg들이 pp대 9,985원, 20kg들이 봉합식 지대 15,719원)(이상은 2009년 농촌경제연구원 조사) 등의 안정적 수입을 감안하면 오랫동안 많은 특혜를 누려온 것도 사실이다. 그럼에도 불구하고 김옹이 강진의 인심을 얻고, 이곳 사람들의 존경을 받고 있는 것은 그가 지역사회에 기여한 공로가 그만큼 크기 때문으로 보인다. 강진고등학교설립추진위원장을 맡아 실제로 학교설립의 주역을 했으며, 개교 후에는 지금까지 30년 동안 해마다 학생들에게 장학금을 지급해오고 있다.

이 고장이 배출한 시인 김영랑의 동상과 이곳에서 유배생활을 한 조선조 정조 때의 실학자 다산 정약용의 동상 건립추진위원장으로도 중추적 역할을 했다. 원호처 강진지청 건물 부지와 강진군립도서관 건축용 부지 3,000여평을 쾌척하기도 했다. 지난 2002년 3월 북한에 보낸 쌀 가운데 3만3,822가마를 강진에서 2000년 생산된 것으로 충당하면서 그 도정을 강진정미소와 중앙정미소가 맡기도 했다.

김옹 슬하에는 4남 1녀가 있으며, 공장경영이 힘에 부치면 일단 장남에게 모든 사업을 물려줄 생각이라고 말했다. (061-433-6969) ─ 노계원 ─

동일(東一)고무벨트

– 자동차와 함께 성장한 고무 제품 메이커

고무 제품은 우리 일상에 널려 있을 만큼 필수 생활용품이다. 그러나 눈에 띄지 않는 곳에 쓰이는 고무제품도 부지기수다. 산업용품에는 다양한 고무가 사용된다. 이런 제품들을 만드는 제조업체 중 대표적인 장수기업이 동일고무벨트(주)다. 고무 제조 국내 1위로 산업용 및 자동차·특수용 전동벨트나 컨베이어벨트의 생산에서 단연 최고 수준이며, 이 분야 세계 랭킹 8위의 기업이다.

이 회사는 1945년 창업주 김도근(金稌根)에 의해 부산 동래구에서 동일화학공업소라는 이름으로 시작됐다. 김도근은 부산출신 5선 국회의원인 고 김진재(金鎭載) 한나라당 부총재의 부친이다. 그는 1935년 부산 초량상고를 졸업한 뒤 1938년 부산 환영재생고무를 창업할 만큼 일찍이 사업전선에 나섰다. 창업 당시 직원 수는 고작 10여명 정도. 그러나 한 우물을 파며 성실한 경영을 한 결과 세계적 회사로 키워냈다. 그는 1976년 부산상공회의소 부회장, 1981년 동일고무벨트 회장 등을 역임하면서 '정도와 원칙'을 경영철학으로 내세웠다.

그의 아들 김진재는 1965년 동일고무벨트에 입사해 1973년 전무이사를 거쳐 1981년 동일고무벨트 대표이사를 역임한 뒤 민정당의 공천을 받아 정계로 진출한다. 김도근은 1989년 고촌장학재단을 설립해 생전에 1만3천

여 명의 학생들에게 120여억 원의 장
학금을 지원하기도 했다. 그는 창립
60주년을 준비하던 2005년 2월, 89
세로 별세했는데 같은 해 10월 아들
김진재가 63세로 잇따라 타계하는 비
운을 겪는다. 그러자 동일고무벨트는
다음해인 2006년 7월 김진재의 아들
인 창업 3세대 김세연을 대표이사로
임명한다. 김세연의 나이는 당시 34
살이었다. 김세연은 그 후 18대 총선
에서 무소속 출신으로 국회의원에 당
선된 뒤 지금은 부친에 이어 한나라
당 소속의원으로 활약하고 있다.

동일화학공업은 창업 초기 주로 전
기절연용 면테이프, 고무테이프, 고
무신 등을 만드는 생활용 고무제품
제조업체이었다. 그러다 수요가 커지
는 고무벨트 제품의 100%를 수입에
의존하는데 자극 받아 업종을 과감히

위) 동일고무벨트의 사옥
아래) 공장 내부의 작업 장면

전환한다. 이에 따라 1954년 동일고무벨트공업사로 상호를 변경하고, 고
무벨트 생산에 착수했으며 1966년부터 현재의 회사명을 사용하고 있다.

그러나 창업 65주년의 동일고무벨트가 벨트류만 만드는 건 아니다. 독자
적인 기술력을 바탕으로 제품 다각화에 힘써 다양한 고무 응용 제품을 선보
이고 있다. 토목건축용 고무를 비롯해 크롤러(고무로 된 무한궤도), 비히클
실링(차량용 창고무) 등 비벨트류 제품이 이렇게 태어났다. 이에 힘입어
2009년대 중반에는 대표적인 장수 흑자 기업체의 반열에 오른다. 2005회

계 연도 기준으로, 국내 유가증권시장 상장사 중 30년 이상 흑자를 기록한 곳은 38개사로 나타나는데 여기에 동일고무벨트도 포함됐다. 동일은 당시 40년 연속 흑자를 일궈냈다. 일반 기업체로서는 쉽지 않은 일인데 이는 품질경영의 덕분이었다. 이 회사 본사공장 건물에 '품질은 생명이다' 라는 큼지막한 구호가 눈길을 끈다. 여기에는 불량 제품은 절대 내보내지 않는다는 창업주의 뜻이 배어있다고 한다. 그만큼 품질로 승부한 정도경영이 이 회사의 장수 비결인 것이다. 2000년대 품질경영대회에서 최고 대상의 영예를 차지한 것도 이를 뒷받침한다.

동일고무벨트 생산 제품 중에는 일반인에게 생소한 토목건축용 제품도 있다. 지진 피해를 억제하는 방진·면진고무와 댐용 고무, 고무스프링, 진동 저감용 고무 등 종류가 다양하다. 건물의 기초부분에 설치되는 면진고무를 생산해 주택공사 아파트 시공에 국산 제품 최초로 공급하기도 했다. 동일고무벨트에서 생산되는 벨트 및 비벨트류 전체 제품 수는 1만여 가지에 달한다. 이렇게 다품종 생산체제에서 품질 유지가 어렵다는 점에서 이 회사의 품질관리 능력은 탁월하다 할만하다.

동일은 제조 판매 외에 고무벨트 관련 설비 시스템의 시공 및 관리 쪽으로 영역을 확대하고 있다. 2001년에는 자동화기기 및 산업용 로봇, 각종 시스템 설계·제작 분야의 자회사인 동일파텍(주)을 설립해 용접·조립라인 등의 자동화 물류장치인 산업용 로봇을 만들고 있다. 이런 변화에 부응해 CI(기업이미지 통일) 작업을 통해 브랜드를 'DRB 동일'로 개편했다. 법인명은 그대로 쓰되 모든 제품을 아우르는 새 브랜드를 만든 것이다.

2000년대에는 글로벌 경영에 나서 2000년 중국 현지 공장을 건립한데 이어 2004년에는 미국에 미주사무소를, 같은 해 12월에는 기아자동차의 유럽 체코 진출에 맞춰 슬로바키아 현지에 제조 법인을 설립했다. 그러나 이 회사는 2008년까지 영업이익률이 1~2%에 머물렀다. 원재료인 천연고무 가격 상승, 해외 투자에 따른 투자비 증가가 원인이었다. 그 바람에

2007년과 2008년 2년 연속 적자를 내기도 했다. 그러자 원가 절감, 판매단가 현실화, 적자사업 철수 등 과감한 구조조정을 단행해 2009년에는 73억원의 순이익을 기록, 전년대비 흑자 전환했다.

이 회사는 최근 새로운 변신을 준비 중이다. 자회사 EIG가 생산하는 리튬이온폴리머 2차전지 사업이 궤도에 올라서다. EIG는 동일이 차세대 핵심 신규사업으로 2007년 1월 설립한 회사로 회사 매출이 2010년에는 330억원 정도 예상되지만 수주잔고가 1000억원을 넘고, 인도 미국 등 업체와의 공급계약이 이어지고 있어 지속적인 매출 신장이 기대되는 상태다. 동일은 향후 2차전지 사업이 매년 200% 이상 성장할 것으로 기대하고 있다.

(www.drbworld.com)　　　　　　　　　　　　　　　　　　－ 박영규 －

목포조선공업(木浦造船工業)

– 대를 잇고 부부가 함께 뛰는 목포의 토박이

자금난에 허덕이던 목포조선공업주식회사(대표 孫賢子)가 계열사 백천기업(대표 崔權柱)과 함께 2010년 9월 광주지방법원에 법정관리기업 회생 절차를 신청했다. 이에 따라 법원은 재산보전처분을 내리고, 채권과 채무를 동결했다. 목포조선은 신청서에서 '회사가 자체적으로 추정한 존속가치는 437억원인데, 청산가치는 374억원에 불과해 더 이상 기업을 유지할수 없다'고 주장하고, '회생절차개시 결정으로 채무 변제 기간이 늦춰지면 최단 기간에 채무금과 이자를 모두 갚겠다'고 호소했다.

전남 목포시 연산동에 2만 8,000m^{2}의 공장이 있는 이 회사는 2010년 7월 말 현재 자산 534억원, 부채 597억원이다. 시설 규모는 1,000톤 이하로, 각종 소형선박의 건조와 수리 및 블록 제작을 주요 업무로 하고 있다.

목포조선은 일제 말인 1943년 일본인들에 의해 설립됐다. 총독부의 조선공장정비령에 따라 목포시 고하도에 공장을 세우고 인근에 있던 4개의 소규모 조선업체를 목포조선철공주식회사 간판 아래 통합했다. 당시의 공장규모는 신조능력 600톤, 수리능력 11,000톤이었다. 총독부는 이를 군수공장으로 지정하고, 해무원에서 지정한 전시표준선인 100톤과 150톤급 기범선(機帆船)을 건조하도록 했다.

광복 후 미군정청에 의해 전시체제 그대로 운영되다가 정부 발족과 함께 다시 국유화되면서 통합이전 상태로 분리돼 별도의 관리자에 의해 40년대 말까지 유지된 것으로 보인다. 1954년 자료를 보면 목포조선의 대표는 김용학으로 돼있다. 한국조선공업협동조합에 따르면 1980년대 조합원 명단에는 목포조선

목포조선소의 선박 수리 현장

의 대표는 최영진(崔泳鎭, 현 목포조선의 계열사인 백천기업 대표 최권주의 선친)으로 되어 있다. 1948년 정부가 수립되면서 북한의 단전 조치와 한국전쟁의 발발로 주요 산업시설과 선박이 피해를 당했으며, 산업 기반이 크게 약화되는 결과를 초래했다.

조선업도 예외가 아니어서 부산지방 이외의 시설은 대부분 파괴되는 등 유명무실한 상태였다. 그러나 한편으로는 군수물자와 원조물자의 수송 증가에 따라 선박 수리와 건조 수요가 증가되고, 따라서 해운업과 조선업이 재생할 수 있는 계기가 됐다. 조선산업은 광복 후 처음 활기를 띠게 되고, 조선기술과 지식도 향상됐다.

목포조선철공주식회사는 1969년 목포조선공업주식회사로 상호를 바꿨다. 72년 조선조기(造機)사업을 등록하고, 76년 1,000톤급 이하 강선(鋼船)조선사업을 등록했다. 이듬해에는 전남산업동원업체로 선정되고, 81년에는 2,000톤급 이하 강선조선사업등록을 획득한 데이어, 78년 3,000톤급 미만 조선사업을 등록했다. 정부는 1979년 목포조선을 비롯한 9개 조선업소를 시설근대화 촉진 중소형조선소로 지정하고, 이 가운데 목포조선은 소형건조 전문조선소로 지정했다. 83년 3월 조세의 날에는 재무부로부터 성실납세자 표창을 받았다. 92년 중소기업은행이, 이듬해는 전라남도가 유망중소기업으로 지정하고, 1994년에는 ISO 9001인증을 획득했다. 1997년

삽진산업단지 내의 9,440m²를 분양받아 현재의 사옥으로 입주했다. 82년에는 상공부로부터 소형선 건조전문공장으로 지정된데이어, 이듬해는 목포시 산정동 삼학도에 대지 8,900m²의 제2 공장을 설립했다. 현재 목포조선의 대표는 95년에 취임한 손현자(백천기업 최영진의 처)이다. 부부가 다 조선산업에 투신한 것이다.

목포조선은 2000년 4월 중형조선소 실립을 위한 대 역사에 착수했다. 이 공사는 소형조선업에서 22,000톤급 중형조선업으로 발돋음하기 위한 것이었다. 2000년도의 1차 공사에서는 2,000톤급의 신조 · 수리와 블록조립장 2기, 2001년의 2차 공사에서는 5,000톤급 신조 · 수리와 블록조립장 1기, 2003년의 3차 공사에서는 5,000-13,000톤급 신조선 건조 · 수리, 2004년의 4차 공사에서는 3,000-12,000톤급 상가수리, 2006년 제4차 공사에서는 10,000-20,000톤급의 신조선 건조도크 등을 건립했다. 또한 의장품 전문공장으로서 조선의 의장기술을 확보하고, 블록의 품질을 최적화하기 위한 전문인력 양성에도 적극적이었다.

2008년 불어닥친 조선경기 불황으로 당시 S해운과 체결한 선박 7척의 건조계약이 취소되면서 극심한 자금난에 시달려 왔다. 또한 W해운으로부터 선박건조 대금 120억원을 회수하지 못해, 운영비용을 조달하기 위해 어음을 발행했으나 만기가 되면서 파탄을 맞은 것이다. 세계적인 선박 발주량이 감소추세인데다가 선주들의 무리한 선가 하락 요구로 조선업체들이 수주를 기피하는 데도 원인이 있다. 현재 제1, 2공장이외도 15,000톤의 부양도크(floating dock)를 보유, 직원 100명과 계열사 백천기업을 비롯 11개 협력업체에 3백여명이 근무하고 있으며, 연관업체가 30여개에 이른다.

목포조선공업은 법정관리에 들어간 2010년 9월 대표를 손현자의 아들 최권주로 교체하고 회생절차를 밟고 있다.(www.mokposhipbuilding.com)

– 노계원 –

몽고식품(蒙古食品)

- 105년 역사의 마산 명품

마산의 향토기업인 몽고식품은 창업 105년이 된 이른바 사 먹는 간장을 만드는 기업형 간장회사의 원조라 할 수 있다. 된장, 고추장도 팔지만 매출의 90% 이상이 간장에서 나온다.

1905년 일본인 야마다 노부스케가 마산시 자산동에 야마다장유양조장 공장을 세운 것이 이 회사의 시작이다. 해방 직후인 1945년 8월 야마다 일가가 일본으로 돌아간 뒤 공장장으로 일하던 김홍구(金洪球)가 공장을 물려받고 그해 12월에 몽고장유양조장이라는 새 이름으로 재창업한 이래 3대째 가업이 이어지고 있다. 김홍구는 회사를 재창립하기는 했으나 친일기업이 만드는 왜간장으로 폄하되어 초기엔 고전을 면치 못했다. 그러나 맛으로 승부수를 띄운 김홍구의 노력으로 사람들의 입소문을 타고 마산을 위시하여 부산, 경남지역에서 가장 유명한 브랜드로 자리잡는데 성공했다. 경상도 지역

100년이 넘는 역사를 자랑하는 몽고간장과 제품 라벨들

중심의 몽고간장이 전국적으로 명성을 얻게 된 것은 박정희 대통령 시절 청와대에 납품되면서부터다. 영부인 육영수가 박 대통령과 결혼해서 대구에 살면서 몽고간장 맛을 알게 되었고 영부인이 되어 청와대로 들어간 뒤 청와대에서 쓰는 간장을 몽고간장으로 바꾸라고 한 것이다. 이때 납품된 간장 브랜드가 '몽고송표간장'이었다.

이후 이 간장은 고급 간장 브랜드로 사람들에게 알려지기 시작하면서 몽고식품의 운명을 바꾸어 놓게 되었다. 수도권 시장을 개척한 사람은 2대 김만식이었다. 부친 김홍구가 서울에 판로를 개척하기 위해 1959년 종로 낙원시장에 서울 직영영업소를 개설하고 대학에 재학 중에 있던 아들 김만식에게 영업을 맡겼다. 당시 서울 시내는 이미 샘표나 닭표 간장이 차지하고 있었기 때문에 이를 뚫고 간장을 팔기란 쉽지 않은 일이었다. 무거운 간장통을 둘러메고 왕십리, 마포 등지를 다니며 영업 활동을 시작하면서 서서히 판로가 개척되기 시작했다. 특히 서울 시내의 대형 음식점을 집중적으로 공략하기로 하고 유명 음식점을 찾아가 미리 샘플을 주고 며칠 후 다시 찾아가는 방식이 주효하여 한일관, 삼오정에 이어 우래옥, 진고개, 남강, 미조리 등 서울 시내의 유명 음식점에 납품하는데 성공하였다.

이를 계기로 김만식은 부친의 신뢰를 얻었고 이후 몽고간장의 영업 방식은 음식점 등 업소를 공략하는데 주력했다. 현재에도 음식점에 납품하는 비율이 판매량의 70%를 차지하고 있어 일반 소비자에게 판매하는 것보다 비중이 높다. 1960년대 중반에 라면이 시판되면서 몽고간장은 라면 스프용 간장을 독점적으로 납품하면서 또 한번 도약의 기회를 얻었다. 1971년 1대 김홍구가 57세에 타계하고 1972년 2대 김만식(金萬植)이 33세에 사장에 취임하면서 2대 경영이 시작되었다. 경기도 부천에 있던 제2 공장은 차남 김복식에게 인수되어 이후 계열에서 분리되었다. 부친의 대를 이어 회사를 맡은 김만식은 87년 회사명을 몽고장유공업사에서 몽고식품회사로 바꾸고 해외시장 개척에 많은 노력을 기울였다. 우선 미주지역 시장 개척을 필두로 홍콩, 일본, 중국, 독일, 프랑스, 남아프리카 등지로 수출 지역을 확대하는 데 성공했다.

1999년에는 서울에 몽고유통(주)를 설립하고 대표이사에 아들인 3대 김현승이 취임하였다. 2005년 창업 100주년을 맞은 몽고식품은 기념행사에 회사의 원류였던 일본의 야마다 가족을 초청하여 화제를 모았다. 일제시대 일본인 야마다가 설립했던 회사의 역사를 긍정적으로 받아들인 것이다. 회사 이름의 모태가 된 '몽고'는 공장의 급수원으로 이용하던 공장 옆 '몽고정'에서 따왔다. 몽고정은 고려시대 고려와 몽고연합군이 일본을 정벌하기 위해 마산에 주둔하면서 식수를 위해 판 우물을 가리키는 것으로 처음엔 고려정으로 불리웠다가 일제시대 일본인들이 몽고정으로 바꾸어 오늘에 이르고 있다.

일제시대부터 마산은 일본인들이 세운 청주양조장과 간장양조장들이 즐비했다. 마산이 수질이 좋고 장을 발효시키는데 더없이 좋은 기후조건을 갖춘 덕이다. 당시 마산에 있던 일본 간장 회사들은 몽고식품의 전신인 야마다를 비롯하여 후쿠이, 마루킹, 아카몽, 히라이 등이 있었다. 해방이 되고 난 후 마루킹은 대한마루킹으로, 후쿠이는 마산불로장유회사로, 히라이는 평화장유로, 아카몽은 해광장유와 해양장유 2개 회사로 나뉘어졌다. 대부분의 일본계 장유회사들은 일본군을 위한 군납에 치중해 왔기 때문에 일반고객을 위한 판로가 없어 특히 규모가 큰 공장들은 제대로 가동하지 못했다. 그나마 일반인을 상대로 했던 야마다와 히라이가 규모는 작았지만 경쟁력을 갖고 마산 간장시장을 거의 차지했다.

그러나 히라이는 나중에 사주가 도박에 빠지고 정치계로 나섰다가 패가망신하여 장유업계에서 사라졌다. 규모가 큰 양조장들은 큰 덩치로 인해 이권화되어 정치바람을 타고 몇 번 소유주가 바뀌다가 소리없이 사라져 버렸다. 대표적인 것이 마루킹이었다. 일제시대 대형 군수용 장유회사였던 마루킹은 해방 후 상공부가 운영하다가 6·25 이후 민간인 심상준에게 불하되

1950년대 마산 자산동 몽고장유공장 임직원들

어 대한환금장유로 사명이 바뀌는 과정에서 경영권을 둘러싼 갈등이 있었다. 1대 김홍구도 이 마루킹의 정치적 바람에 휘말린 적이 있었다. 김홍구는 아직 사업적으로 안성되지 않은 시기에 마루킹공장 부지 일부를 매입하여 사업을 확장하라는 유혹을 받은 적이 있었다.

적산기업이었던 마루킹 장유공장은 대규모 시설을 갖추고 많은 공장과 종업원을 거느리던 큰 회사였다. 마산에는 이러한 회사를 인수할 만한 재력가가 없었기 때문에 상공부 직할로 운영되면서 정치적인 바람에 휘말리게 되었다. 심상준이 인수하기 전 회사 경영진들의 기득권 주장으로 공장 7천 평 부지 중 절반인 3500평이 해방 직후 처음 경영진에게 불하되고 이들은 김홍구에게 이 부지 매입을 권하면서 국내 최대 장유 재벌이 되라고 부추겼다. 부지 매입 대금이나 공장 증설 대금은 마음에 맞는 동업자나 재력가들과 손잡으면 쉽게 해결된다는 이야기까지 곁들이면서 김홍구를 유혹했다. 솔깃해진 김홍구는 며칠 간 밤잠을 설쳐 가면서 고민하고 공장장을 비롯하여 아는 사람들에게 자문을 구하였으나 모두가 무리한 사업 확장으로 지금 경영하고 있는 회사까지 날리게 될 것이라는 충고를 해주었다.

김홍구는 이러한 충고가 기분은 나빴지만 자신이 무리한 욕심을 부리고 있다는 것이 사실이라는 것을 인정하지 않을 수 없었다. 결국 오르지 못할 나무는 쳐다보지 말라는 속담을 상기하며 사업 확장의 꿈을 접었다. 이 일이 있은 후 김홍구는 질 좋은 간장을 만드는 일에 더욱 매진했고 사람들은 맛있다는 입소문으로 김홍구의 노력에 화답했다. 1대 김홍구의 오직 간장만으로 한 우물 파기는 대를 이어 현재까지 이어지고 있다.

(www.monggofood.co.kr)

– 오춘애 –

보해양조(寶海釀造)

– 전통의 매실주 대량생산 길 개척

매실주로 전통주 대량생산의 길을 개척한 보해양조가 2010년 2월 18일 60주년을 맞아 장수기업의 대열에 합류했다. 보해양조의 역사는 1950년 창업주 임광행이 목포에서 양조장을 인수해 광림주조를 설립한 것이 효시다. 창업주 임광행(林廣幸)은 목포상업전수학교를 졸업한 1935년 목포의 잡화 · 주류 도매상에서 장사를 배우고 1943년 독립해 소금, 술 등을 취급하는 광림상회를 설립해 사업의 기반을 다졌다.

해방 후 광림상회를 술도매장으로 전환해 주류 사업을 경험한 그는 5년 후인 1950년 동네의 한 양조장을 인수해 광림주조를 설립했다. 광림주조는 초기에 청주를 생산하면서 주류 회사로서 발판을 마련했다. 1964년에는 상호를 보해양조로 바꾸고 1966년에 소주원료 주정을 생산하는 보해산업(주)을 설립하는 등 사세를 확장해 나갔으나 1968년 부도 사태에 직면하게 된다. 당시 국내 소주시장은 급부상한 진로가 1위 삼학을 맹추격하며 시장경쟁을 벌이던 냉혹한 시기였다. 그로부터

보해양조의 전남 장성공장 전경

보해양조의 숙성 매실주 '매취순'

보해는 1976년 12월까지 8년 8개월간의 법정관리를 받게 된다. 그 와중인 1977년 임광행은 다시 대표이사에 취임하게 되고, 넥타이를 풀고 작업복 차림으로 손수 현장을 지휘하며 경영정상화에 앞장선다. 지역 주민들도 향토기업 살리기에 나서 보해소주를 애용함으로써 판매량 유지에 보탬을 준다. 그러나 당시 그의 아들 임건우(林鍵雨, 현 회장)의 등장이야말로 미래의 보해를 일구는 결정적 계기를 마련한다. 임광행의 장남으로 양조발효학을 전공하던 청년 임건우는 대학시절 회사가 부도를 맞으며 법정관리에 들어가자 부친과 함께 8년여간 혹독한 단련기를 보내며 양조발효에 대한 지식을 쌓는데 전념한다.

이렇게 쌓은 아들의 발효지식을 인정한 아버지는 회사를 다시 일으킬 신제품 프로젝트의 수장으로 임건우를 지목한다. 그리고 연구팀을 만들어 기업 생존을 위한 개발에 착수한다. 소주에 이어 양주가 주도권을 잡아가던 주류시장에 그가 던진 승부수는 조상들이 즐긴 전통 과실주였다. 연구팀이 선택한 과일은 매실이었다. 진한 향과 풍부한 맛이 일품인데다가 신진대사에 이로운 구연산 성분이 함유돼 적격이었다. 하지만 문제는 5년이라는 긴 숙성기간을 기다려야 했다. 당연히 많은 임원들의 반대가 따랐다. 그렇지만 단기 이익보다 장기 안목으로 좋은 술을 만들어야 한다는 신념 아래 매실주 개발은 추진됐다. 이를 위해 1979년 4월에는 전남 해남군 산이면에 13만 평 규모의 대단위 매실농장을 조성했다. 그 후 몇 년간의 시행착오 끝에 매실주는 1982년에 시중에 처음 선보이자마자 불티나게 팔려나갔다. 임광행의 예상이 적중했던 것이다. 매일 쏟아지는 주문에 공급량이 달렸고, 숙성되지 않은 것도 좋으니 물량을 맞춰달라는 업자들까지 생겨났다. 그동안 임건우는 기획조정실 등에서 다양한 실무경험을 쌓으며 경영수업을 받아 1986년에 대표이사 사장에 올랐다. 이후 임건우는 매실주를 들고 프랑스 파리 식품전시회에 참가해 호응을 받으며 새로운 가능성을 점치게 된다.

국내 와인 수입이 본격화되던 2000년대 초, 임건우는 서양 와인에 대적할 만한 토종와인을 만들 생각을 한다. 서양 와인에 뒤지지 않는 짙고 아름다운 색상과 동의보감에 기록될 만큼 효능을 가진 복분자 술이 적격이라고 생각하고 두 번째 승부수를 띄운다. 보해복분자주는 발매 후 폭발적인 반응을 이끌어내며 APEC, OECD, 남북정상회담 등 권위 있는 자리의 공식만찬주로 선정되고 국제와인대회 금. 은. 동메달을 석권하는 쾌거를 이뤘다.

한편 소주시장에서도 보해는 지역을 기반으로 꾸준히 성장, 전남지역 소주시장의 90% 가까이 점유하게 됐다. 1991년 5월 전남 장성에 초현대식 시설을 갖춘 연 생산능력 20만kl의 공장을 준공하면서 제2의 도약기를 맞았다. 보해는 이밖에 주정 생산업체인 창해에탄올을 비롯해 보해B&F, 보해통상, 보해매원, 보해상호저축은행 등의 계열사를 두고 있다.

보해는 단풍나무 수액을 넣은 소주 '잎새주'를 비롯해 '보해복분자주', 5년 숙성 매실주 '매취순' 등 브랜드 파워를 내세워 세계 20여개국에 1천만달러에 육박하는 수출을 하고 있다. 임건우는 창립 60주년 기념식에서 "창업 당시 초심으로 돌아가 원칙을 계승하고 해외시장 개척으로 글로벌 강소기업으로 도약하겠다"고 다짐한 바 있다. 세계인이 즐겨 마시는 명주를 만들어 내겠다는 포부다.

지역 기반의 보해가 초대형 주류업체의 물량공세에도 지역시장을 사수하며 오히려 역외진출과 해외수출 시장 확대를 도모할 수 있게끔 된 것은 오로지 최고경영자의 해박한 양조기술과 결단, 그리고 끊임없는 연구개발에서 나온 산물이라고 할 수 있다. (www.bohae.co.kr)　　　　－ 박영규 －

삼화(三華)

- 자식농사 잘 짓고 떠난 한국무역 1세대

삼화그룹의 모체인 삼화실업[현 (주)삼화]가 창립된 것은 1949년 1월. 2011년 1월 현재 만 62살이다. 충북 괴산 출신인 창업주 김기탁(金基鐸)이 28살 때 만들었으며 2010년 타계할 때까지 그는 어김없이 아침 9시에 서울 소공동의 사무실에 출근하여 회사와 2세 경영자를 직간접적으로 챙긴 한국 무역의 1세대였다.

부친을 일찍 여읜 김기탁은 서울의 선린상고를 졸업하자마자 생업 전선에 뛰어든다. 부친의 지인이 서울에서 경영하던 포목점에서 장사의 길을 배우기 시작했다. 해방 후에는 홍콩 무역으로 큰돈을 만진다. 포항에서 수집한 오징어 2천톤을 수출하고 홍콩으로부터는 페니실린과 수산화나트륨, 양복지, 신문지 등을 들여왔다. 김기탁의 무역은 이렇게 시작됐다. 그리고 삼화실업을 만들어 본격적으로 무역업에 뛰어들었다.

삼화실업이 특화품목인 잎담배를 수출하기 시작한 것은 1959년부터다. 1차 산품과 일부 광산물이 수출 대종품이었던 시절, 그는 고향 괴산을 생각했다. 충청도 일대의 농부들이 담배를 재배하던 모습. 그 모습은 흡사 성자와도 같았다. '우리나라 잎담배를 수출하여 외화를 벌어들이자. 담배는 일년초이므로 매년 심어서 매년 수확을 한다. 따라서 지속적인 수출이 가능한 품목이 될 수 있다. 그것은 곧 내 고향에 간접적이나마 은혜 갚음을 할 수 있는 길이기도 하다' 그의 생각은 적중했다. 그러나 수출 초기엔 넘어야 할 산이 첩첩이었다. 바이어 쪽에선 한국산 잎담배의 품질 우수성을 인정했지만 소비자의 기호를 하루아침에 바꿀 수가 없었고 담배 제조 원가도 고려해야 했다. 담배 제품은 여러 가지 잎담배를 혼합하여 만든다.

그의 설명에 따르면 예컨대 미국산 잎담배에 터키산 향초를 섞고 거기에 원가 절감을 위해 대만이나 필리핀, 아프리카 등지에서 나는 저가 잎담배를 섞어 넣는다. 이 같은 보충용 싸구려 잎담배들은 쓴 맛이 강하기 때문에 한국산 같은 잎담배를 다시 적당량 섞는다. 하지만 그동안 사용하지 않던 한국산 잎담배를 갑자기 기존 제품에 많이 혼합하면 그 맛이 달라져 소비자들의 구미에 저항감을 불러일으킨다. 따라서 초기엔 넣는 듯 마는 듯 아주 극소량만 섞어 소비자들의 입맛 변화를 유도한다. 이 때문에 처음엔 1회당 5백톤 내지 1천톤 정도 수출하다가 점차 늘려 몇 해 안에 연간 1,500만달러를 상회하는 수출 물량을 달성했다.

잎담배 수출엔 국내의 규제도 많았다. 우선 정부 전매품이다. 잎담배 재배는 물론 담배의 제조, 판매, 수출입 모두 허가를 받아야 한다. 잎담배 수출엔 전매공사와의 별도 계약이 필요했다. 또 하나 과당경쟁에도 대비해야 했다. 삼화실업은 정부에 독점 수출권을 요구했다. 오랜 설득 끝에 4년간의 수출 독점권을 국무회의 의결로 따냈다.

내친김에 잎담배 독점 수출 등 무역으로 돈을 제법 번 김기탁은 사세 확장 등을 위해 제조업

1959년 한국산 잎담배가 처음으로 화물선에 선적, 수출되고 있다

삼화제지 특수지 가공 기계 슈퍼카렌더

에 뛰어든다. 1963년 마그네시아 클링커를 생산하는 삼화화성공업(주)을 만든다. 이름도 생소한 마그네시아 클링커. 철광석을 녹여 쇠를 뽑아내려면 용광로를 사용해야 하는데 그 용광로의 내부 온도가 섭씨 2000도 가까이 올라간다. 그 열에 견디도록 용광로 안쪽을 보호하는 물질이 마그네시아 클링커다. 천신만고 끝에 제품은 생산했지만 기하급수적으로 불어나는 적자를 견딜 수 없어 5년 만인 1968년 조선내화(주)에 넘겼다. 제조업에 대한 집념 때문인지 그는 1967년 제지회사도 창설한다. 오늘의 삼화제지다.

사세도 확장되어 지금은 삼화제지 외에 담배 필터 제조회사인 (주)삼화(1999년 삼화실업에서 삼화로 개명), 먹는 샘물회사 금도음료(주)를 계열사로 거느리고 있다. 그는 스스로 자식 농사는 잘 지었다고 자부했다. 작고 2년 전에 쓴 회고록『여백위에 남긴 여백』에서 4남 1녀의 2세들을 평가하면서 모두 80점을 주었다. 그 때문인지 1999년 그룹을 기꺼이 2세들에게 넘기고 일선에서 물러났다. 그룹 회장은 장남인 김성호(金聖鎬), (주)삼화는 2남 김관호, 삼화제지는 3남 김연호, 금도음료는 4남 김태호가 맡고 있고, 미술을 전공한 딸 김혜림은 삼화제지의 감사로 재직하고 있다. 현재 삼화그룹 본사는 서울 중구 소공동 112-44번지 삼화빌딩 7층에 자리잡고 있다.

- 김두겸 -

성창기업(盛昌企業)

– 한 세기 목재에만 매달린 경북의 터줏대감

성창기업(주)은 1916년 설립 이후 94년간 목재업 외길만 걸어온 장수 기업이다. 이 회사의 발자취가 한국 목재산업의 역사라 해도 틀리지 않다. 한국 최초의 합판수출회사로서 합판과 제재목 등을 제조, 판매해온 성창기업은 1916년 11월 20일 경북

1916년 성창기업이 설립, 운영한 봉화정미소

영주에서 정태성(鄭泰星)이 설립한 성창상점에서 시작됐다. 처음엔 정미업으로 창업했으나 목재 판매도 곁들였다. 이어 1937년에는 춘양목재주식회사를 인수해 성창임업주식회사로 합병하고 1948년에 성창기업(주)으로 상호를 변경했다.

이 회사는 1958년에 국내 최초로 합판을 미국에 수출할 정도로 일찌감치 높은 기술력과 생산력을 확보했다. 1966년에는 마루판 공장을 신설해 마루재 대량 생산의 역사를 열었고 1977년에 기업을 공개했다. 이후 1985년 한국요업(주), 1987년 반도목재(주) 흡수합병에 이어 1988년에는 성창임원개발(주)을 흡수합병하는 등 사세를 확장시켜 나갔다. 1999년에 마루판 KS 표시 인증을 획득하고, 2000년 12월 파티클보드로 산업자원부 우수재

1916년 설립된 한국목재산업의 역사를 말해 주는 성창기업의 합판수출골공장을 박정희대통령이 살펴보고 있다

활용 제품 품질인증서를 획득하는 등 품질을 공인받았다.

1998년 10월 성창은 워크아웃 대상기업으로 선정됐다. 그런 가운데서도 그 해 한국 고유의 난방 방식인 온돌문화에 맞게 개발한 온돌마루판을 업계 처음으로 개발, 시판했다. 창업 이래 목재업 외길만 걸어온 이 회사는 2000년 8월 기업개선작업 자율추진업체로 결정돼 회생의 기틀을 마련한다. 성창기업의 채권금융기관은 2002년 채권금융기관협의회를 열고 성창기업의 워크아웃을 조기 졸업시키기로 결의했다. 당시 채권단은 성창기업의 조기졸업 가능성을 검토한 결과 순이익 규모, 부채비율, 이자보상비율 등을 고려할 때 조기정상화가 가능하다는 결론을 내렸다.

성창기업은 1997년 외환위기 이후 건설경기가 불황을 겪고 환율 급등으로 거액의 환차손을 입으며 유동자금 부족사태에 직면했다. 이후 부동산 매각 등 자구계획을 성실히 이행하는 등 조기경영정상화 노력에 힘입어 2002회계 연도에 매출 1749억원, 영업이익 187억원, 당기순이익 93억원을 거두었다. 다시 안정 궤도를 찾은 성창은 2008년 12월 26일에 회사를 상장회사인 지수회사와 비상장회사인 사업자회사로 분할하기에 이른다. 이에 따라 상장사인 성창기업지주(주)는 자회사 주식만을 소유해 사업을 지배, 육성하는 지주사업체로서 별도 사업체를 가지지 않아 중소 규모로 축소된다. 그 대신 덩치가 큰 제조사업부문을 분할해 성창기업(주)과 성창보드(주)를 분리해 설립했다.

현재 성창의 주력사업은 마루판, 합판, 파티클보드 세 가지. 장수기업답

게 각 분야에서 쌓은 기술력과 생산능력은 세계적인 수준이다. 2000년대 들어 이 회사의 기술개발 초점은 친환경에 맞춰졌다. 그 결과 2005년 포름알데히드가 전혀 발생하지 않는 친환경 온돌마루판을 자체 개발해 출시하는 데 성공했다. 합판 접착제는 물론 도료, 시공용 접착제까지 친환경 제품을 개발해 공정에 도입한 것이다. 성창기업은 유일하게 원목의 선택에서 완제품 생산에 이르기까지 일관 생산 공정을 완벽히 갖춘 목재 회사다. 마루업계의 치열한 경쟁으로 가격이 내려가는 상황에서도 가격경쟁력이 높은 제품을 출시할 수 있었던 것도 생산공정의 효율성 때문이다. 이런 생산 기술력이 성창을 장수기업으로 이끈 비결일 것이다.

성창기업은 지역사회 기여의 일환으로 동래 금강식물원을 운영해 부산시민에게 휴식처로 제공하고 있다. 1969년 금정산 자락에 문을 연 이 식물원은 한국 제1호 민간식물원으로 19만4000여m² 면적에 2300여종의 다양한 수종을 자랑한다. 성창은 경북 봉화 등지에도 2000여만 평의 임야를 가꾸고 있다. 나무를 사용하는 사업으로 돈을 벌었으니 강산을 푸르게 만들어 국민들에게 녹지를 돌려줘야 한다는 창업자의 뜻에 따른 것이다.

합판산업은 건설경기와 밀접한 관계가 있고 계절적 수요편차가 심한 편이다. 또 원료기반을 산림자원에 두는 소재산업으로서 재료비의 비중이 높고 원자재 해외의존도가 높아 수송 및 보관비 비중이 사업의 성패를 좌우하기도 한다. 건설경기 불황이나 미분양주택이 과다발생해도 타격을 받는다. 이만큼 원자재 환경과 주변 경기에 민감한 산업이기에 안정적인 경영이 어렵다. 성창의 마루판 사업은 성숙기에 들어 아파트 바닥마감재로 안정적 수요를 확보하고 있으나 수입마루판이 늘며 수익창출에 압박을 주는 상태. 성창은 이런 난관을 극복하기 위해 친 환경적인 나무 바닥재 개발로 타개해나간다는 전략을 세우고 있다.

파티클보드산업은 폐목재의 재생산업. 원목에서 목재를 생산하고 남은 조각을 부수어 그 사이에 합성수지 계통의 접착제를 뿌려 높은 온도와 압력으로 압착해 만드는 합성목으로 가구재 등 다양한 용도로 쓰임새가 늘어나고 있다. 성창은 생산 일관 체계의 장점을 활용, 품질과 경영의 안정화를 도모해 나간다는 비전을 세우고 있다. 성창의 시장점유율은 합판과 파티클보드 모두 30%로, 동업계 1, 2위를 다투는 상태다.

창업주 정태성은 1986년 87세로 별세했으며, 현재의 경영권은 창업주의 4남으로 보유지분 31%를 소유한 최대주주 정해린(鄭海鱗, 71세)이 쥐고 있다. 한편 성창기업 대표이사는 성창과 동종업체인 동화홀딩스(주)의 대표이사를 역임한 전문경영인 출신 강신도(姜信度)사장이 2008년부터 맡고 있다. (www.sce.co.kr)   – 박영규 –

안성유기(安城鍮器), 거창유기(居昌鍮器), 안성주물(安城鑄物)

– 유기장(鍮器匠), 전통기법으로 대를 잇고 있다

안성유기, 거창유기

흔히 놋그릇으로 불리우는 유기는 조선시대에는 식기, 제기 등으로 널리 쓰였다. 특히 안성을 중심으로 한 유기 공방들의 제품들이 다른 지방 보다 품질이 뛰어나 '유기는 안성' 이라는 명성을 얻게 되었다. 예전부터 안성은 전주, 대구와 함께 전국 3대 시장 중 하나로 충청

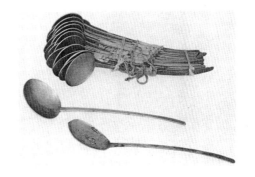

통일신라시대 숟가락(匙). 일본 정창원(正倉院)에 소장되어 있다

도, 경상도, 전라도 등 삼남지방의 물산이 집중되었다. 안성의 유기가 유명하게 된 것도 서울과 지리적으로 가까워 상류사회의 유행에 민감하게 대응할 수 있었기 때문이다. 서울 양반들의 사치스러운 기호에 맞춘 고급 물건을 만들어 내다보니 자연적으로 인적, 기술적 인프라를 갖추게 되어 안성유기장은 전국적인 명성을 얻게 된 것이다. 유기공업은 몇 차례 맥이 끊길 정도의 위기를 거쳤다. 일제가 태평양 전쟁에 몰두하면서 쇠붙이 공출령에 따라 유기제품들을 공출해 감에 따라 원료 부족으로 유기 제작 자체가 어려웠던 시기가 있었다. 해방이 되고 난 후 4~5년간은 유기 수요가 폭발적으

로 일어나 6·25전쟁 전까지 반짝 수요를 누렸다. 6·25 이후에는 각 가정의 아궁이가 연탄 아궁이로 바뀌면서 유기가 연탄가스로 인해 쉽게 녹이 생기자 식기로서의 유기 수요는 스텐 그릇과 양은으로 완전히 대체되었다. 그러나 최근에 건강에 관심이 높아지면서 놋그릇이 밥맛이 좋아지고 살균효과까지 있다는 점에서 수요가 되살아나고 있다. 유기제작에는 주물방식과 두들겨서 형태를 잡아가는 방짜방식이 있다. 주물유기는 정교하고 광채가 나는 것이 특징이고 방짜유기는 내구성이 탁월한 점이 장점이다. 안성유기는 전통적으로 주물방식으로 유기를 만들어 왔다.

방짜방식은 납청유기로 불리우며 평안북도 납청에서 주로 만들었다. 방짜의 유래는 납청에서 두들겨 만든 그릇 밑에 한자로 方자를 찍어 내었기 때문에 방짜(方字)로 불리게 되었다. 1983년에 유기장이 중요무형문화재 제77호로 지정되면서 안성의 주물유기 부문에서는 김근수(金根洙)가, 안양 방짜유기(납청유기) 부문에서는 평안도 납청에서 1948년 월남한 이봉주(李鳳周)가, 순천의 반방짜유기 부문에서 윤재덕(尹在德)이 명장에 올랐다. 현재 유기 공방 중 60년 넘게 전통을 이어온 기업은 주물제작 방식의 안성마춤유기공방과 거창유기공방이 있다.

안성마춤유기공방은 안성에서 64년 동안 2대에 걸쳐 주물방식으로 유기를 만들고 있다. 창업자 김근수는 10대 중반이었던 1930년대에 일본인이 경영하던 유기회사에 취직을 하면서 유기 제작 과정을 어깨 너머로 배웠다. 해방 이후 1946년에 스승인 김기준과 함께 유기공방을 차린 것이 유기 제작의 시작이다. 해방 후의 반짝 수요가 지나간 뒤 유기 수요가 거의 전멸하다시피 했다. 30여 곳에 이르렀던 유기공장 대부분이 문을 닫았지만 김근수는 전통기법이 끊어지면 안된다는 고집으로 공방을 지켜 왔다.

공방을 유지하노라 파산지경에 이르기도 했으나 장식용 유기를 만들어 미국으로 수출하기도 하고, 값싼 동남아 제품들과 힘겹게 경쟁하면서도 전통을 고수한 김근수의 노력은 1983년 주물유기 명장이 됨으로써 국가의 인정을 받았다. 2009년 작고한 1대 김근수 명장에 이어 2대 김수영(金壽榮)도 유기장 보유자로 전통을 이어가고 있다. 현재 김수영의 아들인 김범진이 3대째 대물림을 준비 중에 있다.

거창에서 주물방식으로 유기를 만들고 있는 거창유기공방도 1924년 공방이 열린 이래 86년간 전통을 이어오고 있다. 거창유기공방은 경상북도 상주 사람인 김석이(1954년 작고)가 전통 주물방식으로 제기, 화로, 수저 등을 만들어 판 것이 시초다. 이 공방에 문하생으로 들어가 나중에 공방을 물려받은 사람은 현재

위) 전통 유기 공방 내부의 모습
아래) 바우덕이축제에 쓰인 안성주물의 대형가마솥

의 이기홍(李基洪, 대표이사)의 부친인 이현호(1995년 별세)다. 이현호는 1970년대 유기의 쇠락으로 한때는 유기 만드는 것을 중단하고 중고 놋그릇을 모아 고물상에 넘기는 중간 유통업으로 생계를 이어가기도 했다. 그러나 아들 이기홍이 고등학교를 졸업하고 부친의 일을 도우면서 현재의 유기 유통망을 활용하여 다시 유기를 만들자고 부친을 설득했다. 1980년에 다시 공방을 열기는 했으나 부친의 말대로 유기 수요는 전혀 일어나지 않은 채 10여년이 흘렀다. 그 10년 동안 주물유기 대신 방짜 방식으로 징, 꽹가리 등을 만들어 공방을 유지해 나갔다.

90년대 들어와 혼수용품으로서 놋그릇 반상기 세트 수요가 살아나기 시작하면서 다시 주물제작 방식이 중심이 됐다. 이기홍이 이끄는 거창유기공방은 현재 직원 13명이 연 매출 약 10억원을 올리고 있다. 우연한 기회에

얻은 아이디어에서 사업성을 발견해 내는 이기홍의 눈썰미가 오늘날의 거창을 키웠다고 할 수 있다. 2002년 부산의 한 냉면집에서 냉면그릇을 대량 주문하면서 그릇에 자기네 상호를 새겨 달라는 주문을 어렵지 않게 받아 들였다. 뒤늦게 상호 새기는 레이저 기계 값이 유기 제작 비용보다 더 든다는 것을 알았지만 출혈을 무릅쓰고 레이저 기계를 사들여 주문대로 납품을 했다. 나중에는 이 기계를 활용하는 차원에서 놋그릇에 무늬를 새겨 넣어 제작하자 고급 제품으로 알려지기 시작했다. 거창이 한 단계 더 브랜드 파워를 키운 계기도 고객의 주문에서 힌트를 얻은 것에서 비롯되었다. 어느 고급 요정으로부터 사각형 모양의 그릇 주문이 들어와 제작해 보니 그릇이 현대적이고 센스가 있었다 한다. 여기서 아이디어를 얻어 2003년 전국 공예품 경진대회에 단반상기와 사각찬기를 출품하여 대통령상까지 받았다. 전통 기술과 첨단 디자인의 접목이라는 심사평을 들었다.

현재 거창유기공방은 기숙사를 짓고 1 : 1로 제조기법을 전수하는 후계자 양성 프로그램을 운영 중이다. 전통사업이 주로 도제방식으로 대를 이어가는 기존의 대물림에서 한 발자국 더 나아간 형태라 할 수 있다.

안성주물

안성주물은 1910년 무쇠 가마솥을 만들기 시작한 이래 100년 동안 4대째 가업을 이어 오고 있는 주물 전문기업이다. 가마솥은 아궁이에 걸어 놓고 밥을 짓는데 반드시 필요했던 필수품에서 이제는 선택적인 기호품으로 바뀌었지만 안성주물은 지금도 전통적인 주물기법으로 무쇠 가마솥을 만들고 있다. 충청도 창원군에 살던 1대 김대선이 놋그릇 등 유기로 명성이 높은 안성으로 이사하여 유기 공방에서 쇳물을 다루는 기술을 익힌 후 독립하여 가마솥을 만들기 시작한 것이 안성주물의 시초다. 주로 가내 수공업으로 만들어 내던 1대에 이어 2대 김순성은 1924년에 132㎡ 규모의 공장을 짓고 15명의 직원을 거느리고 한 달에 20여개의 가마솥을 만들어 안성, 평택, 진천, 제천장을 돌아다니면서 솥을 팔아 큰돈을 벌었다. 쇠죽을 끓이는 가마솥 하나를 팔면 쌀 한 섬(144㎏)을 받아 올 정도였다. 일제시대엔 원료를 배급받아 솥을 만들었고 6·25전쟁 후엔 가마솥이 품귀현상까지 빚어질 정도로 수요가 폭발적이었다. 3대이자 주물 명장인 김종훈(金鐘勳)은 부친의 사업이 번창하여 가세가 넉넉해져 대학에 진학하는 등 학업의 길을 걸었다. 그러나 부친이 연로하여 공장에서 일하던 아들의 친구에게 공장 운영을 맡겼는데, 이 친구가 숙련공 몇 명을 데리고 나가 독립을 하는 바람에 공장 문을 닫을 위기에 처했다. 김종훈은 대대로 내려온 가업이 끊기는 것을 그대로 볼 수 없어 1953년에 학업을 중단하고 가업을 이었다. 1970년대 초까지 가마솥 수요는 탄탄했다.

그러나 새마을 운동이 본격화되고 군불 때던 아궁이가 연탄식으로 개조되면서 양은솥과 냄비가 보급되기 시작하여 무쇠 가마솥 수요가 급격하게 줄었다. 안성주물은 가마솥과 더불어 연탄난로와 새마을 보일러를 만들어 재정적 안정을 취했다. 안성주물 가마솥은 지금도 1,850도의 용광로에 무쇠를 녹여 진흙으로 만든 거푸집에 쇳물을 부어 만드는 전통 기법을 그대로 유지하고 있다. 3대 김종훈은 이러한 전통기법으로 가마솥을 만드는 기술로 2006년 3월에 주물명장이 되었다. 4대 김성태는 1988년 군에서 제대하면서 가업에 뛰어들었다. 쇳물이 튀는 위험한 일인지라 부친의 만류에도 불구하고 3대를 이어 온 가업을 잇겠다고 본인이 고집한 길이다.

김성태는 최근의 웰빙 붐에 따라 3~4인용, 5~6인용의 작은 가마솥을 개발하여 판매하고 있는데 인기가 좋아 향후 전망도 밝다. 무쇠 가마솥은 전성기에는 각 마을마다 한군데 씩 있었던 공장들이 이젠 거의 사라지고 현재는 부산의 운틴가마, 충북 음성의 삼화금속, 충북 괴산에 있는 동하주물, 전남 광주의 대홍주물 등이 명맥을 유지하고 있다.

(www.anseongyugi.com, www.kcyugi.co.kr, www.ansungjumul.com)

-오춘애 -

진미식품(眞味食品)

– 3대째 이어온 대전의 향토기업

　진미식품은 1948년 초대 송희백(宋熙百)이 대전에 대창장유사를 설립하고 간장을 만든 것을 시작으로 62년간 2대 송인섭(宋寅燮)에 이어 3대 송상문(宋相炆)이 회사를 이끌며 간장, 된장 고추장 등 장류를 만드는 가업을 이어가고 있다. 그러나 가업 승계가 처음부터 본인들의 적극적인 의지로 이루어진 것은 아니었다. 회사의 절체절명 위기가 이들을 가업으로 불러들였다. 창업주 송희백은 1930년대 일본인이 경영하는 '부사춘장류회사'에 취직하여 장 담그는 기술을 익혔다.

　해방이 되자 회사 사장이 본국으로 돌아가버려 잠시 동안 그 회사를 이어오다가 공장을 적산으로 물려받고 '대창장류사'라는 회사를 세웠다. 이것이 진미식품의 모태다. 해방 이후 혼란기에 회사를 설립하였으나 장맛이 좋아 설립 초기부터 사업은 순조로웠고 특히 6·25전쟁 이후에는 각 가정의 장독들이 전쟁 동에 대부분 깨지고 없어져 장류를 사 먹는 사람이 늘어나 만들면 무섭게 팔리는 시기가 오랫동안 계속되었다. 대전에 기반을 두기는 했으나 사업 번창으로 서울에 대리점을 두는 등 1980년대까지 사업은 탄탄대로를 걸었다. 특히 창업주 송희백은 뛰어난 상업적 감각을 타고나 1950년에 대전일보에 진미라는 브랜드를 알리는 광고를 내는 등 아무도 생각지 못하는 기발한 아이디어를 계속 생각해 내고 이를 실천했다.

1959년에는 경품으로 미싱을 내걸고 병뚜껑 안쪽에 경품번호를 적어 넣어 판 다음 사람들을 모아 놓고 경찰 입회하에 당첨자를 뽑는 이벤트를 펼치는 당시로서는 획기적인 홍보작전을 펼쳤다. 2대 송인섭은 가업을 잇기 보다는 성균관대에서 약학을 전공하고 장래는 제약회사에서 세일즈맨으로 활동하고 싶다는 생각을 갖고 있었다. 그러나 1964년 회사에 큰 불이 나고 빚더미 위에 앉게 되자 부친

위) 1948년 대전에서 설립된 진미식품의 모태인대창장유사
아래)1960년대 진미식품의 간장숙성 탱크

을 돕기 위해 가업에 뛰어들었다. 회사 경영에 참가하면서 그는 자신의 전공을 살려 공장의 위생을 체계적으로 관리하는데 신경을 썼고 자체 실험실을 만들어 신제품 개발과 제조공정을 개선하는 등 부친이 미처 손대지 못했던 부분을 보완해가면서 과학적인 관리로 업계에서 회사의 명성을 한 단계 높이는데 성공했다.

3대 송상문도 언젠가는 가업을 잇게 되겠지만 지금은 자신이 하고 싶은 것을 계속하겠다는 생각을 갖고 있었다. 중앙대에서 경영학을 전공하고 MBA 과정을 밟기 위해 유학을 준비하고 있던 1996년 불량 고춧가루 파동에 회사가 휘말린데 이어 1997년 외환위기로 회사가 어려움에 처했다. 이와 더불어 부친의 건강이 나빠지자 유학을 포기하고 1997년 회사에 입사했다.

회사가 가장 어려운 시기에 입사한 송상문은 불량 고춧가루 파동으로 망

신창이가 된 진미 브랜드 대신 참그루라는 새로운 브랜드를 만들어 새 출발을 했다. 또한 그 동안 밀가루와 수입 고춧가루를 사용하여 원가 절감에 급급했던 업계 관행에서 벗어나 국산 콩, 쌀, 오곡찹쌀 등 국산의 좋은 원료를 사용하여 건강을 중시하는 트렌드에 맞추어 적극 선전하여 이미지 쇄신에 주력하였다. 온라인 쇼핑몰을 개설하여 새로운 판로를 만들어 대기업과 경쟁에서 하나의 탈출구를 마련했다. 제품군도 장류에 머무르지 않고 콩을 이용한 어린이용 간식을 개발하여 히트상품으로 키우는데 성공했다. 이러한 노력으로 2005년까지 적자를 면치 못하던 것을 2006년부터 흑자로 전환하는데 성공했다. 매출규모도 1997년 이래 200억 원에 머물던 것을 2004년 이후 300억원 대로 끌어올리는데 성공했다.

해방 후 시작된 우리나라 장류 산업은 초기엔 가내수공업 형태를 유지하다가 1949년 국군이 창설되면서 군납사업으로 부상하여 근대적인 시설과 품질을 갖춘 산업으로서 면모를 갖추게 되었다. 당시에는 많은 장류업체가 활발하게 활동하고 있었다. 샘표간장으로 유명한 샘표식품, 닭표간장으로 유명한 삼왕식품, 서울 지역 유통량의 50%를 차지했던 삼원식품(후에 해찬들 브랜드로 CJ에 인수됨), 오성식품. 천일식품 등이 진미식품과 함께 성장한 업체였다. 진미식품도 군납을 통해 비약적인 발전을 했다.

1958년 육군 군납업체로 지정된 것을 시작으로 1963년에는 공군 군납업체로, 1968년에는 주월 한국군 납품 업체로 지정되었다. 회사도 초대 송희백이 창립한 대창장유사가 2대 송인섭에 의해 1967년 진미식품공업사로 사명이 변경되고 다시 1985년 진미식품으로 상호가 변경되어 오늘에 이르고 있다.

진미식품의 최전성기는 1980년대였다. 진미간장, 진미고향고추장, 진미일품콩된장 등 진미의 브랜드는 시장 점유율 1위를 차지하는 등 연간 매출액이 400억원에 달할 정도였다. 그러나 90년대 들어와 회사는 연이어 커다란 역경에 처했다. 1996년 시판되는 고추장에 불량 고춧가루를 사용했다는 방송 보도로 매출이 순식간에 주저앉았다. 보도 이후 형사사건으로 검찰까지 갔고 결국 무혐의 처분을 받았으나 이미 이미지에 손상을 입고 난 뒤라 진미 브랜드로는 소비자의 마음을 되잡기 어렵게 되었다. 더군다나 연이어 터진 1997년 외환위기로 다시 한 번 회사에 어려움이 닥쳤고 1990년대 말부터 대상이나 CJ 등 유명 대기업들이 관련 중소기업을 인수합병하고 장류 분야에 진출하면서 이들 대기업과 힘겹게 경쟁하게 되었다. 유통업계도 대형 할인매장 중심으로 재편되면서 진미식품은 납품 가격, 매장 진열 등 어디에서나 대기업과 경쟁을 해야만 했다.

2007년 대표이사를 맡은 3대 송상문은 전통적으로 이어온 유명한 회사 브랜드를 새로운 브랜드로 교체하는 과감한 결정으로 회사를 위기에서 구했다. 또한 자사의 전통적인 제품을 기반으로 하여 건강이라는 새로운 트렌드에 맞춘 건강식품을 출시하는 등 혁신을 통해 회사를 적자에서 흑자로 전환시켰다. 앞으로 2013년까지 1000억원대의 식품 대기업으로 도약하겠다는 희망을 품고 있다. (www.charmgrow.co.kr)   – 오춘애 –

한국도자기(韓國陶磁器)

– 무차입 무해고 경영 60년, 청주의 자랑

1943년에 설립된 한국도자기는 2010년에 창립 67주년을 맞은 장수기업이다. 세계 60개국에 수출하고 있는 매출액 기준 세계 5위의 도자기 업체다. 세계적으로 유명한 블루마린, 레녹스 등도 한국도자기에 제품 주문을 하고 있다. 한국의 반도체 산업이 세계에서 1위에 올랐듯이 도자기 산업도 세계 1위에 근접해 있다. 그 일등 공신이 한국도자기이고 여기까지 이끌어 온 사람이 바로 2세 김동수(金東洙)다. 최근에는 보석이 박힌 도자기로 영국의 고급 백화점 브랜드 입점에 성공하는 등 세계의 고급 도자기 시장 공략에 매진하고 있다.

김동수는 1963년 부친으로부터 한국도자기의 전신인 '충북제도'의 실질적인 경영권을 물려받은 뒤 한국에서 최고의 물건을 만든다는 뜻을 담아 사명을 '한국도자기'로 변경하였다. 한국도자기가 품질 향상에 매진하여 비약적인 발전을 할 수 있었던 직접적인 계기는 박정희 대통령 시절, 영부인 육영수 여사의 한마디에서 시작된다. 육영수는 1968년 김동수를 불러 청와대에서 국빈에게 자신있게 내놓을 수 있는 품질 좋은 국산 본차이나(bone china) 도자기를 생산해 달라고 부탁한 것이다.

그 동안 청와대는 외제 본차이나 식기를 쓰고 있었다. 본차이나는 18세기 중엽 영국에서 개발된 제조법으로 젖소 뼈를 태운 잿가루를 50% 이상

넣고 1000도 이상에서 구워 일반 도자기 보다 강도가 3배 이상 높고 젖소 뼈의 섬유질로 인해 보온성이 뛰어나 음식을 담았을 때 쉽게 식지 않는 장점을 갖고 있다. 육영수 여사의 기대에 부응하기 위해 한국도자기는 세계 유수의 메이커들에게 기술 제휴를 타진했으나 번번히 거절당하기만 했다. 당시 본차이나를 생산하고 있는 나라는 영국, 독일, 일본 세 나라 뿐이었다. 일본 메이커는 자기들도 영국에서 기술 도입한 지 30년이 지난 뒤에야 완전한 기술을 확립할 수 있었다면서 그렇게 어려운

위) 한국도자기 설립 당시 제품들
아래) 60년대의 히트상품인 황실장미 세트

기술을 한국이 어떻게 습득할 수 있겠는가 하는 부정적인 반응을 보였다.

김동수는 한국도자기와 인연이 있었던 영국의 로얄 덜튼사에 한가닥 희망을 걸고 몇 달에 걸쳐 끈질기게 기술제휴를 요청하였다. 로얄 덜튼 그룹은 영국 최고의 도자기 생산회사로, 꽃무늬 전사지로 유명한 존슨매시라는 전사지 공장을 산하에 두고 있었고 한국도자기의 황실 장미 홈세트에 쓰인 전사지(도자기에 무늬를 넣는 그림)를 존슨매시로부터 공급 받은 전력이 있는 회사였다. 황실 장미 홈세트는 60년대 말 한국도자기가 국내 최초로 도자기 식기 홈세트로 출시한 제품으로 당시 유행하던 플라스틱과 스테인리스 식기를 대신하는 고급 식기로서 인기를 모았다.

드디어 1970년 로얄 덜튼의 아시아 대리점 대표가 한국을 방문하면서 한국도자기를 방문하게 되었다. 한국도자기는 현관에 태극기와 영국 국기를 게양하는 등 성의를 다해 이들을 맞이하면서 다시 간곡하게 기술제휴를 요청하여 마침내 로얄 덜튼 회장으로부터 승낙을 받아내는데 성공하였다.

기술 제휴 이후 처음으로 총 3,000개의 본차이나를 만들었으나 그 중에서 제품으로 쓸 만한 것은 디너세트와 커피세트 각각 3벌 정도만 건졌다. 이들 제품을 청와대에 가지고 가 육영수 여사에게 보여 주자 매우 기뻐하며 공작새 문양을 넣은 본차이나를 주문했다. 이후 한국도자기가 제대로 된 본차이나를 안정적으로 생산하기까지 6년여에 걸친 기술 개발이 이어졌다. 육영수 여사는 재외 공관에서도 한국도자기의 본차이나를 사용하도록 하여 재외 공관은 물론 국내 고급 호텔에서도 한국도자기의 본차이나가 사용되기 시작하였다. 외제 일색이었던 국내 고급 도자기 식기 시장에서 국산 본차이나의 수요가 늘어나기 시작했다.

김동수는 본차이나 개발 성공으로 국내 고급 식기 시장을 장악한 여세를 몰아 해외 진출을 염두에 두고 1978년 도자기 올림픽이라 할 수 있는 애틀란타 국제도자기 쇼에 참가하였다. 여기에서 인정을 받고 해외시장에도 진출하려는 계획을 세운 것이다. 국내 시장에서의 위상을 가지고 자신있게 쇼에 참가하였으나 결과는 참담했다. 참여 업체 200사 가운데 꼴찌를 하였고 바이어들이 넘버 200의 브랜드라고 놀려댄 것이다.

더군다나 전시장에서 한 흑인이 한국산 도자기가 위생적인지 의심하듯 한국도자기의 그릇을 들고 냄새를 맡는 모습을 본 김동수의 충격은 이만저만이 아니었다. 이를 계기로 국제적인 기준에 맞는 위생적인 식기 생산에 주력, 아시아에서는 일본 다음으로 미국 식품안전청의 승인을 획득하는데 성공하였다. 미국 식품안전청의 도자기 식기에 들어 있는 납성분 허용기준치는 3ppm으로 한국도자기는 전제품의 납성분 수치를 0.5ppm 이내로 맞추었다. 1984년 다시 애틀란타 도자기 쇼에 참가, 꼴찌에서 20위로 순위를 끌어 올리는데 성공, 여세를 몰아 이듬해 시카고에서 열린 세계 도자기 쇼에서는 참가 기자단 평가에서 1위를 획득하면서 세계 고급 도자기 시장 무대에 등단하게 되었다. 마침 미국 내에서 미국 도자기협회가 도자기 식기 보급 캠페인을 전개하고 있던 시기여서 한국도자기도 해외시장에 적극 진출했다.

한국도자기 강점의 요체는 무차입 경영과 형제간 가족경영이다. 김동수가 무차입 경영을 결심하게 된 것은 매일 빚에 쫓겨 괴로워하는 가족을 구해야겠다는 일념에서였다. 대학 졸업 후 꿈꾸던 외국 유학을 포기하고 1959년 부친의 부탁으로 총무과장으로 입사하였을 때는 회사는 매일 빚 독촉에 시달리며 매출의 40% 정도가 이자로 나가고 있는 상태였다.

김동수는 회사가 살려면 목숨을 걸고라도 회사 빚을 없애야 한다는 생각을 하게 되었고 빚만 갚게 해주면 자신의 생명을 하느님께 바치겠다는 서원 기도까지 올리면서 화장실 청소부부터 시작해서 흙을 주무르는 일까지 닥치는 대로 회사일에 매진하였다. 설상가상으로 60년대 초 설 대목을 노리고 청주공장에서 도자기를 한차 가득 싣고 동대문 시장에 팔려고 했으나 플라스틱 식기가 한창 유행하던 시기여서 아무도 거들떠 보지 않아 빚이 눈덩이처럼 더욱 불어났다.

그러나 1967년 청주 서문교회 헌당식 때 내빈으로 참석했던 캐나다인 선교사가 김동수의 처지를 듣고 나서 2만 달러짜리 수표를 선뜻 건네주었다. 이 선교사는 한국 기업가 지원 용도로 캐나다기독실업인회로부터 이 돈을 받아 대상을 물색하던 중이었다. 이 돈으로 그토록 필요했던 선진설비를 수입하여 설치하고 명품도자기의 본 고장인 영국의 로열 덜튼 그룹 계열사와 황실장미 전사지 공급계약을 맺어 황실장미 홈세트를 출시하였다. 일제가 물러나 공백이었던 국내 홈세트 식기 시장을 공략한 것이다. TV 광고를 타고 대박을 터트린 이 홈세트는 해외에도 수출하여 1969년에는 30만달러의 수출실적을 올리는 개가를 올렸다. 대박 상품의 출현과 허리띠를 졸라매는 보수적인 자금 운영 등의 노력이 결실을 맺어 1973년에 드디어 모든 빚을 갚을 수 있었다. 이때부터 한국도자기는 트레이드 마크인 무차입 경영이 시작되었다.

한국도자기 성공의 또 하나의 요체는 형제간의 가족경영을 들 수 있다. 품질과 디자인으로 세계 시장 공략에 나선 김동수의 성공에는 측면에서 지원한 가족의 협동이 깃들어 있다. 장남인 김동수가 회사를 이끌면서 첫째 동생 김은수는 인사관리를 맡았다. 고대 영문과 졸업 후 한국도자기에 입사하여 한국도자기의 트레이드 마크인 무해고 경영의 기틀을 쌓았다.

현재 한국도자기에는 10년 이상 근속사원이 20% 이상이고 부부사원, 형제, 자매 등 가족이 함께 근무하는 가족사원들이 많다. 둘째 동생 김번웅은 미국에서 행정학 박사학위를 받은 해외 유학파로 유창한 영어실력으로 해외시장 개척에 나서는 김동수를 보좌하였다. 동국대 행정학 교수를 역임했으나 이미 고인이 되었다. 셋째 동생 김성수는 기술개발을 맡았다. 한양대 화공과를 졸업한 후 1970년대 당시 연구실장으로 본 차이나 개발에 주력하였다. 본차이나 개발 이후 초강도자기 '수퍼스트롱'과 고려청자를 재현한 '비취 본차이나' 등을 잇달아 개발하여 제품화하는데 성공하였다. 김동수 뒤를 이어 한국도자기 대표이사를 맡았다가 2004년 김동수의 장남인 김영신에게 대표이사를 물려주고 독립하여 인도네시아에 '젠한국'이라는 회사를 설립하였다. (www.hankook.com)   - 오춘애 -

행남자기(杏南磁器)

– 오너가 노조 창설 주도한 목포의 쇠심줄

행남자기는 1942년 5월, 초대 회장 김창훈(金昌勳)이 창립한 이래 2대 김준형(金浚炯, 2008년 작고), 3대 김용주(金容柱)에서 현재 경영 수업중인 4대 김유석(金裕錫)으로 4대째 68년 동안 도자기라는 한우물을 파온 장수기업이다. 외부에 의존하지 않는 독자적인 기술개발과 일찍이 한번도 노사

1942년 창립 당시 행남자기 공장 내부 모습

분규가 없는 노사화합, 또 목포 지역 주민들이 곧 종업원인 향토기업이라는 특징이 장수기업으로서 살아남은 힘일 것이다.

창업자 김창훈은 일제시대 현재의 한국전력 전신인 남선합동전기회사 목포지점에 근무하고 있었다. 그는 전선을 철탑이나 전봇대에 고정시킬 때 절연체로 사용하는 사기로 만든 애자를 구입하기 위해 일본을 자주 오가는 기회가 많았는데 이때 일본 고급 도자기에 관심을 갖기 시작했다. 태평양 전쟁 말기에는 일본이 국내 각 가정의 밥솥이며 놋그릇에 이르기까지 쇠붙이

1942년 창립 당시 공장 모습

는 전부 걷어 가고 그 빈자리를 일본의 도자기가 메우고 있었다. 김창훈은 국내에도 도자기 식기의 수요가 있다는 데 착안하여 1942년 도자기 제조 회사 행남사(1994년 행남자기로 사명 변경)를 설립했다.

과거 일본보다 우수한 도자기 기술을 갖고 있었던 우리가 일본제 식기로 밥을 먹을 수는 없다는 의지도 있었다. 그리고 당시 27세인 아들 김준형을 일본으로 보내 일본 최고 기술 보유 기관인 아리타 시험장에서 기술을 배워 오도록 했다. 일본의 제조기술과 우리 도자기의 전통을 조합하면 좋은 도자기를 만들 수 있을 것으로 생각한 것이다. 일본으로 간 김준형은 제조에 관한 기초 기술을 습득하고 돌아 온 이후 도자기 업계의 한국 최초라는 기록을 세워 나갔다. 1953년 국내 최초 양식기 개발을 비롯하여 1957년 국내 최초의 본차이나 기술 개발 등 행남자기의 제조 기술의 기틀을 다져 놓았다. 3대 김용주는 선대가 쌓아 놓은 기술력을 바탕으로 외국 유학의 경험을 살려 적극적인 해외 마케팅과 더불어 제품 디자인에 주력하여 안정적인 해외 시장을 개척하는 데 성공하였다.

1974년 전 세계적인 석유파동으로 회사가 어려운 시기에 미국 유학을 마치고 귀국하여 입사한 김용주는 마침 국내의 수출 드라이브 정책의 바람을 타고 수출로 활로를 찾기 시작했다. 별도의 수출 전문법인인 행남특수도기를 설립하고 당시 미국에서 유행하던 식기인 스톤웨어를 주력 수출 상품으로 개발하기로 했다. 스톤웨어는 핸드 페인팅으로 다양한 문양을 그려 넣은 두껍고 실용적인 식기로 당시 미국에서는 본차이나 보다 서민적이고 대중적인 식기로 각광을 받고 있었다. 공장을 짓고 있는 상태에서 이미 미국의 제프코르(JEFCOR)와 수출계약을 맺는 행운도 따라 주었다. 제프코르의 사장인 에드워드 쿠퍼는 1972년 말 사업상 서울을 방문하여 조선호텔에 묵으면서 행남사가 납품한 호텔 웨어의 품질에 관심을 갖고 행남사를 찾아 계약을 체결한 것이다.

그러나 제품 생산에 들어가자 스톤웨어의 특징인 깨알 같은 점들이 박혀 있는 자연스러운 질감을 만들어 낼 수가 없었다. 이미 수출 신용장까지 받아 놓은 상태라 스톤웨어를 수입하기로 한 미국의 회사에서도 기술자 2명을 파견하였으나 원인을 밝혀내지 못하였다. 다시 일본의 전문 기술자들을 불렀으나 역시 원인 규명에 실패하였다. 자체적으로 문제를 해결할 수밖에 없다고 생각한 김용주는 기술진과 함께 몇 개월 간 밤샘을 하며 생산기술 개발에 몰두하였다.

이렇게 자체적으로 개발한 기술로 만든 제품이 1974년 9월에 첫 출하되었다. 김용주는 완성된 제품의 첫 출하식 때 직원들이 내지른 함성을 아직도 잊을 수 없다고 한다. 함께 고생하면서 만들어 낸 쾌거여서 더욱 감동을 받았다고 한다. 스톤웨어 제품은 첫 출하된 지 9개월 만에 수출 100만달러를 돌파하는 등 성공을 거두었다. 이후 제프코르사와는 사업 파트너 관계를 넘어 다양한 인적교류로 발전하는 형제와 같은 친밀한 관계를 유지하게 되었다. 행남자기는 제프코르의 쿠퍼 사장의 아들을 1976년부터 약 2년간 목포공장에 와서 근무하도록 하여 그가 전라도 사투리를 구사하며 매운탕을 즐겨 먹을 정도로 한국 문화에 동화되기도 했다.

제프코르사는 행남자기 직원을 미국에 초청하여 대학에서 석사 학위를 받도록 사원 교육을 지원해 주었다. 특히 국내 최초의 초대형 전 자동화 시설을 갖춘 석현공장을 지을 때는 제프코르 사장과 김용주가 함께 전 세계 도자기 회사의 설비, 기계 공장을 찾아다니며 좋은 설비를 같이 고르기도 했다.

행남자기의 또 하나의 강점은 노사화합이다. 회사 경영자가 앞장서서 노조를 설립한 점도 특이하다. 1963년 2대 회장인 김준형이 회사가 장기적으로 발전하기 위해서는 현장 근로자의 목소리를 제대로 알아야 한다는 생각을 갖고 노조 창설을 주도한 바 있다. 노조를 근로자의 육성을 들을 수 있는 창구로 생각한 깃이다. 이후 이 회사는 한번도 노사분규를 겪은 적이 없다. 1979년에 2차 석유파동으로 인해 회사가 일시적으로 문을 닫아야 하는 상황에 처했을 때의 일이다.

전 세계적으로 경제가 흔들리고 한국도 유가 폭등으로 인건비는 물론 원료 등 제반 비용의 상승으로 한국 제품의 가격 경쟁력이 새로이 수출시장에 뛰어 든 동남아 국가들에게 밀리기 시작했다. 행남자기도 수출 주력 상품이었던 스톤웨어의 주문량이 크게 감소하기 시작하여 드디어는 일시적으로 회사 문을 닫는 임시 휴업 사태까지 빚어졌다. 그러나 휴업 기간 중에 회사 직원들은 제품을 들고 나가 시골 마을 구석구석을 돌며 가두판매에 나서는 등 회사가 다시 가동될 수 있도록 힘을 보탰다.

1994년 당시 김영삼 대통령이 노사상생기업의 노조위원장을 청와대로 초청해 오찬을 함께 했을 때 당시 행남자기의 노조위원장이 "청와대 식기를 모두 우리 제품으로 바꿔 주면 좋겠다"고 요구하였고 청와대는 이 요청을 받아 들였다(중앙일보 2010. 9. 14일자). 회사에 대한 신뢰와 애사심이 없다면 노조 위원장이 회사 제품의 영업사원으로 변신하기는 힘들 것이다. 이러한 노사화합의 문화로 2010년 노사화합문화 대상 대통령상을 수상하기도 했다.

행남자기의 또 다른 특징은 향토기업으로서 지역 주민들이 많이 근무하고 있으며 장기 근속자가 많다는 점이다. 직원 중에는 부자간 2대는 물론 3대, 동서지간, 부부가 같이 근무하는 가족사원이 많다. 목포가 근거지인 목포공장에는 220명의 사원 중에 가족 사원이 전체의 25%인 55명에 이른다. 부자 간 등 2대가 28명, 3대가 9명, 부부가 12명, 동서지간이 6명 등이다. IMF 위기 때에도 잉여 인력이 300명에 달했으나 고용유지 훈련을 실시하여 한 명의 해고도 없이 위기를 넘겼다.

2009년 행남자기는 국내외 종업원 2250명, 매출규모 900억원의 회사로 국내외 4개 공장을 두고 세계 50여 개국에 제품을 수출하고 있다. 현재 3대 회장 김용주의 뒤를 이어 4대인 김유식 전무는 노희웅 대표이사 밑에서 경영수업을 받고 있다. 향후엔 식기 분야 뿐만 아니라 욕실용 품 분야에 진출하여 아파트와 고급 주택 시장을 공략하겠다는 포부다.

(www.haengnam.co.kr)   – 오춘애 –

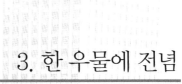

3. 한 우물에 전념

- 타협하지 않는다 -

고려은단(高麗銀丹)

– '예수 사랑' 금연사업 반세기

구강(口腔)제 전문 메이커인 고려은단. 입안을 청결하게 하는 '은단'이라는 단일 제품 하나로 65년의 오랜 세월 동안 버티면서 사세를 키웠다. 장인정신으로 한 우물을 판 것이 장수비결이라고 한다. 소비자의 기호를 자극하는 광고 기법과 꾸준한 연구개발(R&D)이 승부처로 꼽힌다.

고려은단의 창업 동기는 특이하다. 기독교정신을 바탕으로 한 금연사업으로 은단 만드는 회사를 차렸다고 한다. 일제 말인 1943년 창업주 조규철(曺奎哲)이 24살 젊은 시절, 모태신앙으로 독실한 기독교신자였던 그는 북한 땅 개성 한 교회에 새벽기도에 나간다. 목사 앞에서 인사를 하던 그는 얼떨결에 주머니에 들어있던 담배 갑을 떨어뜨린다.

기독교인으로 고개를 들 수 없을 정도로 창피했던 그는 당장 담배를 끊겠다고 결심한다. 금

65년을 넘게 국민의 사랑을 받아온 고려은단의 제품들

단현상으로 담배가 생각날 때 마다 은단을 씹었다. 그런 노력으로 금연에 성공하자 그가 경영하던 소규모 약국을 아예 은단 사업체로 확장하기로 한다. 당시 거금(50원)을 주고 일본인이 경영하던 은단 공장을 산다.

하지만 한국인이라는 이유로 은단제조업 허가가 나지 않아 거금을 날리고 말았다. 상심한 그를 위한 어머니의 기도 덕인지 몰라도 해방 다음해인 1946년 개성에서 소규모 은단공장을 세운다. 그의 은단공장은 순풍에 돛 단 듯이 성장가도를 달린다. 그러나 6 · 25 전쟁으로 은단사업은 망가진다.

우여곡절 끝에 월남한 그는 정전 후인 1955년 서울 제기동에 고려은단제약회사를 세운다. 그래서 그런지 창업주가 8순 넘어 작고한 후 70년대에 고려은단을 물려받은 현 회장 장남 조창현(曹昌鉉)과 2000년대에 경영에 참여한 장손 조영조(曹永祖)는 전국 고속도로 곳곳에 세운 옥외광고에 '예수사랑(Jesus loves You)'을 선교하고 있다.

고려은단은 반세기를 훌쩍 뛰어넘는 오랜 세월 동안 시련과 갈등을 겪기도 했다. 창업주는 6 · 25전란 후유증의 소용돌이 속에서도 연구개발(R&D)을 게을리하지 않았다고 한다. 그런 노력 끝에 59년 태국과 홍콩에 당시 제품 상호인 고려인단(高麗仁丹)을 처녀수출할 수 있었다. 첫 수출에 힘입어 1960년 10월 새로 공장 건물을 세우고 현대식 제조시설을 증설했다. 같은 해 11월 말레이시아에 고려인단을 두 번째로 수출해 사세를 신장시킨다.

그러나 두 번째 시련이 닥쳤다. 60년 터진 상표분쟁소송 사건이 그것이다. 당시 구강제 메이커인 한국양행이 한자가 나른 '인단(人丹)'이라는 상표를 내놓았다. 고려은단측은 한국양행의 상표 '인단'이 자사의 '은단(銀丹) 및 연합 상표인 '인단(仁丹)'의 권리범위를 침범했다는 이유로 한국양행을 상대로 상표권 범위 확인 소송을 제기했던 것이다.

1, 2심에서 승소한 고려은단은 63년 대법원의 상고 기각 판결로 승소가 확정된다. 상표권 분쟁 승소에 고무된 고려은단은 다음해인 64년 최신설비

로 생산시설을 증설한다. 65년 구향제 고려은단 치약을 생산한다. 다음해 66년 베트남에도 고려인단을 수출하게 된다.

1960년대 한국의 국민소득은 100달러에도 미치지 못하는 빈국이었다. 한푼의 외화도 소중했다. 고려은단은 외화를 절약할 수 있는 경영기법으로 62년 일본 세화(世和)산업과 위탁가공 무역협정을 맺는다. 고려은단제약이 일본에 수출한 은으로 만든 제약용 은박을 일본에서 수입하는 협정이다. 이로서 연간 3만 불의 외화를 절약할 수 있게 된다. 이 같은 경영성과에 힘입어 66년 전쟁 중인 베트남에 고려인단을 수출했으며 68년 서울 동대문구 제기동 공장을 증축할 수 있게 된다.

1970년대 들어 71년에 태국에 제약용 은박을 수출하기 시작했고 무역업을 전담하는 계열회사로 고려물산을 설립했다. 79년 제품 양산을 위해 서울 제기동 공장을 경기도 오산공장으로 이전한다. 은단 외길을 걸어오던 조규철은 1980년 장남 조창현에게 경영권을 물려준다.

조창현은 연세대 상대를 졸업하고 유한양행에서 제약 업무를 익힌 뒤 고려은단에 합류했다. 이처럼 생산과 경영이 본 궤도에 올라서자 90년대 들어 고려은단은 기발한 광고로 소비자의 구매충동을 부추긴다. '임금님 수저' 광고가 그것이다. 당시 사회 전체적으로 금연분위기가 확산되는 것을 겨냥한 이색광고로 장안의 화제였다고 한다. 예나 지금이나 건강광고는 관심을 끌기 마련이다.

광고 내용은 이렇다. 먼저 은수저를 등장시켜 놓고 "왜 임금님 수라상에는 금 수저가 아닌 은수저가 올라갔을까?"라는 물음을 던져 소비자의 궁금증을 유발한다. 그리고 나서 바로 해답을 제시한다. "은(銀)은 인체에 해로운 성분을 만나면 색이 변하고 650여 종의 세균을 살균해 몸에 쌓인 불순물을 제거하는 기능이 있어 임금님 수라장에 은수저가 올라간다" 고려은단의 상호인 은(銀)의 건강효과를 강조해 애연가들의 은단 구매동기를 자극했다는 말이다.

2000년대 접어들어 고려은단의 사세는 괄목할 만큼 신장된다. OEM 가공사업과 원료사업부가 가동되고 2003년 '비타민C정'이 출시된다. 성남공장 증축(2004년)및 신관 신축(2008년)과 안산공장 증축(2009년)으로 생산시설을 늘린다. 2006년 '후레시오'(페파민트 스피아민트)를 생산했으며 다음해 신종 주력 제품인 '고려은단 비타민C골드'를 생산, 시판에 들어갔다. 고려은단은 2008년 창업주의 손자 조영조가 사장에 취임하며 3세 경영에 나선다. 2세 조창현은 회장이 됐다. 조영조는 한양대와 미국 워싱턴주립대 MBA를 마친후 1998년 입사해 경영 수업을 받아왔다.

(www.koreaeundan.com)   – 이두석 –

공안과(公眼科)의원

- 70여년 한결같은 시력에의 봉사

'공안과의원' 하면 먼저 떠오르는 건 안과 전문의사 보다는 창업자 공병우(公炳禹) 박사의 한글타자기 개발에 대한 강한 열의와 업적, 그리고 '광명에의 길잡이'로서 사회에 대한 봉사 및 청빈, 강직을 우선으로 하는 그의 개인적 삶이다. 공 박

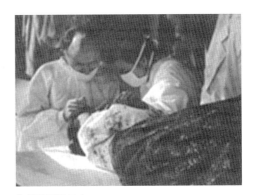

초창기 진료 모습

사는 1938년 국내 최초의 안과 전문의료기관으로 서울 종로구 안국동에 공안과의원을 개설, 1995년 88세로 사망할 때까지 고집스럽게 봉사의 외길을 걸어왔다.

공 박사는 1906년 평안북도 벽동에서 태어났다. 서당 공부를 하다가 뒤늦게 13세에야 고향의 공립보통학교(현 초등학교)에 들어갔으나, 성적이 뛰어나 졸업하기 전 5학년 때 의주간이농업학교에 진학했다. 여기서도 졸업하기 전에 평양의학강습소에 입학, 2년 과정을 수료하고 검정시험에 합격해 의사 면허를 받았다. 이어 경성의전 안과에서 수련의 과정을 거친 뒤,

1936년 일본 나고야대학에서 안과학 박사학위를 받았다. 어느 학교의 졸업장도 없이 독학으로 한국 최초의 의학박사가 탄생한 것이다.

공 박사는 일제 치하 암울했던 1938년 서울 종로구 안국동에 안과 전문의원을 개설하고, 바로 1년 뒤 서린동으로 이전, 각종 선진의술로 환자를 치료했다. 1956년에는 각막 이식 시술을 시행했고, 1958년에는 한국 최초로 콘택트렌즈를 도입했으며, 2년 뒤에는 직접 제작에 성공했다. 특히 각막 중에서 백태로 멍든 부분을 정상 각막 쪽으로 180도 회전시켜 시력을 되살리는 수술과, 닭의 각막을 사람에게 이식해 많은 실명자를 구해낸 시술은 세계적으로 처음 시도된 것으로, 우리 안과의학계의 실력을 국내외에 과시한 것이다. 1964년에는 인공 눈물관을 개발했다.

2세 공영태(公榮泰) 박사도 선친의 유업을 이어 받아 1976년부터 공안과의원에서 원장을 겸한 의사로서의 사명을 다하고 있다. 1978년에는 망막과 녹내장 치료를 위한 알곤레이저 등을 도입했다. 1982년에는 백내장 수술 후 인공 수정체 삽입술을 시행했으며, 1991년에는 엑시머레이저를 도입해 굴절 수술을 시행하고, 2005년에는 눈 안에 렌즈를 삽입하는 수술을 하는 등 첨단 의료기술의 개발, 도입에 앞장서 왔다.

1995년 강동구 성내동에 강동공안과를, 2007년에는 종로 1가에 세종공안과를 추가로 개원해 의료 사업을 확장했다. 현재 이들 세 병원에 근무하는 안과 전문의만도 16명에 이른다. 부친의 유지를 이어 받아 각종 불우이웃돕기 운동에는 거의 빠짐없이 성금을 기탁하고 있다. 선친의 고향이 북한이라는 점을 고려해서 북한 돕기에도 적극적이다. 2001년에는 북한을 방문, 평양의학대학에서 안과 수술을 집도했으며, 안과 의료장비와 약품 등을 보내기도 했다.

공병우식 회전식각막이식에 의해 많은 실명자를 구해내는 수술이 증가하자 공병우 박사는 안구은행(아이 뱅크)의 필요성을 역설, 우리나라에 안구은행이 설립되는 전기를 이뤘다. 1966년에는 서울 천호동 공안과분원에 맹인자립원을 세워 맹인 70여명을 무료로 개안 수술을 실시했다. 1972년에는 성동구 성내동에 한국맹인재활센터를 세워 2년 코스의 재활훈련을 마치고 사회에 나가 새로운 삶을 영위하도록 도왔다. 공 박사가 생활이 빈곤한 안질 환자에게 무료 치료와 수술로

맹인도 사용할 수 있도록 개발한 맹인용 공병우타자기

광명을 찾아준 경우는 헤아릴 수 없이 많다.

공병우 박사가 아들에게 병원을 물려주고 한글기계화운동과 한글전용운동을 전개하면서도 맹인을 돕고자 하는 봉사정신은 여전했다. 점자를 이용해 읽을 수는 있으나 쓸 수 없는 맹인들에게 타이프를 가르쳐 타인의 손을 빌지 않고도 자신의 의사 표시를 자유롭게 할 수 있도록 하겠다는 생각으로 맹인용 타자기를 개발했다. 공 박사는 1995년 3월 작고할 때까지 봉사 정신에 투철했다. 안구를 비롯한 자신의 장기는 이식이 불가능하면 병원에 실험용으로 써달라면서 시신을 세브란스병원에 기증했다.

공 박사는 생전에 안과의원을 운영하면서 진료에 임하는 소신이 확고했다. "최첨단 선진 의료 기술로 남보다 앞서 진료하도록 노력하되 이를 무차별적으로 환자들에게 시술하거나 홍보에 치우치지 않는다는 것과, 선진기술과 장비를 남보다 먼저 도입하되 적용 대상을 엄격하게 선별함으로써 부작용을 최소화하도록 노력하며, 의술을 통해 물질적인 보상을 얻는 것 보다는 보람있는 일을 하고 있다는 자부심을 갖자"는 것이다. 창업자 공병우의 환자 치료에 임하는 이 확고한 자세는 2세에게도 전승돼 공안과 72년 역사를 일관해 온 진료 철학이 되고 있다.(www.kongeye.co.kr)   - 노계원 -

광성텍(光星TECH)

- 고무롤은 결코 사양산업이 아니다

광성텍은 국내 최초이자 최대 고무롤 제조 회사다. 지난 2008년 창업 60주년을 맞이한 광성텍은 1948년 창업자 김용주(金容周)가 25세 때 서울 동대문구에 6명의 직원과 함께 등사용 고무롤을 만드는 회사를 창립하면서 시작됐다. 현재는 창업자의 차남인 김유중(金裕中)이 2000년에 대표이사로 취임하여 2세대에 걸쳐 경영을 이어가고 있다.

창업 시에는 문화고무공업사로 시작했으나 1953년에 광성특수고무공업사로, 1980년에는 성남시의 제2 공단으로 공장을 신축 이전하면서 광성고무롤(주)로, 2008년 12월에는 충북 음성으로 본사 및 공장을 이전하고 (주)광성TECH로 사명을 변경하여 오늘에 이르고 있다.

창업자 김용주는 우연한 기회에 일본에 갔다가 고무롤 제조 기술을 익히고 돌아와 동대문 근처에서 회사를 차렸다. 6·25전쟁 중에는 대구 등지로 옮겨 다니면서도 등사롤을 계속 만들었다. 전쟁이 끝난 직후 가내수공업 규모로 고무롤을 만들고 있던 광성특수고무공업사에 오늘날 60주년을 맞이할 수 있는 토대를 마련한 일생일대의 기회가 찾아왔다. 바로 조폐공사와의 인연이었다. 조폐공사가 광성특수고무공업사에 화폐를 찍어 내기 위한 인쇄용 고무롤을 주문한 것이다. 조폐공사는 6·25 종전 후 많은 돈을 찍어 내야 했는데 시설을 잘 갖춘 일본기업에 맡기면 비용이 많이 들기도 하여 국내 업체를 찾다 보니 국내에서 유일하게 고무롤을 만들고 있던 광성특수고무공업사에 일감을 준 것이다.

조폐공사는 광성이 조그만 창고 같은 공장에서 그 많은 돈을 찍어 낼 수는 없다고 보고 마포에 공장 증축을 위한 대지를 무상으로 제공하고 무이자로 자금까지 대출해 주었다. 마포에 500평 규모의 대지에 50평 크기의 공장을 짓는 것을 시작으로 광성은 이후 비약적인 발전을 한다. 국내 섬유산업의 발전으로 섬유업체들의 수요가 폭증했고 이어 제철, 제지, 플라스틱 제조 현장은 물론 신문사, 인쇄 등의 분야에서 수요가 증가했다.

특히 고물롤은 인쇄용, 제지용, 제철용, 염색용, 섬유용, 제혁용, 합판공업용, 플라스틱공업용 등 용도에 따라 주문 제작하고 또 납품 후에도 계속 보수나 수리를 해줘야 하는 제품 특성상 외국에서 수입하기보다는 대부분 국내 메이커 제품을 선호했다. 광성의 최전성기는 90년대였다. 제철용 대형 특수고무롤을 만들어 포항제철에 납품하였고 이를 위해 광양, 포항에 공장을 둔 남광포리마를 계열사로 두었다. 이후 한솔제지, 쌍용제지, 신강제지, 현대, 한보, LG 등에 고무롤을 납품하면서 고무롤 최대기업으로 자리 잡았다. 광성도 수요의 다양화에 맞춰 미국, 독일, 일본 등 고무롤 분야 선진국에서 선진기술을 도입하는데 게을리하지 않았다.

최근엔 외국의 기술도입이 점차 까다로워졌고 국내 산업의 다양화로 자체 연구소를 두고 기술개발을 통해 다양해진 수요에 대응하고 있다. 광성의 이러한 자체 기술 개발력은 곧바로 여타 업체와의 경쟁력에서 우위를 점하는 계기가 됐다. 고무롤은 IT업종에서는 정밀함을 요구하고 제철업종에서는 반대로 정밀도와는 별개로 제품의 수명에 주안점을 둬야 하는 등 업종에 따라 요구하는 제품 특성이 다르다. 광성에서 만드는 제품도 개당 1만원의 제품도 있고 무게가 50톤에 달하는 1억원짜리 제품도 있다.

기술력과 탄탄한 수요층을 갖고 62년을 이어 온 광성에게도 경영승계 과정에서 회사 내 갈등이 있었다. 현재 대표이사는 차남인 김유중이 2000년

주요 설비 중의 하나인 대형 선반   최대 가공능력 80톤의 자동 연마기

에 장남이자 형인 김원중(金元中) 사장의 뒤를 이은 것이다. 장남 김원중은 미국 테네시 공대에서 석사학위를 받고 귀국하여 1984년 광성에 생산과장을 시작으로 회사에 발을 들여 놓은 이후 이사, 전무를 거쳐 1989년에 창업자가 회장으로 1선에서 물러나면서 대표이사에 취임하였다. 그러나 35세의 젊은 경영자의 출현에 오래된 직원들의 반발이 거셌다. 오랫동안 근무했던 임원과 직원들이 사주 아들이라는 이유 하나로 젊은이가 사장에 오르는 것을 못마땅해 했던 것이다. 베테랑 직원들은 퇴사하여 각자 고무롤 회사를 차려 광성의 경쟁자로 나섰다.

현재 광성 정도의 규모를 갖춘 고무롤 회사 10여 개 중 5개 회사 대표가 광성 출신인 것을 보아도 그 때의 반발이 얼마나 거셌는지 짐작할 수 있다. 2000년 차남인 김유중이 형의 뒤를 이어 대표이사로 취임했고 장남 김원중은 고무롤 수입과 무역 쪽으로 사업분야를 개척하여 광성CRT라는 회사를 창립하여 독립하였다. 김유중은 회사 연구소를 거쳐 영업, 총무 등 회사 업무 전반에 대해 섭렵하고 직원들과 친화 과정을 거친 뒤에 대표이사로 취임했다. 차남의 대표이사 취임은 장남 취임 시에 있었던 회사 내 갈등이 어느 정도 잦아든 뒤였다.

광성은 창립 60주년을 맞이하여 성남시에 있던 사옥과 공장을 충북 음성으로 이전하면서 사명도 광성텍으로 변경하였다. 창업 당시 매출 규모 1800원에서 시작하여 창립 60주년인 2007년에는 125억 원으로 늘었다.

직원도 7명으로 출발하여 2007년 현재 138명으로 증가했다. 최근에는 섬유업체들이 중국으로 진출하는 등 해외로 이전하는 업종이 증가하고 고무롤에 대한 업종의 인식도 좋지 않아 이직하는 사람이 많아짐에 따라 매출규모도 2009년에는 2007년 비 10% 감소한 112억 원, 직원수도 약 10% 감소한 112명으로 줄었다. 시장규모의 축소 등으로 광성텍은 현재가 회사 창립 이래 최대 위기로 보고 있다.

그러나 최근 LCD나 PDP 등에 사용되는 필름을 코팅하는데 쓰이는 고무롤의 수요가 증가하고 있어 이 분야의 기술개발에 주력하고 있다. 수명이 오래 가면서도 정밀도가 높은 제품을 개발하는 것이 향후 회사의 경쟁력 확보에 무엇보다도 중요하다는 판단에서다. 김유중은 고무롤은 국가의 산업이 돌아가는 한 반드시 필요한 톱니바퀴 중 하나로, 사양산업이 아닌 필수 산업이라는 생각을 갖고 있다. 선진국 모두가 고무롤은 수입이나 해외 업체에 의존하지 않고 자국 내 업체가 공급하고 있다는 점에 주목하고 광성텍도 100년 이상의 장수기업이 되는 꿈을 키우고 있다. (www.ksroll.co.kr)

- 오춘애 -

금호고속(錦湖高速)

- 환갑 넘어도 창업 업종 유지

창업자 박인천회장이 1946년 설립한 광주택시에서 운영하던 미국산 텍시들

금호아시아나그룹은 한때는 물류, 운송, 에너지, 제조업, 서비스, 건설, 금융 등 각종 분야에서 28개 기업을 거느린 몇 안되는 호남의 재벌기업 집단 중의 하나였다. 1946년에 모기업을 시작했으므로 사람으로 치면 환갑을 훨씬 넘긴 셈이다. 그러나 지금은 과잉투자와 형제간 불화의 후유증으로 뿔뿔이 흩어져 몇몇 기간 기업으로 명맥을 유지하고 있다.

창업자 박인천(朴仁天, 1901-1984)은 전남 나주 출신으로 1920년 19세에 나주공립보통(초등)학교를 졸업하고, 광주에서 무명〔綿〕장사 등을 했으나 모두 실패하고 서울로 올라 왔다. 1928년 독학으로 고등문관시험에 합격, 일제하에 잠시 경찰 생활도 했다.

광복 직후 광주로 다시 내려간 박인천은 미국 포드자동차의 중고 세단 2대로 광주택시회사를 경영하다가, 오늘날 금호고속의 모태가 된 노선버스 '광주여객'으로 본격적인 운수사업에 착수했다. 1970년 경부고속도로의 개통과 함께 상호를 '광주고속' (1993년 금호고속으로 상호 변경)으로 바꾸면서 운행 노선을 전국으로 확대, 급성장의 궤도를 타게 된다. 지금은 2,300명의 인력으로 전국 146개 노선에 1,214대의 차량을 운행하며, 중국과 베트남에서도 버스운수사업을 벌이고 있다.

1999년 이후 사업구조 재편에 따라 고속운수와, 1967년 설립한 제일토목건축주식회사(1978년 금호건설로 상호 변경)를 망라한 금호산업(주)으로 통합, 고속사업부가 됐다. 운송사업이 성공하자 이에 필요한 타이어의 자체조달을 위해 1960년 삼양타이어공업(2003년 금호타이어로 상호 변경)을 설립했고, 타이어의 원료인 합성고무의 확보책으로 1970년 한국합성고무를 창업했다. 1972년 타이어 수출 전문창구인 금호실업을, 1973년 윤활유 생산업체인 모빌코리아를 설립하는 등 원료와 생산, 판매의 수직적 통합 전략을 실천했다. 1974년에는 그룹 내 원활한 자금유통을 위해 광주투자금융을 설립, 체계적 사업 다각화에 성공했다. 박인천은 '근면과 끈기'를 경영 이념으로 거대한 금호아시아나그룹의 틀을 다진 것이다.

70년대 후반부터는 사업 영역을 비관련분야까지 확대했다. 1976년 금호산업은 철강제 유통업체 극동철강을 인수하고, 금호전기는 주방용전열기 메이커 마포산업을, 금호섬유는 봉제전문 명천기업을 사들였다. 금호산업(건설사업부)은 중동건설 붐에 뛰어들었다. 1988년에는 아시아나항공을 설립, 20여년간 독점체제였던 국내 항공운수 산업을 경쟁체제로 바꿔 놓았다. 아시아나항공은 1993년 창사 6년 만에 목포에서 승객 61명이 사망하는 여객기 추락사고로 비운을 겪기도 했으나, 2000년대에 들어와

1970년 서울↔전주, 서울↔이리 노선 개통 기념으로 승무원들이 함께

국제항공등급 순위에서 4년 연속 5성(최고)급 항공사로 공인받기에 이른다. 2000년대에 들어서는 동아생명보험을 인수하여 금호생명으로 통합하고, 대우건설과 대한통운을 인수하는 등 사업 확장이 끝이 없는 듯했다. 이로써 금호아시아나그룹은 한국 재계 7위를 마크할 정도로 재벌급에 이르렀다.

창업자 박인천은 슬하에 4남 3녀를 두었다. 1남 성용(晟容)과 2남 정구(定求)는 부친 별세후 2대와 3대 그룹 회장직을 잠깐씩 지내다가 2005년과 2002년에 각각 사망했고, 남은 3남 삼구(三求)와 4남 찬구(粲求)가 작고한 두 형의 2세들과 함께 4가족 공동경영체제로 그룹을 이끌어 왔다.

형제간의 불화는 창업자 사망 이전부터 싹트고 있었다. 1979년 삼양타이어가 박인천 회장의 동생인 박동복(朴東福)을 회장으로 그룹에서 분가, 독립경영 체제를 갖추면서 주력 수출시장인 미국에서 형제간에 상표권 싸움이 붙은 것이다. 이 싸움은 향후 5년간 삼양타이어의 생산품을 금호실업이 수출을 대행한다는 약정서 체결로 일단락됐다. 그러나 삼양측은 채 1년도 못돼서 환차익 문제 등을 이유로 이 약정서를 일방적으로 파기했다. 결국 금호측은 1988년 삼양의 주식을 당시 시가의 2.5배를 주고 사들이는 것으로 마무리했다. 2008년 4월에는 대한통운을 인수했다.

2009년 7월에는 박삼구 당시 그룹회장이 스스로 경영 일선에서 물러나 명예회장직을 맡으면서 동생인 박찬구 금호석유화학 대표이사를 해임했다. 박찬구 대표가 그룹 지배구조의 중심이 될 것으로 예상되는 금오석유화학의 주식을 집중 매입, 경영권의 장악을 기도함으로써 창업자의 유지(4형제의 균등 출자, 공동 경영. 그룹의 분할·해체 불가)를 어겼다는 이유였다. 본격적인 이른바 '형제의 난'은 2006년 대우건설의 무리한 인수로부터 발단됐다. 당시 그룹은 자산관리공사로부터 대우건설 주식의 지분 72%를 6조 4000억 원에 인수했다. 그 중 32.5%는 그룹 계열사에서 조달하고, 나머지는 투자자들로부터 빌렸다. 그해 말까지 대우의 주가가 오르지 않으면 금호측이 주식을 되사겠다는 조건(풋백옵션)이었다. 그러나 주가가 기대에 못 미쳐 투자자들의 지분을 되사야 할 자금 조달이 어렵게 되자 대우건설을 다시 매각할 수밖에 없었다. 그룹 전체가 자금난에 직면, 경영 위기에 빠진 것이다.

이 풋백옵션은 투자자들과의 계약에 따라 금호산업(회장 박삼구)이 맡게 돼 있었다. 그럴 경우 금호산업이 자칫 자본잠식 상태에 빠져 그룹의 지배구조가 파괴된다는 위기의식 때문에 형제간에 책임공방이 벌어지면서 그 동안 대우건설 인수에 적극적이었던 박삼구 회장이 궁지에 몰린 것이다. 결국 2009년 12월 채권단인 산업은행이 대우건설의 주식 50%를 인수하고, 금호산업과 금호타이어는 워크아웃에 들어갔다. 금호생명보험은 산업은행 계열인 산업금융그룹으로 편입되고, 금호석유화학과 아시아나항공은 자구노력을 강화하기로 했다.

금호그룹은 2010년 2월, 오너 일가가 보유한 계열사 주식을 담보로 제공하고, 의결권과 처분권 위임 동의서를 채권단에게 넘겼다. 이와 함께 금호그룹 형제가족들은 남은 주요 계열사를 분리 경영하기로 합의했다. 대우건설 인수에 반대했던 박찬구와 고 박정구의 아들인 박철완 그룹전략경영본부장이 그룹 지주회사격인 금호석유화학을 공동 경영하기로 했다. 대우건설의 인수를 추진했던 3남 박삼구가 금호타이어를 맡는 등 금호가의 형제 공동경영은 20여년만에 막을 내렸다. 금호산업과 아시아나항공 등 다른 계열사는 채권단이 경영하기로 했다.

금호그룹은 2010년 9월 남아 있는 계열사 임원들에 대한 대대적인 인사를 단행, 창업주 3세들이 약진을 보였다. 2010년 11월 창립 80주년을 계기로 박삼구가 그룹 회장으로 복귀했다. (www.kumhobuslines.co.kr)

- 노계원 -

대림산업(大林産業)

– 선택과 집중으로 최장수 종합 건설업체 기록

수원시 교동에 자리잡았던 부림상회 수원분공장,
1939년 10월 건자재 판매로 출발했다

　　태평양전쟁이 발발하던 해인
1939년 10월 10일, 허허벌판이던
인천 부평 역전에 세 명의 청년이
모였다. 스물 두 살의 이재준(李載
濬)과 그의 고종사촌 형 이석구(李
錫九), 이석구의 매제 원장희(元章
熹)였다. 이날은 사업가로서의 꿈
을 키워 가던 세 사람이 힘을 합쳐 건자재 판매업체인 '부림(富林)상회'를
설립해 출범하는 날이었다. 자본금 3만 원에 종업원 7명의 단출한 규모였
다. 순수 민족자본으로 출발해 우리나라에서 가장 오랜 건설회사이자 재계
24위(2010년) 기업군을 일궈낸 대림산업 70여년 역사의 첫 출발이었다.

　　경기도 시흥 출신의 대림산업 이재준(1917~1995) 창업주는 일찌감치
부친으로부터 경영수업을 받았다. 서당에서 한문을 배우다가 보통학교를
졸업한 그는 서울로 올라와 상급학교 진학을 준비했으나, 일제 치하에서 공
부해서 말단 관리가 되기보다는 사업으로 성공하고 싶어 진로를 돌린다. 마
침 고향에서 농사를 짓던 부친이 서울로 올라와 정미소를 경영하게 되자 이
재준은 자연스레 일을 거들며 장래 기업가로서의 수업을 받게 된다. 그는

부친으로부터 많은 것을 배웠다. 그의 부친은 '사람은 널리 사귀되 쉽게 버려서는 안된다', '손해를 보더라도 약속은 반드시 지켜라', '멀리 내다보고 일을 도모해라' 등의 말을 귀에 못이 박히도록 들려주며 상인이 갖춰야 할 자질을 익히도록 했다. 이재준이 평생의 사업 원칙으로 지켜온 '정직', '성실', '신용' 등의 가치관은 모두 정미소 시절 부친으로부터 물려받은 것이었다. 또한 수금을 잘 하려면 새벽같이 나가야 한다는 것을 경험을 통해 알게 되고, 부친으로부터 받은 월급으로 돈을 불리는 재미를 맛보며 근검절약을 생활화하게 된다.

초창기 자재 판매만 하던 부림상회는 점차 원시림 개발과 원목생산, 제재업까지 하게 된다. 해방 직전에는 직원 150명에 3,000~4,000명의 현장 인부를 거느릴 정도로 크게 성장했다. 그러나 해방이 되고 남북이 분단되면서 벌목장 등 북한 지역의 모든 부동산이 몰수당하는 바람에 큰 피해를 입게 되자 충북 단양 등지의 원목 생산에 착수했다. 다행히 주택 건설을 위한 목재 수요가 늘어나며 부림상회는 조금씩 회복됐다.

이재준은 사업 기반이 어느 정도 안정된 1947년 회사 이름을 '대림산업'으로 바꾸고 건설업에 본격적으로 진출했다. 건설회사로서의 첫 출발은 부평경찰서 신축 공사였다. 주한미군 공사 수주도 활발했다. 이재준은 현장 인부들과 한솥밥을 먹으며 기업을 키웠다. 꼭두새벽부터 늦은 밤까지 직접 무거운 짐을 나르는 중노동도 마다하지 않았다. 1949년부터는 건설이 목재 등 건자재보다 비중이 커져 주력업종으로 자리잡게 된다. 하지만 이듬해 발발한 한국전쟁으로 순조롭게 커가던 대림산업도 휘청댔다. 그러나 위기는 기회였다. 부산으로 내려간 이재준은 어수선한 분위기 속에서도 피난 내려온 대림 직원들을 모아 피난민 수용소 공사를 하며 재기했다. 전쟁이 끝난 뒤 복구공사가 본격화되면서 건설업은 일대 호황을 맞게 된다. 이재준은 기회를 놓치지 않았다. 대형 국책사업을 잇따라 수주해 경쟁회사들을 따돌렸다. 이미 전쟁 전인 1949년에 해방 이후 최대의 국책 사업인 영암선(영동선의 일부 구간인 영주~철암 철로) 공사를 따낸데 이어, 1952년에는 약 3km의 제방을 쌓는 반월 염전공사를 수주했다. 이어 청계천 복개공사, 여수항 건설, 춘천댐 건설 등 굵직굵직한 공사를 해내며 성가를 높여갔다.

1950년대 대림은 업계 1, 2위를 다툴 정도로 커졌다. 경제개발5개년계획이 시작된 1960년대 대림은 비약적으로 성장한다. 경영을 맡아온 이석구의 건강 악화로 1963년 사장에 취임한 이재준은 영월 제2화력발전소, 울산항 제1부두, 부산·동해 화력발전소 등의 공사를 잇따라 따낸다. 대림은 1966년 국내 건설업체 도급순위 1위에 올라 재계를 놀라게 했다. 부평에 있던 본사도 그해 서울로 옮긴다. 산업구조 고도화가 진행되던 1970~80년대에는 중화학공업 분야와 플랜트 건설에서 성가를 높인다. 이후 각종 고속도로 공사에 참여하는 것은 물론, 세종문화회관·독립기념관·88서울올림픽 메인스타디움·서울 광화문광장 등 랜드마크가 될만한 각종 건축물을 잇따라 완공했다.

국내에서 자리를 잡은 대림은 해외 시장에도 일찍감치 진출한다. 1966년 초, 미 해군에서 발주한 베트남의 항만 공사를 수주하고 착수금 4만 5,000달러를 한국은행에 송금한다. 해외 건설 외화 획득 1호였다. 해외시장 개척은 1970년대 더욱 활발해진다. 사우디아라비아(1974년)와 이란(1975년) 시장을 개척해 중동 붐을 일으키는가 하면, 인도네시아(1973년)와 말레이시아(1974년) 시장에도 처음으로 진출했다.

해외시장 진출은 2세 이준용(李埈鎔)이 주도했다. 창업주의 장남인 이준용은 경기고와 서울대 상대, 미국 덴버대 대학원을 졸업한 뒤 국내 대학에서 교편을 잡다 1966년 대림에 입사했다. 본격적인 해외 시장 개척을 앞두고 국제 감각을 갖춘 인물이 필요하다는 부친의 뜻에 따른 것이었다. 이로써 대림의 2세 경영은 자연스레 이뤄지게 된다. 이준용은 창업주를 도와 국내외 공사 현장을 누볐다. 유창한 영어로 해외공사 수주에 앞장섰고, 내부적으로 업무 전산화를 도입하는 등 기업 체질 개선도 적극 추진했다. 1979

년 사장에 취임하며 사실상 그룹 총수 역할을 하며 사업 다각화에 본격적으로 나섰다. 아파트 시장에 진출해(1978년) 토목과 플랜트 중심의 사업영역을 넓힌데 이어, 호남에틸

국내 최장수 건설업체로서 참여한 청계천 복원공사 현장의 모습

렌을 인수해(1979년) 석유화학 분야에도 진출한다. 지금과 같은 건설·유화 양대 사업구도는 이때 마련됐다. 창업주가 건자재상에서 출발해 건설업으로 키웠다면, 이준용은 여기에 유화부문을 더해 양대 사업을 구축함으로써 안정과 성장을 동시에 추구했다. 1981년에는 기아기연(지금의 대림자동차공업)을 인수했다.

이준용은 창업주와 성격과 경영 스타일 등 여러 면에서 닮았다. 기업 규모는 갈수록 커졌지만, 새로운 사업 진출에는 지극히 신중했다. 항상 주력 사업인 건설이 중심이었다. 보수적인 성격이 기업 경영에 그대로 투영된 결과다. 사람을 중요시하고 청탁을 받아들이지 않는 원칙도 고스란히 물려받았다. 오로지 기업 경영에만 매달렸다. 이준용은 2006년 연말 인사에서 명예회장으로 추대되며 경영 일선에서 물러난다. 대신 전문경영인이 회장을 맡았다. 소유와 경영의 분리를 통한 전문경영인제를 도입한 것이다. 2010년 대림산업은 또 다른 실험에 들어간다. 이준용의 맏아들인 이해욱이 부회장으로 승진해 '전문경영인 회장과 오너 부회장의 공동경영'이라는 새로운 시스템이 시작됐다. 대림의 3세 경영이 조만간 본격화될 것이란 전망이다. 3세 이해욱은 아버지가 다니던 미국 덴버대학을 졸업하고 콜롬비아대학에서 MBA를 받은 뒤 대림에 입사해 건설과 유화 부문을 오가며 경영수업을 받아왔다.

대림은 70여년의 오랜 연륜에도 불구하고 다른 기업에 비해 별다른 위기

없이 성장해 왔다. 창업 이래 줄곧 국내 100대 기업에 들 정도로 탄탄한 경영을 해 왔다. 이는 창업주 이재준 이래 지속돼 온 신뢰경영과 오랫동안 축적해 온 건설 분야의 노하우에서 찾을 수 있다. 많은 건설사들이 새로운 사업에 뛰어들며 몸집 불리기에 나설 때도 대림은 내실 다지기에 집중했다. 1980년 국내 건설업체로는 처음으로 기술연구소를 설립하는 등 뛰어난 기술력을 자랑한다. 일찌감치 '선택과 집중'을 실천함으로써 자신의 전문 분야에서 역량을 키워온 것이다. 이런 대림의 경영 스타일에 대해 재계에서는 '돌다리를 두들겨 보고도 안 건넌다'고 표현할 정도다.

사업구조는 크게 나눠 건설과 유화 두 부문이다. 재계 20위권의 비슷한 기업과 비교할 때 단순하기 짝이 없다. 외환위기 당시 다른 기업보다 재무구조가 양호했음에도 구조조정 차원에서 흑자기업인 서울증권과 대림요업을 매각하고 건설 부문에 역량을 집중했을 정도다. 원칙을 앞세운 경영 스타일이 대물림된 것도 우량 장수기업으로 남게 된 배경이다. 창업주 이재준은 전형적인 유교집안에서 교육받았고, 기업경영에서도 원리원칙을 강조해, 과거 많은 기업들이 정치적인 사건에 연루돼 어려움을 겪었지만 대림은 구설수에 휘말린 적이 없었다. 이재준의 형이 거물 정치인인 이재형 전 국회의장이란 점을 감안하면 고개가 끄덕여지는 대목이다. 1966년 이재준은 갓 입사한 2세 이준용을 전쟁터인 베트남 항만 공사 현장으로 보내기도 했다. 3공화국 시절 청와대의 인사 청탁에 대해서도 자신이 경영일선에서 물러나기 전에는 불가하다며 거절하기도 했다. 이준용의 경영 스타일도 창업주를 빼닮아, 사람을 중요시하고 인사 청탁은 철저히 배제했다. 경영진 가운데 오너 친인척은 거의 없다. 전문경영인 양성 시스템이 활발해졌고, 기업 경쟁력 강화로 자연스레 연결됐다. 국내 최장수 건설업체로서 독특한 기업이념을 지켜온 대림이 조만간 본격화될 3세 경영에서는 어떤 모습을 보여줄 것인지 주목된다. (www.daelim.co.kr)　　　　　　－ 유규하 －

대원강업(大圓鋼業)

- 세계 랭킹 5위의 스프링 시트 제조 명가

'스프링과 시트' 제조 명가 대원강업, 환갑을 훨씬 넘는 세월에 자동차 전문 부품 만들기 외길을 걸었다. 대원의 역사는 곧 한국 스프링의 역사이며 세계시장에서 스프링을 대표하는 기업이다. 국내 최대 차량용 스프링 제조 전문업체인 대원강업 임직원들은 서슴없이 자부심을 털어 놓는다.

광복 다음해인 1946년 설립된 대원강업은 반세기를 뛰어 넘는 오랜 세월동안 한 눈을 팔지 않았다. 오로지 자동차 주요 부품인 스프링과 시트 만드는 일에 매달렸다. 해방공간의 열악한 자금난과 기술부족의 걸림돌도 연구 개발, 산학협동, 기술 제휴 등으로 극복했다. 현재 국내 자동차 및 산업용 스프링 시

1950년대 서울 봉래동 공장 안 모습

장의 80% 이상을 공급하는 굴지의 전문기업으로 자리매김하고 있다.

대원강업은 창업주 허주열(許周烈)의 집념과 노력으로 성장한다. 1913년 황해도 평산군에서 태어난 그는 하양(河陽) 허씨 종손이었다. 비록 양반

가문이었지만 집안은 매우 궁핍했다고 한다. 어릴적부터 소작농으로 어렵게 살아가는 집안 형편을 보면서 가난에서 벗어나야겠다고 다짐했다.

기업을 일으켜 입신할 뜻을 굳힌 청년 허주열은 25살 때(1938년) 상경한다. 해방 다음해 뜻을 같이한 집안 동생 허백(1915년생), 친 동생인 허송렬(許松烈)과 함께 '대한철강주식회사'를 세웠다. 당시 서울 봉래동(현 남대문로 5가) 근처 철제 건물을 수리해 만든 공장은 대장간처럼 초라했다. 하지만 창업주는 '쇠를 위주로 하는 제조업'이 국가 산업발전의 초석이 된다고 믿었다. 그런 신념을 지니고 남다른 열정을 다했다. 후발업체로 경쟁업체의 제품을 밀어낼 정도로 품질을 인정받게 된다. 이것이 바로 종합스프링 메이커로 성장한 대원강업의 모태다.

기업이 늘 그렇듯 창업 후 크고 작은 위기가 끊이질 않았다. 맨 처음 닥친 위기는 1950년 터진 6·25전란이었다. 서울이 함락되자 봉래동 공장의 조업은 중단됐으며 기술자들은 뿔뿔이 흩어졌다. 그러나 정전 후 잿더미 속에서 건져낸 기계를 정비해 기차용 스프링을 개발했다. 승부처는 품질에 있었다. 혼신을 다한 연구개발(R&D)로 품질을 인정받아 최초의 국산 자동차인 시발자동차에 '대한스프링'을 납품했다. 이를 계기로 1958년 영등포 당산동으로 공장을 확장 이전하면서 회사 면모를 일신했다. 당시로서는 최고 수준의 시험실을 설치하는 등 품질제일의 경영 이념을 실천한다.

1960년대 들어 회사명을 대원강업으로 바꾼 후 경영기반을 다졌다. 국내 최초의 자동차 코로나에 승용차용 스프링을 개발 공급해 차량 스프링을 수입하지 않아도 된다는 믿음을 주었다. 이와 함께 국내 자동차 부품 업체로서는 처음으로 1964년 월남에 '대원스프링'을 수출한다. 게다가 차량 주력 부품의 하나인 시트 제조 분야로 진출하면서 자동차 부품 산업의 선두로 자리 잡는다. 아울러 일본을 비롯한 선진국 자동차 업체와 기술제휴 계약을 맺어 수입품에 비교해 손색없는 제품의 질을 높여 경영 기반을 튼튼하게 했다. 시트가 스프링과 함께 대원을 끌어가는 한 축이 된다.

그러나 위기가 잇따라 다가왔다. 1970년대 들어 제1차 오일 쇼크와 정부의 승용차 등록 억제 정책 등 거듭된 악재가 업계를 강타했다. 하지만 기술개발을 통한 품질 개선으로 이를 극복하고 75년에는 부평공장을 설립, 사

1975년 경기 부평에 세워진 대원강업의 대규모 생산공장

세를 확장했다. 77년에는 주식을 상장, 기업을 공개했으며 창원공단에 대규모 생산 공장을 세워 면모를 일신했다.

하지만 1970년대 말 제2차 오일 쇼크는 적지 않은 타격이었다. 중동시장 개척 등 수출을 통해 다시 한번 위기를 넘긴다. 80년대 들어 본격적인 해외 진출 붐에 편승해 사업규모를 확대하고 글로벌 기업으로 성장을 도모한다. 84년 숙원사업인 본사 사옥(서울 용산구 한강로)을 신축했고 인천공장과 주안공장을 설립해 경쟁력을 갖춘다.

결정적인 위기는 90년대 말 닥친 IMF사태였다. 대원은 창립 이래 최악의 적자를 내고 존폐의 기로에 선다. 하지만 폭 넓은 구조조정 등 자구책으로 1년 만에 다시 흑자경영으로 돌아서는 저력을 발휘했다.

이제 대원은 우물 안 개구리가 아니다. 세계 스프링업계에서 랭킹 5위안에 드는 생산 규모와 기술력을 확보하고 있다. 미국, 중국, 인도, 러시아, 폴란드 등 해외에 생산법인을 설립했다. 외국 공장에서 생산된 자동차 부품들은 현대 기아차를 비롯한 구미 선진국의 글로벌 자동차메이커에도 공급된다. 그래서 그런지 '세계와 함께 달린다'고 자랑한다.

대원은 한국에서는 장수기업일지 모른다. 하지만 수백 년 된 기업이 적지 않은 선진국에 비해 아직 젊은 기업이다. 경쟁력이 장수비결이다. 가장 큰 경쟁력은 스프링 일관생산 시스템이다. 스프링의 재료에서부터 생산제품,

설비플랜트, 기술제공에 이르기까지 전 부문을 잇는 전문제조 기업은 대원 뿐이라고 한다. 스프링뿐만 아니다. 대원의 또 다른 주력 사업은 자동차와 기차용 시트다. 특히 2010년 12월부터 운행된 호남 전라선 KTX 2에 설치된 시트는 100% 대원 자체 기술로 설계 개발된 제품이다.

창업주 허주열의 2002년 작고 후 경영권을 이어 받은 2세 허재철은 새로운 '대원 100년사'를 쓰기 위한 경영 목표를 세웠다. 전 세계 스프링, 시트 분야를 이끌어가는 글로벌 리더가 되겠다는 것이다. (www.dwku.co.kr)

- 이두석 -

동아연필(東亞鉛筆)

– 해방 이듬해에 생긴 '몽당 연필' 볼펜의 원조

교재 문구 전문 메이커인 동아연필(주). '몽당 연필'을 쓴 구세대는 물론 '볼펜과 PC, 스마트 폰'으로 무장한 신세대에 이르기까지 동아연필은 비교적 낯익은 편이다. 그도 그럴 것이 동아연필이 태어난 지 벌써 환갑을 지나 새로운 100년사를 쓰기 시작했기 때문이다.

여러 종류의 동아연필 제품

동아연필은 해방 다음해인 1946년 우리나라 문구회사로는 처음으로 설립되었다. 창업주는 대전지역 교육계의 원로였던 고 김정우 (金正雨). 충남 대덕군 산내면에서 태어난(1916년) 그는 2005년 타계(90세)할 때까지 반세기 이상 교육 사업에 전념했다.

젊은 시절 그는 '교육이 바로 서야 한다'는 교육입국의 신념을 갖고 일본으로 건너갔다. 교재 문구사업의 뜻을 굳힌 그는 일본 미쯔비시 연필회사의 문구 교재 제조기술을 전수 받는다. 일본 와세다 대학을 졸업한 그는 해방 공간의 혼란기에 고국에 돌아와 1946년 뜻을 같이 하는 동업자 김노원(金魯源)을 창업대표로 내세워 동아연필주식회사를 세웠다.

국내 문구역사의 첫발을 내 디딘 것이다. '몽당 연필'을 쓰던 50년대부터

대전시 대덕구 대화동 동아연필 생산공장

반세기를 훌쩍 뛰어넘는 오랜 세월 동안 연필의 질을 높이기 위해 연구 개발(R&D)에 매달린다. 그런 노력의 결과로 창업한 지 10년 만인 1955년 해방 10주년기념 산업박람회에서 대통령상을 받았다.

1950년 6·25전란의 시련과 위기는 두말할 필요도 없다. 정전 후 생산시설의 70%이상이 파괴된 공장을 다시 세웠다. 동아 연필 창업주와 경영진은 전란의 폐허 속에서도 자신감을 갖고 품질개선과 대량생산 체제를 갖춘다. 60년대 박정희 정부가 들어선 후 산업화와 수출입국의 정책에 크게 고무된다. 그런 산업화 수출정책에 힘입어 1963년부터 동남이 지역에 연필을 수출하기 시작했다.

동아연필의 승부처는 꾸준한 연구 개발을 통한 품질개선이다. 1967년 최초로 한국공업규격인 KS마크(연필 HB. H)를 획득해 품질을 인정받기 시작한다. 이후 품질향상을 통한 문구사업의 다각화를 위해 노력한다. 국제적인 품질기준과 안전기준에 맞춘 제품만을 개발, 공급해 품질 경쟁력을 확보했다. 문구 교재 사업 뿐 아니다. 연필 사업을 시작한 지 9년째인 1954년 창업주는 충남 대전에서 학교재단 동아학원을 설립한다. 동아학원은 현재 우송학원으로 발전해 동아유치원, 우송중, 서대전고, 우송정보대 등 초·중·고·대학을 운영하고 있다.

1970년 들어 동아연필의 사세는 크게 신장된다. 74년 문구상품의 다각화를 위해 동아교재(주)를 설립해 크레파스와 물감 등 화구류를 생산, 시판에 들어갔다. 이때 벌써 독성 없는 문구 교재를 인증하는 AP마크를 획득한다. 이에 힘입어 78년 8월 샤프 연필과 샤프심을 생산해 동아연필의 브랜드를 널리 알리고 시장점유율을 높인다.

1980년대 들어 동아연필은 사세에 날개를 다는 전환점을 맞는다. 전두환, 노무현 정권이 사상 처음으로 유치한 아시안게임(1986년)과 서울올림픽(1988년)의 공식 상품화권자로 지정되었기 때문이다. 이에 고무된 동아연필은 문구 교재 사업의 기반을 다졌다. 품질은 물론 캐릭터, 패키지의 다각화, 브랜드 상품화 등을 성취한 것이다.

1990년대 들어 국내 최대 규모의 사출 설비를 갖춘 (주)동아엔지니어링을 설립(90년 4월)해 기술개발과 품질개선에 전력투구한다. 92년 8월 홍당무 팬시 제품 생산에 들어가면서 동아연필의 상품브랜드를 굳힌다. 97년 캡식 중성볼펜을 개발 생산해 국내 시판과 함께 수출에 나섰다. 동시에 향기 중성볼펜 등을 개발(98년)해 국내 중성볼펜 시장에서 랭킹 1위 기업이 된다. 사세가 신장되면서 상복도 터진다. 98년 한해에 서울 국제문구전시회 신제품 대상(산업자원부 장관)과 중소기업 유공자 철탑산업훈장을 받았다. 1998년 신제품 경진대회 대상, 2000년 대한민국 디자인 경영 대통령상을 각각 받았다. 각고의 연구 개발 끝에 그 성과를 인정받은 것이다.

이 뿐만 아니다. 99년 ISO 9002, 2007년 ISO 14001인증을 비롯해 99년 주력제품인 중성 펜과 화이티 펜에 무독성(AP) 마크 획득(ACMI))등 국제적 인증을 획득한다. 이는 기획단계에서부터 개발, 양산단계에 이르기까지 국제적 품질기준과 안전기준에 맞춘 제품만을 개발 공급해 국내외시장에서 품질경쟁력을 확보했음을 입증하는 것이다.

이 같은 기술과 품질로 1999년 중국 광주 동아문구를 합작 설립해 글로벌 시대에 걸 맞는 문구제조 업체로 수출에 전력하고 있다. 2005년 가업을 물려 받은 창업주의 아들 김충경은 품질개선을 승부처로 삼고 있다. 그러나 비교적 낮은 브랜드 이미지와 신세대 취향에 맞지 않는 문구와 교재품질개선 등 회사 발전의 최대 걸림돌을 제거하기 위해 노력하고 있다.

(www.dongapen.com)   – 이두석 –

동화약품(同和藥品)

- 100년이 지나도 창업정신 그대로

활명수(活命水)는 1897년 세상에 나와 20세기를 거쳐 금세기에도 명성을 이어오고 있다. 탄생 113년의 활명수는 지금도 연간 약 1억 병 생산, 연 매출 400억 원, 시장점유율 70%를 유지하고 있다. 하루 평균 30만 병 가량이니 국민 150명 중 1명 정도가 매일 활명수 1병을 소비하는 셈이다. 지금껏 판매한 81억 병의 활명수 병을 일렬로 세우면 지구 24바퀴를 돌고도 남는다.

국내 최초 등록상품으로 기네스북에 오른 '부채표' 활명수는 한국 최고(最古)의 브랜드이다. 활명수를 탄생시킨 동화가 100년이 넘도록 장수기업으로 살아남은데는 창업정신의 계승, 적절한 경영승계, 진취적인 경영방식 등에 기인한다.

대한제국 원년인 1897년. 궁중 선전관인 민병호(閔竝浩)는 우리나라 최초의 양약인 활명수를 개발, 아들 민 강(閔橿, 초대 사장)과 함께 동화약방을 창업하고 이를 상품화했다. 궁중비방에 양약의 장점을 취해 혼합처방을 한 것이 활명수다. 우리 비방에 서양의 기법을 더해 대중화한 신약을 개발한 것으로 서양의약의 장점을 벤치마킹한 지혜를 발휘한 것이다. 탕약밖에 몰랐던 당시에 급체, 토사곽란 등으로 목숨을 잃는 사람은 부지기수였다. 이 때문에 소화불량에 효과가 있으면서 복용이 간편한 활명수가 인기를 누

1940년대 1962 1967 1971 1982 1992 2008 2011

1940년부터 동화약품에서 만들어낸 활명수

릴 수밖에 없었다. 구한말, 한국을 방문했던 여행가 비숍은 "한국 사람들이 활명수를 만병통치약으로 먹었다"고 회고하기도 했다.

동화의 초기 마케팅 기법도 눈여겨볼 부분. 활명수는 초기 고가 전략으로 시장진입에 성공한 사례다. 1910년 신문광고에 기록된 활명수 값은 40전. 40전이면 당시 설렁탕 두 그릇 값, 현재 가치로 환산하면 1만 8000원에 상당한다. 현재의 가스활명수 값 600원에 비하면 엄청난 고가다. 동화는 발매 초기에 궁중비방이라는 신비스런 이미지를 배경으로 고가 전략을 통해 고급제품으로 소비자에게 다가섰다.

동화약방은 특허와 상표의 중요성을 인식, 1909년 우리나라 최초의 특허 등록상표를 통감부에 상표 등록했다. 그 덕분에 1912년경 활명수 모방 유사상표가 범람할 때 피해를 막을 수 있었다.

동화는 일제 강점기 투철한 민족정신 아래 자주독립에 힘썼던 기업이기도 하다. 동화의 역사는 곧 대한민국 제약사이자 민족기업사의 모습으로 치부할 만하다. 민 강 초대사장, 보당(保堂) 윤창식(尹昶植) 5대 사장, 윤광렬 명예회장 등 역대 경영자 3명은 공인된 독립운동가이다.

이 회사는 활명수 외에도 많은 의약품을 만들었다. 동화약방(同和藥房)은 1912년 약품영업취체령에 의해 정식으로 제약의 형태를 갖추어 허가를 받았고, 활명수 외에도 86종의 제품을 만들어 팔았다. 당시로 말하면 신약개발의 선구자 역할을 한 셈이다. 사세를 확장해 북간도, 하와이, 일본 등지

양약을 만들어내는데 열중하고 있는 동화약품의
용인연구소

까지 활명수를 수출하는 수출판매 전략을 구사하기도 했다. 민강의 독립운동으로 동화약방은 일본의 탄압을 받으며 경영이 어려워지고 끝내 민강이 사망하자 그의 유족들은 1937년 경영권을 민족기업가인 윤창식에게 넘긴다. 윤창식이 천거된 것은 가문과 학식, 성실성, 정직성, 재력 등을 골고루 인정받아서다. 주인은 바뀌었어도 제품과 창업정신은 이어졌다. 윤창식은 후에 동화약방을 동화약품으로 바꾸고 근대적 제약회사로 발전시키며 회사의 기반을 확고히 한다.

일제강점 말기인 혼란기에 동화를 맡은 윤창식은 전문경영인과 후계자 양성에 주력한다. 그는 1948년 고려대 법대를 졸업한 차남 윤광렬을 동화에서 일하게 했다. 그는 윤광렬을 후계자로 키워 생산과 영업 활동의 정상화를 도모했다. 1962년에는 주식회사 동화약방을 동화약품공업회사로 개명한다. 약방이라는 칭호가 군소업체나 도매 약방의 이미지를 준다는 이유에서였다.

윤창식이 1963년 세상을 떠나자 장남인 윤화열이 제6대 사장으로 취임한다. 윤화열은 유지를 받들어 양약(良藥)만을 만들고 식구들이 함께 잘 사는 기업으로 만들겠다고 다짐한다. 윤광렬은 총무와 구매, 생산 등 실무를 책임지는 상무이사로 승진해 경영에 가세한다. 윤광렬은 유사 상표 등장으로 시장 잠식을 당하던 1966년에 활명수 약효에 탄산가스를 첨가해 청량감을 보강한 '까스활명수'를 개발한 주역이었다.

윤화열은 1973년 10년간 사장직을 역임한 후 동생 윤광렬에게 사장 자리를 넘겼다. 그러나 윤광렬은 재임 10개월 만에 전문경영인 김홍기에게 8

대 사장을 물려주고 부회장으로 물러선다. 미래를 위한 인재 양성이 필요하다는 생각에서였다. 김홍기는 1959년에 입사해 14년 만에 부사장까지 오른 준비된 경영자였다.

동화는 1976년 공모증자를 통해 주식을 상장하고 기업을 공개한다. 기업 공개에 앞서 동화는 종업원들에게 회사 주식을 소유케 해 재산 형성의 기회를 주고 주인의식을 불어넣을 목적으로 우리사주조합을 결성했다. 또 획기적인 생산직 직원의 완전월급제를 시행한다. 보편화돼 있던 생산직 시급 제도를 없애고 월급제로 급여체제를 바꾼 것이다.

이렇듯 전통의 고수와 적절한 경영승계, 진취적인 경영기법의 도입 등이 동화를 장수기업으로 이끈 원동력이다. 그러나 이 기업의 장수 비결은 뭐니 뭐니 해도 건전한 철학을 가진 인물들이 기업을 세우고, 계승한 데 있다. 창업자 민 씨 집안은 국민적 사랑을 받는 획기적 신약을 개발했고, 계승자 윤 씨 집안은 진취적 경영으로 이를 지키고 번성시킨 주역인 것이다.

(www.dong-wha.co.kr) — 박영규 —

동화홀딩스(DONGWHA HOLDINGS)
- 3부자 경영으로 한 · 인니 목재 재벌 일궈

원목 수입을 위해 1968년 인천 가좌동에
조성한 목재단지

1951년 3월, 후퇴하는 연합군을 따라온 가족을 이끌고 부산에 내려갔던 승상배(承相培, 1921~2009) 동화기업 사장은 수복된 서울로 되돌아왔다. 피난 시절 대구와 부산에서 미군이 발주한 건설공사로 짭짤한 재미를 봤던 터라 일감을 따기 위해 매일같이 미군부대를 찾았다. 그러던 어느 날, 미5공군사령부에 목재를 납품하게 된 승상배는 무릎을 탁 쳤다. "건설은 경쟁업체가 너무 많아 돈을 벌기 어렵지만, 목재를 다루는 곳은 기의 없다. 목재 없이는 집을 못 짓는 게 아닌가!"

당시 전쟁은 끝나지 않았지만 복구사업은 조만간 본격화 될 전망이었다. 그러나 서울 시내에서 가동중인 제재소는 두세 곳에 불과해 건설 현장에서 필요한 목재가 절대적으로 부족했다. 승상배는 주인이 피난을 가 텅 비어있던 왕십리의 한 제재소를 가동시키기로 결심했다. 그러나 기계톱을 돌릴 전기가 없었다. 동력을 공급해 줄 엔진이 필요했다. 서울 시내를 샅샅이 뒤진 끝에 버려진 지프차 엔진을 한 대 구입해 제재소를 돌렸다. 우리나라 최대의 목재 기업을 일군 승상배와 목재의 인연은 이렇게 시작됐다.

평안북도 정주 농가에서 태어난 승상배는 6세 때 아버지 손을 잡고 만주로 이주했다. 시래기죽으로 허기를 달래야 할 정도의 가난 탓이었다. 만주에서 학교를 다니던 승상배는 형이 운영하던 정미소에 합류한 것을 계기로 사업가로서의 첫 발을 내디딘다. 정미소는 번창했고 목돈을 손에 쥔 승상배 가족들은 1945년 봄 고향으로 되돌아온다. 승상배 형제는 고향에서 새로운 사업을 구상했으나 여의치 않아 이듬해 서울로 내려온다. 중국과의 무역, 양조장 운영 등 새로운 사업에 도전해 부침을 거듭하던 승상배는 미군정이 시작되면서 공사가 다량 발주되는 것을 보고 개인회사인 동화기업을 설립해 건설업에 뛰어든다. 6 · 25가 발발하던 1950년 초였다.

아무런 연고도 없던 남한에 내려온 승상배는 한시도 쉬지 않고 일했다. 믿을 것이라고는 자신의 능력과 성실성 밖에 없었다. 건설 군납과 목재 납품으로 승승장구하던 승상배는 사업을 더 키우기로 결심하고 1951년 9월 자신의 '동화(東和)기업'과 한자 이름만 다른 '동화(東華)기업'을 인수한다. 동화홀딩스의 뿌리가 된 동화(東華)기업은 1948년 2월에 설립된 주식회사로, 당시 경영에 어려움을 겪고 있었다. 이 회사는 1953년 동화(東和)기업주식회사로 이름을 바꾼다.

승상배는 서울 왕십리에서 제재소를 운영해 목재를 납품하는 한편 미군 공사 수주도 계속해 나갔다. 그러나 미군 공사의 수익성은 갈수록 떨어졌다. 건설업자가 너무 많은 게 문제였다. 그러다보니 목재 사업의 비중이 점점 커졌다. 승상배는 아예 벌목사업에 진출, 해방 전 일본인이 소유했던 충북 단양의 산림을 인수해 목재를 직접 서울 왕십리의 제재공장으로 날라 목돈을 움켜쥐게 된다.

1962년에 시작된 경제개발5개년계획은 또 다른 기회였다. 각종 개발과 주택 수요 증가는 목재사업의 호황으로 연결됐다. 국내 산림이 황폐화 돼

1996년 국내 최초로 강화마루공장 준공을 계기로 동화는
제2의 부흥기를 맞이한다

더 이상 목재를 구하기 어려워지자 너도나도 해외로 눈을 돌렸다. 동화기업 역시 동남아에서 원목을 대거 수입해 큰돈을 벌었다. 한편으로는 수입 원목의 효율적인 관리를 위해 인천항에 대규모 전용 부두를 조성하고,

그 배후에 목재공업단지까지 마련했다.

승상배는 동남아 곳곳의 산림자원을 조사했다. 안정적인 원목 확보가 지상과제였다. 단순 수입에서 벗어나 현지에서 직접 벌채를 하는 게 수익성 면에서도 뛰어났다. 최적지는 원목의 품질이 우수한 인도네시아로 결정됐다. 현지로 날아가 기회를 엿보던 승상배는 1969년 12만ha 규모의 현지 산판을 사들이고 장남 승은호(承銀鎬)를 현장에 투입했다. 2년 후인 1971년, 원목 2,000㎥가 처음으로 인천항에 들어온다. 인도네시아 최대의 한국계 기업으로 성장한 코린도(Korindo) 그룹의 첫 걸음이었다.

1975년 동화기업의 부도로 1971년 원목 수입을 위해 인도네시아에 설립됐던 인니동화개발도 현지 외환은행의 관리를 받게 된다. 승은호는 1976년 일본 목재가공회사로부터 원목을 베어 갚는 조건으로 장비 구입비 130만 달러를 빌려 현지에서 사업을 재개하는데, 이때 세운 회사가 코린도이다. 1984년 인니동화와 코린도를 통합해 코린도그룹이 출범한다. 인도네시아의 원목 수출 금지로 현지 기업으로 정착한 코린도그룹은 합판, 제지 등의 사업을 대대적으로 벌여 인도네시아 재계 20위로 성장한다.

1970년대 초, 빠른 속도로 성장하던 동화기업에 갑작스레 위기가 닥쳤다. 1975년 4월, 사정당국에서 들이닥쳐 승상배와 주요 임직원들을 연행해 갔다. 곧이어 세무조사가 대대적으로 벌어졌고, 결국 승상배는 11억여 원

의 법인세 등을 탈세한 혐의로 구속됐다. 재계에선 그해 동화기업이 낸 방위성금 1,000만원이 기업 규모에 비해 너무 적어서 정부에 밉보였기 때문이라는 소문이 돌았다. 김형욱 전 중앙정보부장에게 도피자금을 제공했다는 설도 나돌았다.

졸지에 선장을 잃은 동화기업은 불과 두 달만인 그해 6월 부도를 맞는다. 원목선 도입, 호텔 건립 등 진행 중이던 각종 사업도 전면 중단됐다. 회사가 공중 분해될 판이었다. 1975년 말 집행유예로 풀려난 승상배는 기업을 되살리기 위해 대대적인 자구책을 마련했다. 본사 사옥을 비롯해 부동산을 대거 처분하고 허리띠를 졸라맸다. 회사는 조금씩 정상을 되찾아갔고, 1982년 은행관리에서 완전히 벗어난다. 탈세 부분도 무혐의 판결을 받고 1982년 11월 최종 마무리된다.

위기에서 벗어나 몸집을 추스린 동화기업은 새로운 변신에 나선다. 목재, 가구 등의 노동집약적인 저부가가치 제품에서 벗어나 자본집약형 고부가가치 제품 생산으로의 기업 체질 혁신이었다. 원목 구하기가 갈수록 어려워진 것도 계기가 됐다. 첫 번째 시도는 1978년의 PB(Particle Board) 공장 준공이었다. PB는 나무를 잘게 부순 다음 접착제와 섞어 눌러 만든 가공품으로, 책상·싱크대 등에 널리 사용됐다. 이어 1986년에는 국내 최초로 MDF(Medium Density Fibreboard) 생산에 나선다. MDF는 나무를 잘게 빻아 만든 톱밥가루를 고온 처리해 만든 제품으로, 표면이 매끈매끈해 각종 가구나 악기·전자제품 등 고급 소재에 폭넓게 사용됐다. 특히 건설업자와 가구업자들이 사용하기 시작하면서 수요가 폭발적으로 늘어 동화기업이 제2의 부흥기를 맞게 한 효자상품이 됐다.

변신의 결정타는 1996년 국내 최초의 강화마루판 공장 준공이었다. 1990년대 대규모 신도시 개발과 침대 문화 보급으로 인테리어 시장이 커지며 장판 대신 마루를 까는 가구가 늘어나게 됐고, 동화기업은 일부 수입품이 유통되던 마루 시장을 단숨에 석권하며 시장을 주도하게 된다. 이로써 동화기업은 종합 목재 가공회사로 완전히 탈바꿈하게 된다.

2000년에는 라이벌 대성목재를 인수함으로써 국내 제1의 목재기업으로 급부상하면서 시장을 일거에 재편한다. 대성목재는 우리나라에서 가장 오래된 목재기업으로, 외환위기 이후 모기업인 유원건설의 부도로 법정관리를 받아 왔다.

한편 1993년 10여년 동안 경영수업을 받아 온 승상배의 차남 승명호(承明鎬)가 동화기업의 새 대표에 취임하며 본격적인 2세 경영에 나선다. 창업주 승상배 회장은 일선에서 물러나 총회장에 추대됐다. 승명호는 강화마루 시장 진출을 진두지휘하는 등 자본과 기술 중심의 목재사업으로의 변신을 추진한다. 2003년에는 회사를 지주회사 체제로 재편했다.

승상배, 승은호, 승명호 3부자는 60여년에 걸쳐 한국과 인도네시아에서 세계적인 목재기업군을 일궈냈다. 국내의 동화홀딩스는 승명호가, 인도네시아의 코린도는 승은호가 각각 경영하고 있다. 성공의 비결은 목재 한 우물만 파온 결과다. 승상배는 1950~60년대 증권·보험사와 영화관 경영에도 나섰으나 이내 그만두고 목재로 되돌아왔다. 사양길에 들어선 전통적 목재 사업에서 벗어나 고부가가치의 인테리어 업체로 재빠르게 변신한 것도 돋보인다. 대표적인 게 1980~90년대 대규모 투자로 국내 최초로 MDF와 강화마루를 생산한 것이다. 한 우물을 파면서도 연관 비즈니스 개척에서는 선두를 달린 셈이다. (www.dongwha.co.kr)   - 유규하 -

삼성제약(三省製藥)

- 유상증자로 회생한 80년 3세 경영

'모기' 하면 '에프 킬라'가 금세 떠오를 정도로 에프 킬라 브랜드의 인기는 드높았다. 원래 이 브랜드는 국내 중견 제약업체의 것이었으나 지금은 한국 존슨의 인기 상품으로 바뀌었다. 지금 한국 존슨이 생산하는 에프 킬라는 당초 삼성제약이

삼성제약의 까스명수와 에프 킬러

생산해 팔던 유명한 살충제 상표였다.

한국 존슨은 처음에 레이드라는 상표를 사용했으나 시장을 선점한 에프 킬라에 대한 소비자의 인식이 강해 존슨의 제품은 인기를 끌지 못했다. 삼성제약은 에프 킬라를 미국에까지 수출할 정도로 공격적인 마케팅을 펼쳤다. 그러자 한국 존슨은 에프 킬라 상표의 매입을 시도하였으며, 삼성제약은 1998년 위기에 직면하자 에프 킬라의 상표와 생산 공장을 한국 존슨에 387억 원에 매각하기에 이른다. 삼성제약이 한국 존슨에 살충제 사업 부문을 매각하면서 받은 387억 원의 대금 중에서 90억 원만이 유형 자산에 대한 대가이고, 나머지 297억 원은 '에프 킬라' 브랜드에 대한 대가였다. 그

만큼 브랜드 가치가 큰 제품이었으니 삼성제약이 당시 얼마나 자금난에 시달렸는지 알만하다. 이후 한국 존슨은 살충제 시장점유율 1위를 달성한다. 삼성제약은 2004년에 살충제 시장에 재진출하여 삼성킬라라는 상표를 사용 중이지만 아직까지 시장점유율은 미미한 상태다.

삼성제약은 1929년 삼성제약소로 설립된 회사다. 초대사장은 김종건(金鐘健), 그는 1946년 8월에 대한약품공업협회장에 취임했다. 1954년 11월 초대사장 김종건은 대한약사회 초대 회장에 취임하고 12월 아들 김영설(金榮卨)이 대표이사사장으로 취임한다. 김영설은 1963년 11월 상호를 삼성제약공업주식회사로 변경하고 이듬해는 광진구 모진동에 공장을 지었다. 1975년에는 자본금을 9억 원으로 증자하며 증권거래소에 주식을 상장했다.

1977년에는 성남시에 살충제 라인 및 원료합성을 위한 공장을 세우고 1981년 피페라실린 원료합성에 성공했다. 1985년에는 간장약으로 인기를 끈 '쓸기담'을 발매했다. 1989년 국내 최초로 마시는 '우황청심원' 현탁액 개발에 성공했으나 이후 이의 제법 특허와 관련한 소송으로 수년 동안 곤욕을 치렀다. 이 소송은 6년 만인 1995년에 가서야 대법원으로부터 승소 판결을 받았으니 이로 인한 물심양면의 손해가 적잖았다.

1992년에는 자본금을 64억 8900만원으로 유상증자하고 제2공장을 경기도 화성시 향남면에 준공했으며 1995년에 다시 자본금을 103억 6800만원으로 증자했다. 그러던 1997년 12월 부도를 내고, 1998년 8월 화의인가를 받았다. 삼성은 눈물을 머금고 주력사업이던 살충제 사업부를 한국 존슨에 매각하고 자구책을 찾는다. 당시 에프 킬라의 국내시장 점유율은 55%나 됐으며 이 회사 매출의 절반을 차지할 정도의 효자상품이었다.

1999년엔 현재의 회장인 김원규(金元圭)가 대표이사 사장에 취임했다. 창업주의 3세대인 그는 81년에 삼성제약에 입사해 영업, 무역, 기획 등 모든 분야에서 경영수업을 한 뒤 전무이사직을 수행해 왔다. 그는 2000년 12

월 롯데칠성음료(주)와 전략적 제휴를 하고 신제품 '필'(feel)을 출시했으며 2001년 유상증자를 통해 자본금을 249억 4866만으로 늘렸다. 2002년에 김원규는 대표이사 회장에 오르며 본사를 광진구 모진동에서 강남구 삼성동으로 이전했다가 다음해 광진구 중곡동으로 재이전한다.

2002년 2월 삼성제약의 대주주는 KTB네트워크(주)로 변경되고 그해 3월 27일 화의가 종결되었다. 같은 해 5월 항생제 콤비신주의 특허를 획득했다. 2004년 4월에는 그동안 중단했던 가정용살충제 사업을 재개해 '삼성킬라' 시리즈 제품을 출시했다. 2006년에 다시 한번 유상증자를 통해 자본금을 379억 4866만원으로 증액한다.

이 회사의 대표적인 생산품으로는 까스명수, 판토에이, 쓸기담, 우황청심원 등이 있다. 매출액 기준으로 보면 까스명수 26%, 쓸기담 12%, 우황청심원현탁액 11%로 이들 세 약품이 전체 매출의 절반가량을 차지하는 셈이다. 이 회사는 유동성의 위기를 겪으면서 여러 차례 유상증자를 통해 자금을 조달하면서 꾸준히 새 제품을 출시한 끝에 회생한 것이다. 한때 국내 20대 중견 제약회사의 자리를 차지했던 이 회사는 현재 40위권으로 밀려났다. 그러나 옛 영예를 되찾으려는 삼성제약의 노력이 엿보여 미래가 주목된다.

이 회사의 매출은 2006년 이후 꾸준히 증가, 2009년에는 370억 원을 기록해 2006년 대비 84억 원의 증가를 보였다. 당기순이익으로 보면 2006년과 2007년 마이너스이던 것이 2008년과 2009년에 플러스로 전환되면서 2009년 당기순이익은 13억 원을 기록했다. 현재 이 회사가 취급하는 품목은 일반의약품, 처방의약품, 건강식품, 식품드링크, 의약외품 등 다양하다. 현재 대표는 김원규(53)가 맡고 있다. (www.sspharm.co.kr)   - 박영규 -

삼환기업(三煥企業)

– 집념과 합리경영으로 2세 시대도 순탄

1972년 8월, 사우디아라비아 제다의 한 호텔에 삼환기업의 임시 사무소를 마련한 창업주 최종환(崔鍾煥)은 사우디 당국이 발주한 도로공사 입찰에 참여해 1순위로 낙찰됐다. 그러나 사우디 정부는 난생 처음 들어보는 한국 건설업체의 기술과 신용도를 믿지 못하겠다며 낙찰 결과를 무시하고 현지 업체에 공사를 맡겼다. 곧이어 발주된

국내 건설업계 최초의 중동진출 사례로 기록되고 있는 1973년의 삼환기업의 사우디 아라비아 고속도로 건설 현장

두 차례의 입찰에서도 고배를 마셨다. 다음해 6월, 네 번째 입찰에 도전한 최종환은 마침내 164km 길이의 카이바 고속도로 공사를 따내는 데 성공했다. 1980년대 우리 경제의 견인차 역할을 했던 중동 건설 신화의 첫 단추를 꿰는 순간이었다.

1925년 종로 4가에서 태어난 서울 토박이 최종환은 2년제 경성직업학교를 졸업한 뒤 형들이 운영하던 경동기계제작소에 합류해 영업을 배웠다. 일

제 말기 기계 공구류 물량 확보가 어려워지자 최종환은 일본으로 건너가 대리점이 아닌 생산 공장과의 직거래를 성사시켜 기와집을 한 채 살 정도로 큰 돈을 벌기도 했다. 1945년 초 일제에 의해 징병으로 끌려갔다 해방과 함께 귀국한 뒤에는 경동기계 일을 거들며 미군 발주 공사 진행과정을 눈여겨보다 삼환기업공사를 설립한다. 1952년 9월 삼환기업은 주식회사 체제로 개편된다.

1946년 3월, 스물한 살 때였다. 삼환(三煥)이라는 상호는 경동기계를 운영하던 명환(明煥)·영환(榮煥) 두 형과 자신까지 삼형제가 합심해서 설립했다는 의미로 지었다. 그러나 실제 경영은 최종환이 전담했다. 6명의 직원으로 출발한 삼환은 미군 숙소의 수도 난방 분야 하청공사를 주로 했다. 적정 수준의 공사비와 철저한 약속 이행 등으로 신뢰를 얻은 최종환은 삼환기업을 2년 만에 종합건설업체로 키웠다. 하청업체 신세에서 벗어나 미군 측과 직접 계약할 수 있게 된 것이다.

최종환은 1950년 한국전쟁 발발 이후에도 미군과 함께 움직이며 공사를 계속했다. 서울로 되돌아온 뒤에는 미 대사관저 긴급 보수공사를 맡는 등 미군과 돈독한 관계를 유지했다.

삼환기업의 주력사업은 미군 발주 군납과 민간 공사였다. 1950년대 건설공사는 수주 과정에서 각종 부조리가 뒤따랐고, 부실공사도 적지 않았다. 특히 관공서 발주 공사는 뒷거래 없이는 불가능할 정도였다. 그러나 대쪽 같은 성격의 최종환은 부정과 타협하는 게 죽기보다 싫었다. 양심을 속이고 부정한 방법을 써가면서까지 공사를 따낼 생각은 없었다. 자연히 관급공사를 외면하고 민간공사에 눈을 돌리게 됐다. 그러다보니 사세는 갈수록 위축됐다.

고심하던 최종환은 해외로 눈을 돌렸다. 우물 안 개구리처럼 국내 공사만 바라보지 말고 드넓은 세계로 눈을 돌려 보자는 것이었다. 그동안 미군 관련 공사를 통해 쌓은 노하우가 큰 자산이 될 것으로 기대됐다. 1959년 겨울, 최종환은 견문을 넓히기 위해 3개월여에 걸친 세계일주 여행으로 선진 건설 현장을 둘러봤다. 한편으로는 아시아 · 서태평양 건설업연합회 등의 국제기구 참여를 통해 해외 건설업자들과의 교류를 넓혀 나갔다. 동남아 시장을 면밀히 검토한 최종환은 1963년 8월 베트남이 유망하다고 결론짓고 사이공에 첫 해외지사를 설치했다. 그러나 베트남 시장은 불안정했고, 그해 12월 별다른 소득 없이 지사를 철수시켰다. 3년 후인 1966년 삼환은 보세 창고를 건립함으로써 마침내 베트남 시장의 물꼬를 트게 된다.

베트남 시장은 전쟁 특수가 많았지만, 경쟁도 치열했다. 동남아 시장을 눈여겨보던 최종환은 이번엔 인도네시아로 발길을 옮겼다. 1969년 자카르타 합동 대사관학교 공사를 따낸 것을 비롯해 인도네시아 시장에서도 무사히 뿌리를 내렸다. 그러나 인도네시아 정부의 자국업자 육성 정책과 치열한 경쟁으로 현지 시장의 메리트는 갈수록 줄어들었다.

최종환은 또다시 시장 개척에 나섰다. 이번엔 중동이었다. 1970년대 초 중동 각국은 오일머니를 바탕으로 경제개발을 본격화할 움직임이었다. 그렇다면 중동의 어느 나라부터 들어갈 것인가? 1971년 최종환은 우연찮게도 사우디아라비아 무역회사의 런던 지사장을 소개받아 그와 함께 사우디 곳곳을 둘러보게 됐다. 경제개발이 막 시작된 사우디는 정국이 안정된 데다 외환관리가 자유로웠고, 세계 최대의 석유 수출국이었다. 최종환은 망설임 없이 사우디에서부터 깃발을 꽂기로 했다. 1973년의 첫 고속도로 공사에 이어 항만 건설, 도시 정비, 플랜트 건설 등으로 잇따라 영역을 넓혀 나갔다.

해외 건설시장을 앞장서서 개척한 최종환은 저돌적이었다. 비즈니스는 정직하고 합리적으로 했지만, 고집이 셌고 타협도 몰랐다. 이런 성격은 오늘날 삼환기업의 기틀을 다지는 밑거름이 됐지만, 이 때문에 불이익을 받기도 했다. 1955년 동대문시장 신축공사를 할 무렵, 발주처인 광장시장상인연합회 회장인 정치깡패 이정재가 하루는 최종환을 근처 지하실로 끌고 갔다. 자재 공급이 늦어져 공사가 지연되는 문제 때문이었다. 이정재는 15일이내에 공사를 끝내겠다는 각서에 서명하라며 위협했다. 그러나 최종환은 호락호락 넘어가지 않았다. "아무리 나를 협박해도 나 혼자 공사할 수는 없는 일 아니냐. 노무자들에게 노임을 주지 않고 어떻게 일만 시키느냐. 밀린 공사비나 빨리 내주라고 독촉해라"며 되레 이정재를 설득했다. 그러자 이정재는 가급적 신속하게 공사를 해 달라며 최종환을 풀어줬다.

서울 운니동 삼환기업 사옥

한국건설군납조합 이사장을 맡고 있던 1966년 어느 날, 김형욱 중앙정보부장이 최종환을 불러 "모 업체에 공사를 주라"고 명령조로 말했다. 그러나 최종환은 "내 마음대로 공사를 나눠줄 수가 없다"고 거절하며 "차라리 이사장직을 내놓겠다"고 말했다. 결국 삼환기업은 그날로 군납 자격을 박탈당했다. 군납 자격은 1년 6개월 만에 회복됐다.

해외 건설 현장을 누비던 최종환은 1982년 외아들 최용권(崔用權)을 사장에 앉혔다. 1950년 서울에서 태어난 2세 최용권은 경기중·고를 졸업한 뒤 미국 보스턴대학에서 경영학을 전공했다. 유학 시절부터 자재공급 업무 등을 처리했던 최용권은 부친을 따라 해외 현장을 속속들이 누비며 경영수업을 받았다. 1996년에는 회장에 취임해 경영을 총괄하고 있다. 최용권은 아버지로부터 물려받은 끈질긴 집념과 미국 유학시절 체득한 합리적 경영 스타일로 삼환기업의 2세 시대를 무난하게 이끌어가고 있다는 평가를 받는다. (www.samwhan.co.kr)   - 유규하 -

샘표식품

– 3대째 이어진 내실다지기

"보고는 몰라요 들어서도 몰라요. 맛을 보고 맛을 아는 샘표 간장"으로 시작하는 이 CM송은 1960년대 대단한 인기를 누렸다. 당시 학생이던 김상희가 부른 이 노래는 경쾌한 리듬에 짧은 카피로 강한 인상을 심어 대학 스포츠 현장에서 응원가로 개작돼 불릴 정도였다. 이 노래로 유명해진 기업이 샘표식품이다. 샘표식품은 1946년 창립 이래 간장, 된장, 고추장을 비롯하여 다양한 조미식품과 가공식품을 생산하고 있는 한국의 대표적인 발효식품 기업이다.

간장으로 시작해 60여년을 이어온 샘표식품의 장수 비결에 대해 샘표식품 회장 박승복(朴承復, 87)은 '정도 경영'에 있다고 단호히 말한다. "기업가 정신은 첫째도 정직, 둘째도 정직"이라는 것이 그의 확고한 기업관이다. 샘표가 3대를 이어 장수해온 것도 이런 정도 경영에 있다. 2010년 창립 64주년을 맞은 국내 간장 소비시장에서 약 50% 이상의 점유율을 차지할 만큼 국민적인 사랑을 받고 있다.

박승복의 부친인 박규회(朴奎會)는 일본 '미쓰야(三矢)장유양조장'을 인수해 샘표식품을 창업했다. 창업주는 1946년 8월 20일 서울 충무로 부근에 터를 닦아 장류 전문 제조업체로 출발했다. 당시 가정에서 담가 먹는 것이 일반적이던 간장을 대량 생산해 유통시장에 내놓은 것이 샘표식품이다. "내 가족이 먹지 않는 음식은 만들지도 팔지도 않겠다"는 것이 창업주의 정신이었다. 그는 이후 30년 동안 외길을 걸어오며 샘표식품을 탄탄하게 자리매김한 전형적인 장인 기업가다. 신용만이 유일한 재산이라는 신념하에 임직원에게 과감하게 권한위임을 한 신뢰경영의 터전을 닦기도 했다. 이렇듯 신용과 품질을 최우선으로 여긴 샘표의 기업철학이야말로 장류업계에서 줄곧 1위 자리를 지켜오며, 한국의 대표 발효식품 기업으로 우뚝 서게 된 원동력이라 할 수 있다.

1946년 일본 미스야(三矢)장유공장을 인수한 샘표식품 창립시의 모습

샘표의 도약은 1959년 서울 도봉구 창동에 제2공장을 건설하면서 본격화된다. 이를 계기로 이 회사는 국내 장류 업계의 선두주자로 부상한다. 1976년 샘표식품을 이어받은 2세 박승복은 33년간의 경영을 통해 제품의 다각화와 튼실한 경영으로 대한민국 최고의 장류 기업으로 성장시킨 장본인이다. 기업의 성장은 미래에 대한 정확한 예견과 준비를 통해 적절한 시점에서 신성장 산업으로 탈바꿈하는데서 이루어진다.

그런 점에서 샘표식품이 지나치게 협소한 영역에 머물지 않았느냐는 지적도 받는다. 과하게 신중한 경영방침 때문에 회사가 외향적으로 확장되지 못했다는 점에서다. 그러나 60년 외길을 걸어 한 우물을 판 결과 간장 단일 품목에서 세계 최대 규모의 공장을 건설하는데 업적을 이룬 이 기업을 가볍게 평가할 수만은 없다.

박승복은 기업관에 대해 샘표는 개인의 기업이 아니라 국민들의 기업이다. 개인이 경영하지만 몇 백 년을 이어가는 기업으로 남아야 한다고 강조한다. "기업이 시대 흐름에 부응하려면 경영 투명화가 무엇보다 중요하다.

위) 1954년 특허청에 등록할 당시의
샘표식품 상표
아래) 서양식 조미식품을 포괄하는
폰타나의 이미지 광고

경영인이 자기 욕심을 부리기 시작하면 기업이 망하는 지름길이다"라며 오너가 공사를 분명히 가려야 시끄러울 일이 없다고 말하기도 한다. 그런 태도는 그의 일상에서도 잘 드러난다. 그는 신용카드를 사용하지 않는 것으로 유명하다. 회사 법인카드는 물론 모든 비용은 자신의 급여로 처리한다고 한다. 법인카드를 쓰면 자기 돈이 아니라는 생각에 씀씀이가 커지게 마련이라는 게 그의 지론이다.

기업에 있어 경영권 승계와 관련해 빚어지는 물의는 모두 과욕에서 시작되며 이 때문에 기업의 기반이 흔들릴 수 있다는 것이 그의 경영관이기도 하다. 대기업 승계와 분배를 둘러싸고 형제와 부자지간에 불화를 일으키고 그로 인해 기업 기반이 흔들리는 일이 다반사이기 때문이다.

1998년 박승복은 경영권을 아들인 박진선에게 넘긴다. 박진선은 부임 후 식품사업을 다각화하고 이천공장의 자동화시스템을 완성한다. 자동화에 의해 공장 직원은 50여명 수준으로 유지된다. 국내 간장수요의 절반을 차지하는 이 회사 공장의 생산직 직원이 너무 적은 걸 보고 공장 방문 소비자들은 놀란다. 그러나 식품 공장은 사람의 손을 덜 탈수록 청결 유지에 유리하다는 사실에 안도한다고 한다. 이 회사는 2008년 한국경영자협회로부터 가장 존경받는 기업으로 선정되고 1000만 달러 수출을 기록했다.

샘표식품은 3대째로 이어지는 안정적인 가업 경영을 통해 선대의 장인정신을 계승하고, 확장보다는 내실을 다지자는 방침을 지키고 있다. 2008년에는 매출 1,630억 원, 직원 450명의 튼실한 중견기업으로 성장했다. 사업 면에서도 간장, 된장, 고추장, 쌈장의 전통 장류 제품을 중심으로 소스류와 식초, 수산물과 과일 통조림, 면류, 차류 등을 생산, 판매하는 종합 식품회사의 면모를 일신했다. 또 수프, 샐러드 드레싱, 올리브유 등 서양식 조미 식품을 포괄하는 '폰타나(Fontana)'와 웰빙 스낵 브랜드 '질러'(Ziller)를 독립 브랜드로 운영하는 등 세계적 식품회사로 발전시켰다.

그러나 2010년 상반기 실적을 보면 매출액은 지난해 보다 소폭 늘어났지만 33억 원 상당의 영업 손실을 봤다. 지난 2008년엔 104억 원, 2009년에도 86억 원의 영업이익을 냈지만 2010년 들어 다소 하락한 것이다. 장수를 유지할 비방을 찾아야 할 때인 듯하다. (www.sempio.com)   - 박영규 -

성남기업(城南企業)

– 가업에 대한 열정과 자부심

성남기업은 1935년 창업 이래 2010년 현재 75년 동안 3대 째 목창호 만을 만들어 온 전문기업이다. 초대 김태옥(金泰玉)은 손재주가 좋은 점이 이웃 일본인의 눈에 띄어 그의 소개로 일본으로 건너가 정식으로 목공 일을 배웠다. 목공 일 중 김태옥이 집중적으로 배운 것은 문과 창호 분야였다.

귀국 한 뒤 1935년 전국에서 이름을 날리던 목수 12명과 함께 서울 이태원 집 앞마당에 작업장을 마련하고 시작한 성남목공이 성남기업의 시초다. 일본에서 현대식 목공 기술을 배워 온 김태옥과 조선시대 대목장으로 활약했다가 성남목공에 합류한 전통 기술을 보유한 대목들의 일 솜씨가 입소문을 타면서 일감이 많아지기 시작했다. 김태옥은 나무로 창호를 만드는 일자체를 좋아하여 일감이 많다는 소문을 듣고 찾아온 목수나 목수 지망생들을 기꺼이 받아들이며 일을 가르쳤다. 이들이 기술을 습득하고 독립하고자하면 일감을 떼어 주기도 히고 관련 업체를 연결해 주기도 했다.

성남목공이 타 목공소 보다 일을 잘 한다는 소문이 나면서 건축사적으로 중요한 일감들이 들어오기 시작했다. 이승만 대통령 시절 청와대의 전신인 경무대의 개축공사에서 목공 부문을 맡았고 불국사 복원 공사에도 참여했다. 그러나 몸이 약하고 오랫동안 천식을 앓아 온 김태옥은 1966년 건강이 악화되자 대학을 갓 졸업한 아들 김강배에게 회사를 맡길 수밖에 없었다.

한양대학교 건축학과를 다녔던 2대 김강배(金江培)는 둘째 아들로, 위로 형이 있기도 해서 자신이 회사를 이을 것이라고 생각하지 않았다. 그러나 솜씨도 좋았고 부친이 후계자로 생각하고 있었던 장남인 형이 일찍 죽어 대신 회사를 맡게 되었다. 김강배가 부친으로부터 회사를 물려 받을 당시에는 빚이 많아 70년대 초반까지 빚을 갚느라 고전을 면치 못했다.

70년대 중반부터 아파트 붐이 일기 시작하면서 목창호 수요도 더불어 증가하면서 성남기업의 재정 상태도 호전되었다. 성남기업은 현대건설과 함께 성장했다 해도 과언이 아니다. 1953년 현대건설이 미군 극동공병단이 발주하는 시설 공사에 참여하면서 당시 정주영 회장은 성남기업의 실력에 주목하고 목창호 관련 공사를 대부분 성남기업에 맡겼다. 이후 현대조선의 그리스 선박에 들어가는 목재공사, 정주영의 청운동 자택 공사를 비롯한 정주영 형제들 자택 공사도 도맡아 했다.

현대건설이 노태우 대통령 시절인 1989년부터 1991년까지 청와대 신축 공사를 맡았을 때도 목창호 부문은 성남에 맡겼다. 성남기업은 2대에 걸쳐 청와대 목창호 공사를 맡은 것이다. 60년대 건설회사 도산이 속출하는 시기에 회사도 어려움이 많았으나 1970년대부터 불기 시작한 아파트 붐으로 회사도 발전의 기회를 잡았다. 주로 현대건설에 납품하면서 대량 수요가 있는 아파트 내 목창호 제작을 위해 가내 수공업적인 제작 설비를 대규모 생산체제로 변신시키면서 수주에 대응해 나갔다.

그러나 1978년 현대그룹

청와대 본관과 동일한 문짝을 세밀하게 살펴보고 있는 김강배, 현준 부자

이 현대종합목재를 설립하고 대부분의 목창호 공사를 이 회사에 맡기기 시작하면서 일감이 갑자기 줄어들어 성남기업은 창사 이래 최대 위기에 빠졌다. 김강배는 자신의 학연 등을 동원하여 다른 건설사 물량을 겨우 따내면서 위기를 모면했지만 한 업체에 집중된 거래가 얼마나 위험한 것인가를 뼈저리게 느꼈다. 이후로는 대우, 삼부토건, 대림, 동부 등 거래처를 다양화해 나갔다. 아파트 시대로 접어들면서 목창호의 대량 수요 발생으로 기술적으로도 비약이 필요했다 성남기업은 대량수주에 따른 인력 부족을 타개하기 위해 몇 개 공정을 한꺼번에 처리할 수 있는 자동화 기계 제작에 기술력을 쏟아 부었다. 일부 수작업을 제외한 모든 생산과정을 자동화하는데 주력하여 3~4단계의 공정을 한번에 처리할 수 있는 기계를 만들어내는 등 약 10여 가지의 자동화 기계를 자체적으로 제작하였다.

이러한 노력은 1998년 외환위기에 빛을 발했다. 중소 건설사들이 부도로 쓰러지고 이에 납품하고 있던 소규모 목창호 업체들도 함께 문을 닫게 되자 이들이 소화해 내던 물량들이 성남기업에 몰려들어 외환위기 때에는 주문량이 오히려 40% 이상 증가하였다. 2대 김강배는 국내 주택문화 변화에 발 빠르게 대응하면서 회사를 크게 키웠다. 그가 부친으로 부터 회사를 물려 받을 당시는 매출 4억 원에 직원 70명이었으나 2010년 현재 매출은 500억 원, 직원 300명 규모로 커졌다. 성남은 장기 근속자가 많다. 현재 약 60여 명의 목공 기술자 가운데 20년 이상 근무한 장기 근속자가 절반이 넘는다.

김강배는 이들의 기술을 보전하고 전수하는데 회사의 명운이 달려 있다고 보고 기술 전수를 위한 '젊은 목공 양성 프로그램'을 운영 중에 있다. 오랜 동안 경험을 쌓아 온 목공들의 기술과 노하우를 데이터 베이스화하는 작업도 병행하고 있다. 이를 앞장서 추진하고 있는 사람은 3대 김현준(金鉉埈)이다. 김현준은 미국의 대학 교수로 재직하고 있던 삼촌의 권유로 중학교를 졸업하고 미국으로 간 조기유학파다. 웨스트버지니아대학에서 토목과 실내건축학을 전공하고 졸업 후 미국 대형목재업체인 84럼 버사에서 1년간 직업연수를 받고 2003년 귀국하여 회사에 입사, 현재는 부사장으로 부친을 돕고 있다. 입사하면서 맨 처음 그가 한일은 회사의 사사정리였다.

성남기업이 2004년 내놓은 새 브랜드 '휴든'

　조부와 부친이 어떻게 회사를 이끌어 왔는지 조사하면서 예전에 일했던 직원들을 찾아가 인터뷰도 하고, 회사 직원들과 토론도 하면서 회사가 나아갈 방향을 고민하였다. 소비자가 제품보다는 브랜드를 더 잘 기억한다는 점에 착안하여 2004년 새로운 브랜드 '휴든(Huden)'을 내놓았다. 2006년에는 조립식 문틀 등 3개 분야에서 특허를 출원하고 목재로 된 실내 방화문을 개발하는 등 기존의 목공의 장인적인 기술에 새로운 기능을 더하는 신기술 개발에 미래를 걸고 있다. 아파트에도 더욱 더 친환경적인 추세를 보이고 있는 것에 대해 향후 아파트 내부에 목창호가 더욱 많이 도입될 것으로 보고 있어 이에 맞는 제품 개발에도 주력하고 있다. 최근에는 완제품을 해외로 수출하는데 성공하는 등 해외시장에도 적극 진출할 계획을 세우고 있다.

　성남기업이 자연주의 주거문화를 창조하는 대한민국 대표 창호기업으로 발전한다는 비전을 내세우고 있는 3대 김현준에게서는 자신의 가업에 대한 열정과 자부심이 엿보인다. (www.ihuden.com)　　　　　－ 오춘애 －

송월(松月)타올

– 거래선과 함께 살린 타올의 대표 상표

타올하면 떠오르는 상표는 송월이다. 소비자들에게 오래 친숙해서다. 해방 후 1940년대 말까지 소비되던 수건 중에는 군부대에서 유출된 군용 수건을 표백해 만든 것들이 적잖았다. 당시 부산시 군부대 주변에서 군용타올과 양말을 표백해 생계를 꾸리던 박동수(朴東洙)라는 이가 지금의 송월타올을 세웠다. 이미 고인이 된 그는 표백 사업으로 기반을 잡자 타월을 직접 만들기로 하고 1949년 10월 송월타올공업사라는 간판으로 사업을 시작했다. 초기의 설비라곤 자전거 페달을 이용한 나무직기 5대가 전부였으나 60년대 들어 기관단체와 기업들이 행사용 기념품으로 수건을 선호하면서 송월은 일약 성장가도를 달린다. 1966년에는 일본제 반자동 직기를 도입해 생산량을 대폭 늘리고 절반 정도를 수출까지 했다.

1970년대 들어서자 송월은 직원 1000명이 넘는 중견기업으로 자리를 잡는다. 1975년에는 회사의 덩치에 맞게 상호를 송월타올주식회사로 바꾸고 박동수 사장이 대표이사 자리에 오른다. 이 회사는 1980년대 중반 정점을 찍고 쇠퇴의 길로 접어든다. 인건비가 크게 오르며 수출경쟁력이 떨어졌기 때문이다. 그러자 1986년 자동화설비를 도입하고 장기간의 구조조정을 통해 인원을 줄여 나가기 시작한다. 1986년 중반 1300명이던 직원을 대폭 줄이고, 수출보다는 내수에 치중하며 제품의 고급화에 몰두했다. 오로지 타월사업에만 전념해 타월의 대명사로 치부되던 송월도 외환위기 이후 신용대출 상환 압력을 받자 1998년 1월 급기야 부도 사태를 맞는다. 그러나 사실 송월타올이 어려움에 처한 건 그보다 훨씬 전부터였다. 1990년대 들어 송월은 막대한 설비 투자로 부채는 늘고 시장점유율은 떨어지는 위기에 봉착한다.

우리 시대 터월의 대표 상품 '송월'

그러자 창업주에 이어 경영을 승계했던 창업주의 동생 박찬수(朴讚洙) 전 송월타올 사장은 1992년 서울에서 전자 업체를 운영하던 조카 박병대(朴炳大)를 불러들인다. 박병대는 창업주 박동수의 막내아들로 송월타올의 총괄이사를 담당하며 경영일선에 나선다. 그가 부임했을 때 회사는 부실 투성이였다. 브랜드력과 영업력만 믿고 품질 개선과 원가 절감 노력을 게을리 해 부채는 400억 원대에 이르고 시장 점유율은 계속 떨어져 있는 상태였다.

송월은 1200명이 넘던 직원을 500여명까지 줄이는 등 강도 높은 구조조정을 통해 원가 절감을 꾀하지만 결국 외환위기의 고비를 넘지 못했다. 박병대는 96년에 중국 청도송월모건유한공사 대표를 거친 뒤 1997년 송월타올 사장으로 취임했다. 대표이사에 오른 박병대는 부도가 닥치자 개인 부동산을 매각한 100억 원을 회사 빚 갚는데 쓰겠다며 회사의 회생에 앞장섰다. 이에 감동한 직원과 채권단, 대리점주들은 모두 힘을 모아 송월타올 살리기에 따라 나섰다. 노조는 먼저 회사를 살려야 한다는 데 공감하고 주 4일 근무와 월급 30% 삭감에 동의하는 한편 품질 향상에 매진했다.

한편 송월타올의 제품을 취급하던 대리점주들도 힘을 합쳐 '송월타올 살리기' 운동에 나섰다. 이들의 협력이야 말로 송월이 회생하는 데 결정적인 역할을 했다. 사실 대리점입장에서야 나 몰라라 하고 송월이 망하면 다른

국내에서 유일하게 설치된 직물의 폭을 일정하게 고
정시켜 주는 텐터기

업체로 거래선을 바꾸면 그만인
것이다. 대리점들은 송월의 제품
을 한장이라도 더 팔아주자며 타
사 제품의 비율을 줄이고, 제품을
받기도 전에 현금으로 선수금을
내주기까지 했다.

공급업체와 대리점간의 눈물겨
운 사연의 배경에는 그동안 박병
대의 대리점과의 끈끈한 협력관계가 깔려있다. 그는 부임 직후 '협송회' 를
구성했다. 각 지역 대리점주들이 송월의 우선 협력 파트너라며 이들을 친목
모임으로 묶은 것이다. 매년 두 차례씩 모여 친목을 다지며 관계를 공고히
해온 인연이 결국 송월타올 회생의 바탕이 된 셈이다. 송월은 당시 510명
이던 직원을 360여명으로 줄이는 등 구조조정의 노력으로 2001년, 2002
년 연속 흑자를 기록한다. 이런 회생의 노력은 급기야 채권단의 마음을 움
직여 2003년 4월 화의에서 벗어났다. 2005년 12월에는 부산 동래구 사직
동에 있던 본사공장과 사하구 신평공장을 양산으로 이전했다. 박병대는 직
원들과 대리점주의 도움이 없었다면 오늘의 송월은 없었을 거라며 이들을
위해서라도 예전 송월의 명성을 되찾겠다는 각오를 다지고 있다.

송월, 한미, 한신 타월 등이 주도하고 있는 국내 타월시장은 2500억 원
정도다. 그 중 송월타올이 차지하는 비중은 35%정도로 점유율 1위를 차지
하고 있다. 그러나 최근 동남아 국가의 다월업체들이 가격경쟁력을 내세워
시장을 잠식하며 시장점유율을 압박하는 상태다. 송월은 이런 가격 경쟁의
불리를 다양한 신소재를 바탕으로 한 제품고급화로 헤쳐 나간다는 비전을
세우고 100주년 미래의 송월을 준비하고 있다. (www.songwol.co.kr)

- 박영규 -

아모레 퍼시픽

– 확장 노선 버리고 BEAUTY로 재도약

아모레 퍼시픽은 머릿기름으로 기틀을 잡은 회사다. 1928년에 조그만 잡화상으로 시작하여 1947년 태평양화학이라는 간판을 내걸면서 오늘의 아모레퍼시픽을 이루었다. 1928년 현재의 서경배(徐慶培) 사장의 조모인 윤독정(尹獨亭)이 개성에서 시작한 잡화점이 시초다. 여러 가지 생활 잡화 중에서도 머릿기름으로 특화한 것이 윤독정의 뛰어난

1950년대 머릿기름의 대명사 'ABC 포마드'

점이다. 아들대인 서성환(徐成煥)의 시대에도 현대식 머릿기름이라 할 수 있는 포마드로 회사를 발전시켰다. 현재의 서경배 사장 역시 선택과 집중으로 아모레 퍼시픽을 국제적인 기업으로 키워냈다.

아모레 퍼시픽은 1928년 창업자 윤독정이 37세 때 남편을 대신하여 생계를 위해 잡화를 파는 것에서부터 비롯되었다. 여러 가지 잡화를 취급하면서 그 중 머릿기름이 이문이 많이 남자 직접 만들어 팔기 시작한 것이 화장품 제조의 시초다. 당시 비싼 원료인 동백기름으로 만든 머릿기름이 입소문을 타고 팔리기 시작하였다. 윤독정은 좋은 원료를 확보하기 위해 질 좋은 동백기름이 많이 나오는 남쪽 지방의 동백기름을 확보하는데 동분서주하

기도 했다. 머릿기름이 잘 팔리자 화장수며 크림, 백분 등으로 품목을 확대해 나갔다. 1937년 일본 화장품 업계가 국내에 진출하면서 간판을 내거는 것이 유행하자 윤독정도 가게에 '창성상점'이라는 간판을 내걸었다. 아모레 퍼시픽의 전신이다. 1945년 해방 후 일제에 의해 징용 나갔다가 돌아온 아들 서성환이 사업을 이어 받아 상호를 더 넓은 세계로 뻗어 나간다는 뜻의 '태평양상회'로 바꾸고 1947년 서울로 이전하면서 '태평양화학공업사'로 상호를 변경한 이래 아모레 퍼시픽은 1947년을 창립의 해로 정하고 있다. 2002년에 회사명을 아모레 퍼시픽으로 바꿀 때까지 55년간 '태평양화학'이라는 사명을 유지했다.

서성환이 태평양화학이라는 간판을 내걸고 처음 내놓은 '메로디' 브랜드의 크림도 인기를 끌었다. 특히 6·25전쟁 중 부산으로 피난가서 내 놓은 '메로디 포마드'가 전쟁 중임에도 불구하고 잘 팔렸고 이어 이를 개량한 'ABC 포마드'가 크게 히트하였다. 당시 한국에 주둔해 있던 미군이 머리에 포마드를 발라 양 옆으로 갈라 붙이는 머리 스타일을 하고 다녔는데 이 머리 모양이 양복 입은 멋쟁이부터 막일하는 노동자에 이르기까지 유행하였기 때문에 포마드의 수요가 많았다.

특히 'ABC 포마드'는 식물성 원료를 사용하여 기존의 광물성 원료의 단점을 개선한 제품으로 머리를 감은 뒤에도 기름기가 남지 않아 장기간 히트상품이 되었다. ABC 포마드는 1955년 6월 전국 국산품 인기투표대회에서 부통령상을 수상하는 것을 시작으로 해방 10주년기념 산업박람회에서 진보상 수상, 상공부장관 모범기업상, 부통령 품질우수상 등 3년 동안 연속적으로 수상하는 등 50년대는 'ABC 포마드'의 시대로 표현할 정도로 동사의 효자상품이었다. 창립 초기부터 50년대까지 머릿기름으로 고객을 사로잡아 성공의 기회를 잡았다고 할 수 있다.

1954년 부산에서 서울로 올라온 서성환은 후암동에 있는 서중보 소유의 나리스 화장품 공장을 인수하여 자리를 잡았다. 그러나 이미 시장을 점유한 품질 좋은 외제 화장품과의 경쟁이 그를 기다리고 있었다. 서성환은 우선 외국 화장품을 연구하기 위해 당시 화장품 기술자로는 국내 최고였던 구용성을 영입하였다. 구용성은 일본동경공업고등학교에서 응용화학을 전공하고 졸업 후 시세이도에 입사, 공장장과 생산부장까지 지낸 최고의 기술자였다. 구용성 외에도 서울대 약대 출신인 박우창, 오원식을 채용하여 연구실을 개설하고 외제 화장품의 성분을 분석하는 등 화장품 연구에 돌입하였

태평양화학의 본사 사옥 건물

다. 오원식은 뒷날 부사장을 역임하고 은퇴하였는데 현재의 사명인 아모레의 작명 공동 주인공이기도 하다. 1964년 태평양이 방문판매를 시도하면서 사내에 브랜드명을 공모하였는데 아모레로 공모한 사람이 두 사람이었다. 그 중 한사람이 오원식이었다. 아모레는 당시 유행하던 이탈리아 영화 〈형사〉의 주제가인 '시노 메 모레'의 가사 '아모레 아모레 아모레 미오'에서 따온 것이다.

외제 화장품과의 품질 경쟁에서 고전하던 아모레는 5 · 16군사혁명을 계기로 다시 회생하게 된다. 군사정부가 1961년 7월 특정외래품 판매금지법을 공표하였는데 화장품도 금지대상 품목 중 하나로 지정되었다. 이 법에는 화장품을 포함한 외제 상품의 소유, 점유, 판매를 일체 금지하였고 이를 어길 시에는 10년 이하의 징역이나 그 물품가액의 20배까지 벌금을 물리는 조항이 들어 있었다. 대상 품목에 포함된 업계는 가뭄에 단비를 맞게 되었다. 화장품업계도 시설 확장, 영업 강화 등 수요확대에 대응해 나가기 시작했다. 한국화장품을 비롯하여 대도약품, 동양화성, 유한양행 등이 경쟁자로 나섰다. 아모레도 1962년에 영등포에 대지 6850평 건평 1700평의 대규모 공장을 건설하여 대량 공급 체계를 갖추는 것으로 새 법령에 대응해 나갔

다. 그러나 경쟁이 치열해지면서 덤핑 판매 등 화장품의 유통 질서가 무너지기 시작했다. 외제 화장품과의 경쟁과 더불어 싼값에 덤핑을 일삼는 유통 질서 문란을 해결하기 위해 아모래 퍼시픽이 짜낸 아이디어는 방문판매였다. 1964년 일본 시세이도와 기술 제휴하고 개발한 '아모래'는 방문 판매 전문 브랜드다. 일본 폴라 화장품의 방문판매 시스템을 벤치마킹하여 만든 태평양의 방문 판매는 특약점을 거점으로 불럭을 정해 방문 판매원 한사람이 200~300가구를 담당하도록 하는 시스템을 만들었다. 이들 방문 판매원 한사람 한사람이 각자 담당 가구를 방문하면서 가족의 수는 물론 그 집에 세 들어 사는 사람의 가족 인적 사항 등을 꼼꼼히 적은 세대별 지도를 작성하기 시작하여 결국 전국의 가가호호가 정확하게 조사된 대한민국 최초의 가구지도가 완성되었다. 그러자 정보부에서는 간첩을 색출하는데 활용하게 해 달라고 요청하는가 하면 선거철이면 정치권에서도 그 지도를 빌려 달라는 요청이 끊이지 않았다.

초기에는 호구 대책이 빈약했던 6·25전쟁 미망인들이 화장품 방문판매에 나섰다. 이들이 방문판매를 통해 가족의 경제생활이 해결되고 있다는 입소문이 나기 시작하면서 우수한 인력들이 방문판매원으로 나서기 시작해 취업이 어려웠던 여성 경제활동의 주요한 분야 중 하나가 되었다. 현재도 유지되고 있는 방문판매제도는 아모래의 근간이 되는 시스템 중 하나다.

80년부터 일기 시작한 경기 활황으로 국내 모든 기업이 사업 확장 붐이 일었을 때 아모래도 산하에 증권, 프로야구단, 광고, 생명보험, 패션, 제약 등 다각화에 나서 90년대 초엔 산하에 25개 계열사를 거느렸다. 그러나 버블 붕괴 후 방문 판매가 부진했고 시장 점유율이 하락하기 시작하면서 수익구조가 악화됐다. 더군다나 이를 모두 진두지휘했던 서성환 회장이 1992년 암에 걸려 수술을 받는 등 건강 악화를 계기로 아들인 서경배 현 대표가 경영 일선에 나서면서 과감한 구조조정에 돌입했다. 구조조정에 임하면서 아모래가 지켜야 할 핵심사업으로 화장품 부문과 제약부문 등 '미와 건강'

으로 정하고 이 부문 외의 모든 사업을 정리해 나갔다.

우선 태평양 증권을 선경에 매각하는 것을 시작으로 1995년 프로야구단 '태평양 돌핀스'를 현대에 매각했고 마지막으로 97년 1월 거평그룹에 태평양 패션을 매각하는 것을 끝으로 구조조정이 완료되었다. 같은 해 12월 IMF시대를 맞아 기업들이 쓰러져 나갈 때 이를 예측이나 한 듯한 아모레의 그 동안의 구조조정은 시기적으로 매우 절묘했다. 서경배는 2세 경영자가 빠지기 쉬운 사업확장 욕구와는 정반대인 선택과 집중을 택하였다. 선친의 사업 다각화에 대해 핵심사업만 남겨 놓고 과감한 구조조정을 단행하여 이후 닥친 IMF 사태에서 비켜날 수 있도록 회사 체질을 강화하는데 성공하였다.

현재는 한류 붐을 타고 한국 화장품에 대한 외국의 관심과 수요에 적극적으로 대응하여 해외에서 브랜드 인지도를 높이는데 타사보다 앞서가고 있다. (www.amorepacific.com)   – 오춘애 –

을유문화사(乙酉文化社)

– 출판은 운명이자 천직이었다

한국출판계의 산 증인 정진숙(鄭鎭肅). 그는 2008년 유명을 달리하기까지 출판 외길을 걸었다. 향년 96세. 책과 함께 살았고 책과 함께 저 세상으로 갔다. 그는 가고 없다. 하지만 창업 65년 된 '을유문화사'의 이름으로 출간된 7000여 종의 책을 남겼다. 그는 한 우물을 팠다. 책 만드는데 평생을 걸었다. 이것이 바로 을유문화사의 성공과 장수 비결이었다. 생전에 그는 을유문화사 창립 60주년 기념식을 갖는 보람을 누렸다. 2005년 12월 1일 파주 출판 도시에서 열린 기념식에서 그는 출판 외길을 되돌아보았다.

인사말을 통해 남다른 감회를 드러냈다. "일제 치하에서 말살됐던 우리말, 우리 문화를 살리자는 취지에서 만든 회사가 여기까지 왔다"면서 "내가 여태껏 살아오면서 이런 잔치를 받으리라고는 생각 못했는데 이런 자리를 받고 보니 내가 살아온 보람이 있다고 느낀다"고 하였다.

을유문화사는 1945년 12월 1일 창립됐다. 동기는 해방 직후 집안 어른이었던 위당 정인보(鄭寅普)의 조언. "우리말 우리글 우리 민족의 혼을 되살리는 유일한 문화적인 사업이 출판"이라는 말을 들었다. 출판사 이름 '을유'(乙酉)는 광복되던 해의 간지(干支)에서 따온 것이다.

뜻을 같이 한 민병도(閔丙燾) 전 한국은행 총재, 아동문학가 윤석중(尹石重), 작가 조풍연(趙豊衍)과 함께 4인의 동업체제로 출범했다. 하지만 가시밭길이었다. 우선 글을 모르는 문맹이 많았다. 일단 한글부터 가르쳐 책을 읽어줄 독자를 확보하는 문맹퇴치사업부터 시작했다. 그래서 1946년 한글글씨본『가정글씨체첩』이 을유가 출판한 첫 책이었다. 해방공간에 종이도 모자랐다. 인플레가 심해 책값을 정하기 힘들었다. 책값 란을 비워둔 채 책을 인쇄하기도 했다. 책을 팔기 전에 책값을 찍어 넣었던 때도 없지 않았다. 그러나 아무리 물가와 종이 값이 널뛰듯 하더라도 초판 정가를 고수하기로 운영방침을 정했다.

을유문화사가 1946년 2월 1일, 우리글을 익히도록 최초로 발행한 한글글씨본, 정가 6원

승부수는『조선말 큰사전』출간이었다. 우여곡절 끝에 1947년부터 10년 만에 완성된 이 사전은 일제에 압수당했다가 45년 9월 서울역 한국통운 창고에서 기적적으로 되찾은 원고를 들고 출판사를 찾아온 조선어학회 간부의 간곡한 부탁으로 출간을 결정했다.

출판 용지조차 구하기 어려운 시절이었다. 그러나 어려움을 딛고『조선말 사전』1권이 나오자 순풍이 붙었다. 이 큰 사전 출간에 감명 받은 미군정청 한 미군 대위의 도움으로 미국 록펠러 재

1946년 2월, 최초의 어린이 주간 잡지『주간 소학생』을 월간으로 바꾼『소학생』

단의 재정지원을 받아 완간을 하게 된 것이다. 이 뜻밖의 순풍에 출판 사업은 돛을 달았다. 본격적인 통사를 지향한 한국사를 비롯해 문고본 시대를 연 을유문고가 출간돼 서점에 깔렸다. 특히 1948년 창립 두 돌을 맞아 선보인 을유문고는 이 출판사의 간판브랜드로 지금까지 명성을 이어가고 있다.

학문과 예술의 특권화를 물리치고 국민대중의 계몽과 그 지적요청에 응하기 위해 150쪽 안팎의 분량으로 값싼 문고판을 발행했다. 그러나 이 문

1946년 발행 『학생조선어사전』

고는 발행 2년 후인 1950년 터진 6·25전쟁으로 중단되었다가 19년 만인 1969년 다시 출간을 시작했다. 을유문고 중 지금까지 가장 많이 팔린 책은 『명심보감 신석』, 『논어』, 『노자 도덕경』, 『사회심리학』, 『생활의 발견』 등이다.(을유문화사 집계)

6·25전란 속에서도 주요섭의 『사랑방 손님과 어머니』(1950년) 등 11종의 책을 출간했다. 본격적인 통사를 지향한 한국사를 비롯해 동서양의 명작을 한글로 완역한 『세계문학전집』, 대형 기획물의 전범을 보여준 『한국문화총서』와 『세계사상 교양전집』 등 우리나라 출판계의 역사를 새로 쓴 책들도 줄을 이었다. 을유문화사의 장수비결은 간명하다. 창립자의 출판 한 우물 파기가 바로 그것이다. 출판계의 전설로 통하는 정진숙이 살아생전에 60여년의 출판인생을 정리한 자서전인 『출판인 정진숙』에서 밝힌 출판의 집념과 책 사랑은 그 누구도 흉내낼 수 없을 정도로 절절하다.

"어려운 여건 속에서도 나는 내야 할 원고라고 판단이 서면 수지타산을 맞춰보지도 않고 책을 출판했고 그렇지 않으면 냉정하게 거절했다. 수천 부, 수만 부가 팔려야 좋은 책이고 1년에 열권도 팔리지 않는다고 해서 그 책을 과연 불필요한 책이라고 말할 수 있을 까"

1947년 편찬을 시작하여 10년 만에 완성한 『조선말 큰사전』

출판은 그의 천직이고 운명이라고 했다. "출판을 천직으로 삼게 된 일은 더 할 나위 없는 좋은 운명이고 축복이었다"고 말했다. 서울 종로구 수송동 을유문화사는 우여곡절 끝에 60대 중반의 딸 정지영(鄭芝泳)이 맡아 발전시키고 있다. (www.eulyoo.co.kr)

− 이두석 −

조선내화(朝鮮耐火)

– 한평생 내화물에만 매달린 외골수

'땅 끝 마을', 전남 해남 땅에서 태어나 자란 소년은 어떤 어려움이 있어도 기업을 일구어 입신하겠다는 집념을 불태운다. 일제 강점기인 1932년 16살 된 소년은 당시 일본전기공업주식회사가 운영하던 광업소 직원으로 사회에 첫발을 디딘다.

초기의 전남 목포의 조선내화 공장, 공장너머 뒤로 유달산이 보인다

소년은 광산에서 높은 온도에 견디는 내화(耐火)물 원료인 납석을 채취하는 궂은 일을 한다. 가난의 세월이었다. 이를 계기로 해방 3년 후 1947년 조선화학공업회사가 설립된다. 그는 상무로 경영에 참여, 잔뼈가 굵어진다. 창업 5년만인 1953년 37살의 나이로, 조선내화 대표이사 자리에 오른다.

2010년, 향년 93세로 유명을 달리한 이훈동(李勳東) 조선내화 명예회장이 바로 그때 그 소년이다. 그는 창업 후 별세하기까지 63년 동안 평생 '내화물 개발'이라는 한 우물을 팠다. 그래서 그를 국내 내화물 업계의 산 증인으로 부른다. 각고의 노력으로 그는 소년 시절의 꿈을 이룬다. 박정희 정부 때인 1974년부터 78년 사이 포항 제1, 제2 공장을 준공한다. 전두환 정권 때인 86년에는 광양공장을 세워 국내 제철 사업 발전에 진력한다. 그의 사업집념은 국내에 머물지 않고 해외로 뻗친다. 노태우, 김영삼 정부를 거치면서 소련, 중국과 국교수립 후 조선내화 중국합자공장을 준공한 것을 비롯해 러시아, 호주, 인도네시아, 말레이시아 등에도 내화물 공장을 세운다. 창업 후 60성상의 세월에 국내외 19개의 공장을 둔 세계적인 내화물 제조 전문 기업으로 성장했다. 척박한 호남 땅에서 키운 향토 영세 기업이 굴지의 글로벌 기업으로 우뚝 선 것이다. 위기도 우여곡절도 없지 않았다. 하지만 창업주의 집념으로 세계적인 기업을 일구어 낸 것이다. 장수비결은 조선내화의 경영 비전에 내포돼 있다. "60년 세월 한결같은 마음으로, 한 곳을 향한 믿음으로."

해방공간에서 누구 할 것 없이 창업은 힘들고 어려웠다. 자금과 기술이 부족한 탓이었다. 조선내화도 마찬가지였다. 항구도시 목포에 세운 첫 공장은 초라하기 짝이 없었다. 당시 유달산에서 내려다 본 가내 수공업 수준의 빈약한 생산시설 전경이 경영의 어려움을 말해주고 있다.

게다가 6·25전란 통에 목포공장이 완파돼 조업이 중단된다. 극심한 자금난에 생산중단은 엎친데 덮친 격이었다. 하지만 좌절하지 않았다. 정전 후 폐허로 변한 목포공장을 복구하는데 전력투구한다. 60년대 들어 조선내화가 생산한 제품 6종이 KS규격을 얻어 사세가 크게 고무된다. 이것이 조선내화가 침체에서 벗어나는 전환점이었다. 박정희 정부의 경제발전 산업화정책에 힘입어 1970년대 들어 사세가 급격한 신장된다. 74년 11월 포항

2000년대 설립한 조선내화 중국 안산 공장

제 1공장이 준공되었다. 특히 같은 해 12월 포항종합제철과 업무 제휴를 통해 내화물 장기 공급계약으로 영업이 본 궤도에 올랐다. 영업이 안정되자 3년 후인 77년 12월 목포 공장 내 단열

벽돌공장이 준공된다. 다음해(78년) 주식을 상장, 기업공개를 한다. 1980년대 들어 기술개발과 경쟁력 강화에 힘쓴다. 81년 기술연구소를 설립했고 83년 82종에 달하는 전 생산품목이 KS규격 마크를 획득했다. 86년에는 광양공장을 준공, 순풍에 돛 단듯 잘나갔다. 1994년 11월 ISO(국제 표준화기구) 9002 인증을 획득했다. 드디어 국제적인 내화물 전문 기업으로 인정받은 것이다. 99년 8월 중국 영구광양내화재료 유한공사와 합자회사를 설립했으며 정부로부터 은탑산업훈장을 받는다.

2000년대 들어 해외로 눈을 돌려 본격적인 글로벌기업으로 성장한다. 중국 산서오목 광양 내산 내화재료유한공사 합자회사를 비롯해 2003년부터 2005년까지 중국 안산포항 특종내화재료 유한공사 합자, 중국 무한 포항 특종재료 유한공사 합자, 중국 장가항 포항 내화자료 유한공사 등을 잇따라 설립했다. 2008년 러시아에도 합자회사를 세운다. 국제경쟁력을 강화하면서 기업의 세계화와 미래지식 산업 개발에 나선 것이다. 주요 생산품은 특수고알루미자질 벽돌 등 정형내화물, 캐스터블 내화물, 스프레이제, 플라스틱 내화물, 부정형 내화물, 밸브용 내화물 등이다.

창업주는 기업이윤의 사회 환원과 지역인재양성을 양성을 위해 사재를 털었다. 1977년 성옥문화재단을 설립해 지금까지 4000여명 학생들에게 35억 원의 장학금을 지원했다. 1964년부터 1985년까지 21년 동안 목포상공회의소회장을 맡아 지역경제를 이끌었다. 경영일선에서 물러난 창업주는 1988년 차남인 고 이정일(李正一) 전 국회의원과 함께 지방일간지인 전남일보를 창간하기도 했다. 그는 국가 기간산업 발전에 기여한 공로로 국민훈장모란장을 받았다. 2008년에는 기업이윤의 사회 환원을 위해 노력한 정신을 평가받아 권위 있는 인촌상(제22회) 특별상을 받기도 했다. 장남인 이화일(李和一)이 99년부터 가업인 조선내화를 승계해 세계 굴지의 내화물 전문기업으로 도약하기 위해 노력하고 있다. (www.chosunref.co.kr)

– 이두석 –

중앙건설(中央建設)
– 최초로 아파트 건설한 혁신 도전 정신

중앙건설은 오래된 토건회사다. 2011년 창립 65년을 맞았다. 아파트를 짓고 도로와 교량을 건설한다. 요즘 세대는 이 회사를 잘 모른다. '환갑을 넘긴 장수회사'라고 해도 반응은 시큰둥하다. 하지만 수도 서울에 처음으로 아파트를 지은 회사라고 하면 관심을 보인다. 첫 고급아파트 '한남 하이츠'를 건설했다고 하면 "아, 그래요" 하면서 고개를 끄덕인다.

1946년 7월 15일 해방 다음 해, 중앙건설의 모태인 중앙산업이 설립됐다. 창업주는 자유당 정권 시절의 손꼽히는 기업인 조성철(趙性喆)이다. 서울 남대문 현 상공회의소 근처에 회사 사무실을 차렸다. 창업주는 전국 경제인 연합회 부회장(1961년)을 맡아 재계를 이끌기도 했다. 그 후 오랜 세월 동안 거친 세파 속에 부침을 계속하면서 중견 건설회사로 자리잡았다. 중앙산업은 1953년 6·25전쟁이 끝난 후 전후 복구 사업이 활발해지면서 국내 굴지의 건설회사로 성장했다. 자유당 정권 때 3년 연속 국내 건설업 도급순위 1위를 차지하기도 했다. 특히 58년 고려대학교와 인접한 돌산을 깬 부지에 국내 최초로 종암 아파트(4층 건물 3개동 152세대)를 건립해 이름을 날렸다.

이 토건 회사는 '처음'이 적지 않다. 60년대 들어 첫 아파트를 지어 주거혁신을 주도한 것을 비롯해 국내 최초로 원자력연구소 건설공사(61년), 서울역 플랫폼을 시공(60년)한다. 국내뿐 아니라 해외 건설 사업에도 맨 먼저 뛰어든다. 우리나라 최초 민간기업 단독으로 미국 영토인 쾀 도에서 주택과 하수도를 시공(68년)한다.

잘 나가던 사세가 70년대 들어 정치권력의 외풍으로 다소 위축된다. 잇따른 해외 수주공사 포기 때문이다. 국내 최초로 미국령 팔

서울 한남동에 건설한 첫 고급아파트 한남 하이츠

라우 군도의 주택 건축과 하수도 건설공사 시공(70년)으로 기세를 올렸다.

하지만 1972년 해외공사에 첫 시련이 닥쳤다. 권력 외풍에 의한 좌절이었다. 파푸아 뉴기니아 라무발전소 건설공사가 좌절된 것이 바로 그것이다. 최저가로 낙찰됐지만 당시 박정희 정부 개입으로 2위인 현대건설이 이 공사를 맡았다. 화불단행(禍不單行)이라 했던가. 다음 해(73년) 사우디의 레텍사와의 건설공사 입찰도 포기하지 않을 수 없었다. 정부 강압 탓이었다.

그러나 위기는 기회, 1980년 지병으로 쓰러진 부친(1981년 사망)을 대신해 기업을 맡은 2남 조규영은 중앙건설로 사명을 변경해 본격적으로 회사재기에 나섰다. 당시로는 고급아파트의 대명사인 '한남 하이츠' 아파트를 착공 분양(81년 565세대), 사세를 확장했다. 하지만 잘 나가던 회사가 또 시련을 겪는다. 이번에는 가업 승계 수업을 받던 2세 경영인이 유명 여배우와 스캔들에 말려들어 여론의 뭇매를 맞는다. 후유증으로 경영도 다소 위축된다.

당시 세상을 떠들썩하게 했던 신문 기사를 보자. 1984년 8월 21일자 동아일보는 톱 탤런트 정윤희(30)와 중앙건설 전무 조규영(趙奎英, 38)의 간통사건을 주요 사회면 기사로 다룬다. 유부남이었던 조 전무는 당시 부인

박 모씨(29)의 고소로 여배우 정윤희와 함께 서울 강남 경찰서에 구속된다. 구속 닷 세만에 조 전무 부인의 고소 취하로 풀려난 두 사람은 동거하다가 같은 해 12월 24일 서울 강남 목화예식장에서 정식 결혼했다. 이 사건은 당시 장안의 화제거리였다. 그런 만큼 회사 이미지에 적지 않은 영향을 끼쳤다. 자연 사세도 위축될 수밖에 없었다.

환갑을 훨씬 넘긴 중앙건설은 모 기업인 중앙산업을 별도로 두고 중앙제공(가구창호 제조), 중앙 하이츠(아파트 건설) 등 2개 계열사를 갖고 있다. 2009년 현재 중앙건설의 시공능력 평가 순위는 59위다. 1987년 외환위기 후 한때 워크아웃의 경영난을 겪었다. 그러나 좌절하지 않았다. 선대로부터 기업을 물러 받은 조규영체제로 진영을 갖추고 건설업 선두그룹에 도전하는 '제 2창업'을 서둘고 있다. 새로운 60년을 겨냥한 경영목표는 이렇다.

먼저 핵심 인재를 육성하고 기업 브랜드와 기업 가치를 높이는 것이다.

다음으로 신규 개발 사업에 역량을 집중하고 임직원들의 참여를 적극 유도하는 것이다. 고객만족과 윤리경영은 빼놓을 수 없는 약방의 감초다. 우수한 품질관리를 통한 고객만족은 유행가 후렴처럼 들린다. 부정부패 없는 투명경영, 정도경영도 그렇다.

특히 승부수는 살기 좋은 아파트를 지어 값싸게 분양하는 것이다. "자연과 더불어 자연 속에서 인간이 최신식 아파트에 거주할 수 있는 꿈을 실현 한다" 이것이 국내 최초 아파트 건설에서 최고 아파트의 정상을 차지하려는 조규영의 도전정신이다.

우리나라 최초로 민간기업 단독으로 괌 도에 주택건설을 했다

중앙산업의 장수 비결은 끊임없는 '무한 도전'이라고 한다. 조규영은 "중앙이 태어난 해방 직후, 아무것도 없었던 우리는 최초의 아파트 건설, 최초의 주택 브랜드 '하이츠' 도입 등 한발 앞서 한국의 건설 문화를 이끌어 왔다"고 자부하고 있다. (www.heights.co.kr) – 이두석 –

JW중외제약(中外製藥)

– 전문치료제 외길, 약다운 약만 만든다

"약다운 약만 만든다"

JW중외제약의 경영이념이다. 중외제약은 병원용 전문의약품, 특히 주사제 전문업체로서 명성을 쌓아 왔다. 약국에서 쉽게 구할 수 있는 대중의약품 생산은 많지 않다. 이런 외골수 경영 탓에 두 차례나 파산 위기를 맞았다. 그때마다 새로운 경영진을 수혈 받아 회생했다. 위기 이후 중외제약은 비로소 장수의 기틀을 다지게

종합감기약 화콜골드와 포도당 수액

됐다. '사람을 살리는 경영'이 빛을 보게 된 것이다.

출발은 해방 직전인 1945년 8월 8일이었다. 일본 쥬가이(中外)제약 경성지점공장의 경리담당 임용식(林容植, 1909~1979)은 일본인들에게 1만 5,000원을 지불하고 서울 충무로 3가 공장을 인수해 '조선중외제약소' 간판을 내걸었다. 일본의 패전이 기정사실화 되면서 이미 8월 초부터 일본인들의 철수가 시작된 탓이었다. 당시 생산 품목은 진통소염해열제(주사제) 한 품목이었다. 공장은 영세하기 짝이 없었으나 임용식은 한국인 직원

들과 함께 무리 없이 경영을 해 나갔다.

첫 번째 위기는 한국전쟁에서 비롯됐다. 전쟁 통에 잿더미가 된 공장은 재기불능 상태가 됐다. 1951년 가을 피난생활을 마치고 서울로 되돌아온 임용식은 옆 공장을 빌려서 제품 생산에 나섰다. 그러나 병원용 제품인 주사제는 이윤이 적었고, 시설과 자본 모두 부족해 경영은 갈수록 어려워졌다. 생각다 못한 임용식은 동향인 경기도 김포 출신의 이기석(李基石, 1910~1975)을 전무로 영입했다. 이기석은 일제시대 때 금융조합과 제약회사 경리로 일한 경험이 있어 금융에도 밝았고 주사제 시장 생리에도 훤했다. 1953년 중외제약은 자본금을 142만원으로 늘리고 회사 이름도 '대한중외제약주식회사' 로 바꾸고 충무로 공장 건물도 새로 지었다. 1982년 사명은 (주)중외제약으로 바뀌었고, 2007년 지주회사 중외홀딩스가 출범했다. 2011년에는 JW중외제약으로 CI를 변경했다.

중외제약은 현대적인 기업으로 새 출발했다. 주사제 전문 업체라는 사업 내용도 변함없이 이어갔다. 도약의 계기가 된 것은 수술환자에게 꼭 필요한 5% 포도당 수액의 국산화였다. 1959년에 내놓은 500ml와 1,000ml 용량의 수액 제품은 당시까지 미군용품에 의존하던 병원들의 숨통을 틔워줬다. 값이 싼 데다 품질도 뛰어나 선금을 받아가며 팔 정도로 인기였다. 중외제약은 국내 최고의 수액 전문업체로 자리를 굳혀갔다.

이기석은 수액제 공급을 늘리기 위해 1964년 하월곡동에 대규모 공장을 설립하고 사장에 취임했다. 한편으론 항생물질 생산을 위한 투자도 본격화했다. 그러나 새 공장에 대한 대대적인 투자는 당시 중외제약의 실력으로는 버거운 것이었다. 경쟁업체들의 수액제 시장 참여가 잇따르며 판매량도 곤두박질쳤다. 회사는 순식간에 존폐의 기로에 서게 됐다. 두 번째 위기였다. 이기석은 회사가 되살아날 가능성이 없다고 판단, 임원진이 모두 경영에서 손을 떼기로 했다. 공장 이전 불과 1년만의 일이었다. 이기석은 차남인 이종호(李宗鎬)를 기획실장으로 영입해 경영을 맡겼다.

서울 신대방동 JW중외제약 사옥

이종호는 동국대 졸업 후 삼락증권에 입사해 총무이사로 재직해 왔다. 아버지의 SOS를 받고 자리를 옮긴 이종호는 중외제약의 장부를 열어보고 깜짝 놀랐다. 부채의 95%가 사채인 데다, 이자가 월 5.5~6부에 이를 정도의 고리였다. 이종호는 대대적인 구조조정에 나섰다. 충무로 본사를 하월곡동으로 옮겨 몸집을 줄이고 경영혁신에 나섰다. 품질에 대한 자신감을 바탕으로 수액제 제값받기에 나서는 한편 공장에 성과급제를 도입해 생산량을 대폭 늘렸다. 운도 따랐다. 수액제 시장의 라이벌 회사 두 곳이 자금난으로 잇따라 문을 닫았다. 1972년의 사채동결조치로 이자 부담도 월 3부로 줄었다. 영업력을 재정비한 중외제약은 단숨에 국내 최대 수액제 업체가 됐다. 그러나 위기상황에서 완전히 벗어나기까지는 무려 10년이라는 세월이 필요했다.

재무구조가 어느 정도 안정되고 제품 판매도 순조로워지자 이종호는 수액제 일변도의 회사 구조를 바꾸기 위해 신종 의약품 개발에 나섰다. 1967년에 내놓은 쥐약 '후라킬'은 전국적인 쥐잡기 운동에 힘입어 큰 인기를 끌며 경영난 해소에 기여했다. 그러나 이기석 사장은 어느 날 아들을 불러 "쥐약 꼭 만들어야 되냐. 내가 병든 사람 고치는 약 만들라고 했지 쥐 잡는 약 만들라고 했냐."라고 한마디 했다. 잘 팔리던 쥐약 생산은 3년 만에 중단됐다.

1968년 말 중외제약은 새로운 항생제 리지노마이신의 특허를 획득했다. 이 제품은 당시 시장을 독점하던 값비싼 테라마이신을 순식간에 대체해 나갔다. 불과 1년 만에 항생제 시장 1위가 됐다. 리지노마이신은 중외제약의 오늘을 다지는 기반이 된 제품이다.

굵직굵직한 대중의약품도 잇따라 성공했다. 1972년에 내놓은 위궤양 치료제 '아루사루민'은 위장병이 많은 운전기사들의 입소문을 타고 히트상품이 됐다. 이어 빈혈치료제 '훼럼', 과민성대장증상이라는 생소한 질환에 대한 인식을 확산시킨 '듀스파타린', 조제 위주의 감기약 시장을 평정한 종합감기약 '화콜' 등을 잇따라 성공시켰다.

1975년 이기석 사장이 타계하자 이종호가 바톤을 이어받았다. 1980년대 들어서자 이종호는 연구개발 투자에 본격적으로 나섰다. 중앙연구소를 설립하고(1983년), 중외제약의 뿌리가 됐던 일본 쥬가이제약과 합작으로 C&C신약연구소를 설립했다(1992년). 선진 제약회사와의 합작투자로는 국내 최초였다.

3세의 경영참여도 순조롭게 진행됐다. 성균관대 약학과를 졸업한 이경하는 1986년부터 경영수업을 받았다. 현재 중외제약은 2세 이종호 회장과 3세 이경하 부회장이 함께 이끌고 있다.

두 차례의 큰 위기를 넘긴 중외제약은 국내 6위 제약업체로 올라섰다. 다른 제약업체와 달리 매출의 95%를 병원에 공급하는 전문의약품이 차지하고 있다. 특히 수액제는 국내 시장의 60%를 공급할 정도다. 1990년대 이후 신약 부문에 대한 연구개발 투자도 활발하다. 특히 항생제와 항암제 분야 신약 개발에 대한 기대가 크다. (www.jw-pharma.co.kr)   - 유규하 -

천일고속(天一高速)

- 조양상선의 뿌리…, 2.5세 경영 본격 가동

국내 최초의 운수업체, 국내 첫 고속버스 운행, 한때 20위권 재벌에 올랐던 조양상선 그룹의 모태….

국내 3대 고속버스 회사 중 하나인 천일고속의 화려한 역사를 엿볼 수 있는 대목이다. 1970~80년대 급부상했던 조양상선그룹은 1998년의 외환위기를 견디지 못하고 해체돼 버리는 비운을 맞았으나, 그룹의 산실이었던 천일고속은 예나 지금이나 변함없이 운행을 멈추지 않고 있다.

천일고속 설립자는 조양상선그룹 총수로 더 잘 알려진 박남규(朴南奎, 1920~2004) 회장이다. 경남 밀양의 가난한 농가에서 5남매 중 장남으로 태어난 박남규는 어려운 가정 형편 때문에 고향을 떠나 부산을 거쳐 일본으로 건너간다. 불과 14세의 소년 시절이었다. 고베(神戶)에 자리잡은 박남규는 온갖 고생을 다하며 장사 밑천을 마련하는데 전념했다. 3년 뒤 부산에 돌아올 때 그의 손에는 집 한 채를 살만한 돈이 쥐어져 있었다. 그 돈으로 일본군이 쓰던 군용 트럭을 한 대 사서 버스로 개조해 운수업을 시작했다. 이 때가 1937년, 17세의 박남규가 세운 회사는 천일운수상사였다.

당시 운행된 것은 낡아빠진 중고 버스 한 대밖에 없었지만 차가 워낙 귀하던 시절이어서 이 버스는 부산의 명물이 됐다. 해방 후에는 사회 혼란 속에 이사하는 집이 많은 데 착안해 1946년 천일정기화물을 설립했다. 곧이어 1949년, 지금의 천일고속의 뿌리가 된 천일여객자동차를 설립함으로써 본격적인 운수업체의 기틀을 다지게 된다. 6·25전쟁 덕도 봤다. 피난민들이 부산으로 대거 내려오는 바람에 손님이 크게 늘어 부산과 밀양, 마산 등 서부 경남 일대를 운행하며 큰돈을

천일고속에서 운행 중인 최신형 고속버스

벌었다. 당시 부산, 경남 지역의 유일한 시외버스 회사였던 천일여객자동차는 부산, 경남 사람이면 누구나 한번쯤 타보지 않은 사람이 없을 정도로 지역민들의 충실한 발이 됐다.

1950년대 말 박남규는 고려디젤을 설립해 자동차 엔진 수입에 나섰다. 당시 국내에선 디젤엔진 수요가 많았지만, 생산이 불가능하다는 데 착안했다. 그러나 엔진을 수입하려 해도 해상운송을 맡아 줄 배를 확보하기가 너무 어려웠다. 하는 사업마다 큰 성공을 거둔 그는 해상운송도 직접 하기로 결심한다.

해운사업의 첫 출발은 1961년 선박 2척으로 운영되던 이안상선의 인수였다. 박남규는 이 두 척의 배로 현해탄을 오가는 한일항로를 개척한다. 곧이어 조양상사를 설립해 무역업에 진출했고, 1963년에는 회사 이름을 조양상선으로 바꾸고 본격적으로 국제항로 개척에 나선다. 해운업에 나선 지 10년만인 1971년 조양상선은 어느덧 외항선 17척을 거느린 대형 선사가 돼 있었다. 곧 이어 극동 - 유럽 항로와 지중해 항로를 처음으로 개척해 세계적으로 주목 받는 해운사로 성장했다.

천일여객자동차는 1970년 경부고속도로 개통에 맞춰 서독 벤츠사로부터 40대의 고속버스를 한꺼번에 도입해 서울 - 대전 노선 운행을 시작했다. 천일정기화물도 그 사이 70대의 트럭과 175대의 트레일러 등 운반 장비를 갖

춘 대형 화물운송업체로 성장했다.

천일여객자동차의 운명이 뒤바뀐 계기는 다름 아닌 조양상선의 급성장이었다. 조양상선은 해운업 호황에 힘입어 1973년 제일생명보험을 인수해 재계를 깜짝 놀라게 하더니 1985년에는 진주햄까지 인수해 계열사를 대폭 늘렸다. 1974년 박남규는 함께 경영을 해 오던 형제들과의 분가에 나선다. 바로 아래 동생인 박남수(朴南守)에게 천일고속을, 막내 동생인 박남도(朴南度)에게는 천일정기화물을 각각 맡기고 자신은 조양상선 그룹 경영에 전념하게 된다. 법적으로 완전한 계열분리는 1982년에 이뤄진다.

그러나 잘 나가던 조양상선은 1992년 분식회계로 비자금을 조성한 혐의를 받으며 사세가 기울기 시작했다. 세계적 선사들과의 선대 대형화 경쟁에서 뒤처진 것도 문제였다. 자금력이 부족한 상태에서 투자를 계속하다보니 한계점에 이르렀다. 결국 외환위기가 닥치며 조양상선 그룹은 심각한 자금난을 겪게 된다. 1999년 그룹 내에서 가장 덩치가 큰 제일생명을 알리안츠에 매각하는 등 자구 노력을 폈으나 역부족이었다. 2001년 조양상선이 법정관리 및 파산 선고를 받으면서 사실상 그룹이 해체돼버렸다.

조양상선 그룹은 몰락했으나 그룹의 모체가 됐던 천일여객자동차는 흔들리지 않았다. 일찌감치 계열 분리가 된 때문이었다. 1976년에는 천일여객자동차에서 천일여객을 분리했다. 천일여객자동차는 고속버스 사업을 전담하고, 새로 설립한 천일여객은 부산, 경남 지역을 중심으로 한 시외버스 운행을 맡기는 등 전문화를 위한 조치였다. 천일여객자동차는 1983년 천일고속으로 회사 이름을 바꾼다. 운수 사업을 넘겨받은 박남수는 천일여객 그룹을 부산을 대표하는 운수 전문 기업으로 키워 나갔다. 1980~90년대 부산, 경남 지역 곳곳에 터미널을 확보하고 자동차정비 사업에도 진출했다.

1991년 박남수는 천일여객 그룹 경영권을 장남 박재상에게 넘긴다. 창업주 박남규부터 따지면 2.5세 경영인인 셈이다. 새 대표를 맡은 박재상은 새로운 변신을 모색한다. 중고차와 수입 자동차, 환경, 유통에 이르기까지 차

근차근 사업 범위를 넓혔다.

2009년 천일고속 그룹은 또 한 차례의 분가를 한다. 고속버스 업체인 천일고속의 분리 독립이다. 박재상은 오랫동안 경영을 함께 해 온 동생 박재명에게 천일고속을 넘기고 자신은 시외버스와 유통중심의 11개 계열사로 이뤄진 천일여객 그룹에 전념키로 했다. 이미 회사경영에 참여하고 있는 3세들을 고려한 조치였다. 1970년대 선대 형제간의 분가에 이어 이뤄진 2차 분가였다. 천일고속은 현재 35개 노선에 181대의 고속버스를 운행하고 있다. 국내 고속버스 시장의 9%를 차지하고 있다.

천일고속은 창업 이래 줄곧 철저한 가족 중심 경영을 해오고 있다. 일사불란한 의사결정이 가능한 구조이다. 그러다 보니 기업 경영 외의 대외 활동에는 소극적이다. 사업 분야도 단순하다. 비록 조양상선이 해체되기는 했지만, 운송 외길을 걸어왔다. 신규 사업 진출이 활발하지도 않고, 그나마 새로 벌이는 사업은 대부분 기존 비즈니스와 관련된 분야다.

길이 아니면 가지 않고, 속도보다는 안전운행 우선의 경영이다. 연륜에 비해 규모는 작지만 탄탄한 모습을 갖추게 된 까닭이다.

(www.chunilexpress.com)   - 유규하 -

크라운제과(製菓)

– 과자는 기술이 아니라 마음으로 만들어야 한다

1947년 제과시장의 인기품목 크라운산도

내수침체기에 부도 업체가 살아나 탄탄한 수익구조를 갖춘 기업으로 변신하긴 어렵다. 그런 상황에서 부도를 맞아 화의 상태에 이르고도 3년 만에 오뚝이처럼 일어서 우량기업으로 탈바꿈한 기업이 크라운제과다.

1947년 창업자인 윤태현(尹台鉉)은 서울역 뒤편 허름한 공장에 영일당 제과를 열고 비스킷류를 만들어 팔았다. 인기품목은 크라운산도. 전후 불모지나 다름없던 제과 시장에서 이 비스킷은 불티나게 팔려 국민 1인당 연간 50개를 소비할 정도였다. 크라운산도가 유명세를 타자 영일당은 1956년 상호를 크라운제과로 변경한다. 1968년에는 주식회사인 크라운제과(주)로 바꾸고 전국판매조직을 직영화한 뒤 1976년에 기업을 공개했다. 당시 자본금은 7억원. 이어 87년까지는 본사 사옥과 안양, 진천, 경산 등지에 공장을 세우고 91년에 광주공장을 준공하는 등 계속해서 사업장을 늘렸다. 1988년에는 크라운엔지니어링(주)·크라운스낵(주)·크라운베이커리 등의 계열사를 세우는 등 사세 확장에도 나섰다.

영토 확장을 거듭하던 이 회사도 IMF 위기를 맞아 곤경에 처한다. 부도를 맞은 크라운은 1998년 1월 화의신청에 들어가 7월 화의개시 인가를 받았으며, 2001년 4월에는 법원으로부터 해산 판결을 받지만 다음해인 2002년 5월 해산판결 취소결정을 받는다. 그야말로 3년 동안 저승 문턱에 이르렀다 기사회생한 것이다. 그런 회사가 회생 3년 만에 자신보다 덩치가 큰 해태제과(당시 제과업체 2위)를 인수해 세상을 놀라게 했다. 해태 또한 부도를 맞아 회생을 시도하다 끝내 무너진 상태였다.

이런 재활의 신화를 이뤄 크라운을 위기에서 건진 이가 크라운-해태제과 윤영달(尹泳達)이다. 그가 크라운을 살리기 위해 내린 처방은 소통의 경영이었다. 조직원간의 소통을 소중히 여긴 리더십이 위기의 장수기업을 살린 원동력이 됐다. 1968년 물리학 전공으로 연세대를 졸업한 청년 윤영달은 크라운에 입사해 부친을 도우며 경영수업을 쌓았다. 그는 많은 아이디어를 제공했는데 특히 도매상을 거치는 유통체계를 직영체계로 바꿔 수입과자와의 경쟁력을 강화한다. 그러던 그가 1980년 돌연 크라운제과를 나와 자신만의 사업체를 차려 독립한다. 그리고 15년간 자동포장기계공장, 자동차 부품, 주물공장 등을 운영하나 실패를 거듭하는 방황기를 맞는다. 그러다 1995년 부친의 부름으로 회사로 복귀해 사장직을 맡는다. 밖에서 방황한 고난의 경험들은 훗날 위기의 회사를 살리고 키우는 밑거름이 됐다.

윤영달은 1998년 크라운제과가 위기를 맞자 구성원 사이에 신뢰를 회복하고 의사소통을 원활히 할 방안을 찾는다. 화의신청에 들어갔을 때 그가 제일 먼저 한 일은 등산. 당시 그가 등산을 시작한 것은 내실보다 몸집 부풀리기에 치중했던 경영 실패를 임직원들과 함께 허심탄회하게 곱씹어 보기 위해서였다고 한다. 이렇게 해서 임직원들과 함께 하는 등산이 시작됐다. 처음에 일부 임직원이

2010년 현재의 사옥

참여하던 등산은 주말마다 전 직원이 함께 참여하여 지금은 임직원이 함께 회사 당면 현안과 과제를 논의하고 최고경영자의 고민을 함께 토론하는 소통의 광장으로 자리매김했다. 임직원은 등산을 계기로 부서·직급 별 워크숍을 통해 의사소통을 원활히 했다. 비공식 자리에서의 소통은 조직 구성원이 서로 기대와 역할을 구체적으로 지시하거나 요구하지 않아도 자연히 알 수 있게 한다는 장점이 있다. 윤영달은 이런 자리에서 경영 아이디어를 채택하곤 하는데 그 중 하나가 크로스 마케팅이다.

아마존 닷컴이 1996년 처음 시작한 이 마케팅은 비용이 적게 들면서 효과는 탁월해 주목을 받는 제휴 마케팅이다. 그는 제과 업종 특성을 반영한 크로스 마케팅을 창안, 설비가 없어 생산하지 못한 제품을 생산 설비에 여유가 있는 제휴 업체가 대행 생산케 하거나 제휴 업체의 제품을 자사 브랜드로 판매하는 전략을 구사한 것이다. 그 결과 일본·타이완·중국 업체와의 제휴에 이어 호주·스페인·이탈리아 업체와의 제휴도 추진하고 있다. 크라운은 이미 타이완 제과업계 1위인 이메이(I-MEI)와 제휴를 통해 타이완 시장에 제품을 수출하고 있다.

국내 굴지의 제과업체 2개를 거느린 크라운-해태회장 윤영달은 '위기 극복 방안' 보다 '위기 대비 자세'를 강조한다. 위기 경영의 요체는 경제 환경이나 시장 여건에 따라 자원 운용과 프로그램을 달리 시행하는 것이 중요하지만, 더 중요한 것은 조직원들의 의식과 능력이라는 게 그의 지론이다. 그가 항시 임직원의 지력, 체력, 감성을 높이는 방안을 모색하는 것은 이 때문이다. 창립 63년의 크라운제과가 글로벌 기업으로 성장하는 동력을 임직원의 능력과 열성에서 찾고 있다. 소통의 경영. 이것이야 말로 이 기업의 장수 비결이다. "과자는 기술이 아니라 마음으로 만들어야 한다"는 슬로건을 내건 크라운-해태제과의 매출은 2009년 처음으로 1조원을 돌파해 1조 200억 원을 기록했고 2010년 상반기에도 6000억을 기록하며 동업계 1위 롯데를 맹추격하고 있다. (www.crown.co.kr)　　　　　　　　　　－ 박영규 －

탐구당(探求堂)

– 양서 출판 65년, 꼭 필요한 책만 낸다

탐구당은 오래된 출판사다. 해방공간인 1945
년 11월 1일 창립된 후 오로지 양서 출판의 외길
을 지켰다. '돈 안 되는 책'이지만 '꼭 필요한
책'을 만들어 낸 흔치 않은 출판사로 손꼽힌다.

"한권의 책을 만들기까지는 수많은 사람들과
시간이 필요하다. 탐구당의 책들은 그러한 과정
으로 축적된 지식의 열매다. 소중한 지식을 여러
사람들과, 그 지식을 사랑하고 갈구 하는 사람들
과 함께 하기 위해 탐구당은 오늘도 땀 흘리고
있다"

한눈 팔지 않고 양서 출판 외길을 달린 탐구당
의 이런 소신에는 긴 역사가 있다. 창업주 홍석

탐구당이 펴낸 『조선왕조실록』
과 『세계음악사전』

우(洪錫禹, 1919년생)는 1947년 세워진 대한 출판문화협회 창립회원이
된다. 그는 1950년 우리나라 최초의 문교부 검인정 교과서를 발행한 산파
역을 맡는다. 첫 문교부 검인정 교과서는 예컨대 『지리』(저자 노도양), 『세
계사』(이해남), 『영어』(고광민), 『공민』(최재한, 이상선)등이다. 이를 계기
로 52년 대한 검인정 교과서주식회사 창립회원이 된다. 6 · 25전란 속에서

도 교과서를 만드는 회사를 차릴 정도로 강한 집념을 지녔다는 말이다.

1960년대 들어 그런 집념으로 문고판인 '탐구신서'를 간행한다. 현존하는 문고 중 가장 오랜 역사를 지녔다. 탐구당의 대표 서적의 하나이며 간판이기도 하다. 탐구당 출판물 가운데 이문은 별로지만 꾸준히 팔리는 스테디셀러로 자리잡은 지 오래된다.

'탐구신서' 간행 다음해인 65년에 『조선왕조실록』을 비롯해 『한국사료총서』, 『승정원일기』 등을 영인 반포해 국학 연구 자료로 보급했다. 『조선왕조실록』 전 49권은 탐구당이 손꼽는 간판 서적이다. 세계에서 유례를 찾아볼 수 없는 방대한 민족문화 정사(正史)로 자리매김한다.

국보 151호로 지정된 『조선왕조실록』(전 49권)은 조선 태조로부터 철종까지, 『고종 순종실록』(전 4권)은 조선왕조실록을 잇는 정사다. 1392년부터 1908년까지 실로 535년 동안 우리나라 근세기의 유일한 종합 정사로서역사는 물론 정치, 경제, 법률, 문학, 외교, 군사, 산업, 교통, 통신, 의료, 지지(地誌), 민속, 공예, 미술, 종교, 인물을 총 망라한 한 내용으로 평가된다.

더구나 현존 유일 본인 태백산사고분과 정족산사고분에 명확 상세한 구둣점을 찍어 반변역의 효과를 얻었다. 쉽게 해독할 수 있게 배려해 실용가치를 높였다는 말이다. 완질(完帙), 축쇄(縮刷), 영인판(影印版)이다. 『승정원(承政院)일기』(전 126권)도 마찬가지다. 조선 시대 승정원에서 날마다 취급한 문서와 사건 등 국가기밀을 기록한 방대한 기본사료로 평가된다. 인조 원년(1623년)부터 순종 4년(1910년)까지 288년간의 정치, 경제, 사회, 문화, 외교 등 모든 분야을 망라하고 있다.

이 같은 역사적인 저서를 출간한 다음해인 66년부터 탐구당은 상복이 터진다. 한국 출판문화상저작상(『한국의학사』, 『한국의학사 연표』)과 한국출판제작상을 받는다. 75년 한국 출판문화저작상(『고인쇄기술사』)와 제작상(『혜원전시첩』)을 받는다. 77년에는 월봉저작상(『서양사 총론』, 『르네상스의 사회와 사상』)를 수상한다.

잇단 수상에 힘입어 탐구당은 양서 출판에 매달린다. 이탈리아 몬다도리, 일본 고단샤(講談社)와 제휴해 『세계의 대미술관』(전 15권)을 발행했다. 1980년대 들어 국사편찬위원회가 편집한 『한국사』(전 25권)을 완간 반포한다. 82년 서울대학교 독문학과와 제휴해 국내 최초로 『독어독문학 연구 교재시리즈』를 발행했다. 83년에는 프랑스 문화원의 후원으로 『끄세즈 문고』의 변역권을 얻어 연차적으로 이 문고판 발간에 착수한다. 『국제 아동판 세계의 명작 시리즈』(전 20권, 이탈리아 몬다도리사 제휴)도 발간한다. 영어 영문학회와 손잡고 『영미 영문 주석본 총서』를 발행했다.

1900년대 들어 탐구당은 대표서적을 잇달아 발간한다. 퇴계(退溪) 이황(李滉)의 심오한 심성철리가 담긴 『사문수간』(師問手簡)을 비롯해 『패림』(稗林, 전 10권), 비문 체문 등 한시작법 연구의 기본 자료인 『시해운주』, 『세계음악사전』 등이다.

이들 서적 중 98년 발간한 『세계음악사전』은 주목할 만하다. 이 사전은 프랑스 라루스사의 음악사전을 번역한 것이다. 모든 시대와 나라의 음악에 대한 정보와 그 분석을 기록한 것으로 내용도 알찬 편이고 양(총 2,020페이지)도 방대하다. 사전 내용은 특히 그렇다. 고전음악에서 현대음악에 이르기까지 전 항목에 최신 정보를 포함해 모두 8000개 항목을 해설했다. 주요작품을 독립항목으로 설정, 해설해 종합음악사전으로 갖추어야 할 요건을 챙겼다.

몇 년 전 작고한 창업주 홍석우는 누구보다 책을 사랑한 출판인이었다. 1945년 같은 해에 설립된 을유문화사 창업주 정진숙이 작고하기 전 발간한 자서전(2008년)에서 밝힌 '책 사랑 정신'을 지녔다는 말이다. 이 정신이 척박한 출판 경영의 어려움을 이겨낸 장수비결이기도 하다. 서울 용산구 한강로에 자리잡은 탐구당은 창업주의 조카 홍정수(洪鉦洙)가 이끌어 가고 있다. (www.tamgudang.co.kr)   - 이두석 -

평안 (平安) L&C

– 법정관리 거치면서도 3대를 잇는 외길

'독립문표 메리야스' 로 우리 국민에게 친숙했던 평안섬유공업주식회사 (서울 동대문구 휘경2동 281번지)는 독립운동가요 교육자인 김항복(金恒福)이 그의 제자 김화진(金化鎭)과 공동으로 설립해서 오늘날까지 64년 동안 3대에 걸쳐 꾸준히 발전을 거듭하고 있는 기업이다.

창업자 김항복은 1900년 평안북도 정주 출신으로 일본 와세다대학을 졸업하고 조만식 선생의 뜻에 따라 숭실전문학교 교수, 숭인상업학교 설립교장을 비롯해서 12년간 교육 일선에서 일제치하의 국민교육에 기여했다. 동경 2·8독립선언에 참여했으며, 독립운동 단체 '수양동우회' 활동으로 도산 안창호 선생과 함께 서대문 형무소에서 4년간 옥고를 치르기도 했다.

1947년 서울 서초동에 대성섬유공업사를 설립, 메리야스 사업을 시작했으며, 1961년 평안섬유공업으로 개명했다. 상표를 '독립문표' 로 한 것은 창업자가 서대문 형무소 옥살이를 들고 날 때 감회 깊게 바라본 독립문의 인상에서 연유된 것으로 알려졌다.

김항복은 60년대 말까지 경영 일선에서 활동하며 국내 내의와 티셔츠 시장을 주도했고, 주한미군 납품과 스웨덴, 네덜란드, 이스라엘, 멕시코, 일본, 미국 등 많은 해외 판로를 개척했다. 메리야스공업전국연합회와 보세가공협회의 창설을 주도해 한국 섬유기업의 선구자 역할도 했다. 1973년에는 일본 미쯔이, 이도쯔, 야마무라 등과 기술지도 계약을 맺고 일본에 제품을 수출했다. 창업주의 아들 김세훈(金世勳)이 2세 사장에 취임한 것은 1974년 1월. 김세훈은 해병대 장병으로 한국전쟁에 참전했고, 서울대학교 법과대학을 졸업한 뒤 서울고등학교 교사로 재직하다가 1962년 평안섬유에 상무이사로 입사했으므로 사장이 되기까지 12년 동안 회사 경영실무를 익혀 온 셈이다.

일제 치하 독립운동가와 교육자들에 의해 설립된 '독립문표의 PAT' 메리야스광고

70년대 들어 늘어나는 수출 물량을 위해 춘천과 인천에 추가 공장을 건설했고, 1971년에는 독립문표 내의 이외에 'PAT(평안 택스타일의 약자)'라는 상표로 티셔츠 사업에 진출하면서 국내 최초로 전문 대리점 체제를 도입했다. 1975년에는 증권거래소에 공모 방식으로 주식을 상장해 기업을 공개했다.

이 회사의 70년대 연평균 성장률은 80%를 넘고 있었다. 1977년에는 중앙일보사의 '85타임캡슐'에 들어가는 의류로 유일하게 평안섬유 제품이 선택됐다. 독립문표 메리야스는 2세 사장이 취임한 뒤 한때 국내 의류시장의 70%까지 점유하고, 국내 매출의 4배가 넘는 1000만 달러 수출 기록을 세울 정도로 급성장 했다.

그러나 70년대 말 박정희 대통령 시해사건 등 정치적 불안과 제2차 석유파동으로 인한 국제 경제사정의 악화로 경영이 어렵게 돼 1980년 부도 일보 직전 법정관리에 들어갔다. 과잉 투자에 전반적인 경기 침체로 판매 경쟁이 심해 원가 이하의 투매전이 벌어진데다가 세계적인 경기 침체로 인한 수출의 부진, 품질의 저하, 경영진 간의 불화 등이 원인이었다. 법원은 회사 재산보전처분결정을 내렸다.

평안섬유는 회사 정리절차에 따라 1990년까지 법정관리 기간 동안 회사 경영을 완전 정상화시킨다는 목표아래 최선을 다했다. 제조 중심의 사업기반을 디자인과 마케팅 중심 전문기업으로 전환하고, 타운 캐주얼과 스포츠, 아동복, 골프웨어 등 다양한 상품을 개발하면서 정상화 노력을 기울인 결과 1998년 법정관리를 벗어날 수 있었다. 정상화 노력을 저돌적으로 추진한다는 결의의 상징으로 1987년 코뿔소 도형을 상표로 등록했다.

평안섬유는 특히 원사와 원단에서 두 번 염색해 광택이 마치 실크와 같은 느낌이 나도록 가공하는 머서라이징 기술을 1984년에 개발했고, 한 올의 실에 여러 가지 색상을 내는 스페이스 다양 기술은 1990년에 이탈리아보다 앞서 개발해 업계를 놀라게 했다. 이 회사 제품의 평판이 좋은 이유 중의 하나가 이 특출한 염색기술에 있는 것이다.

지금의 3세 대표이사 김형섭은 1989년 입사 후 무역부장과 내수 담당이사를 거쳐 2000년 사장에 취임했다. 그는 법정관리에 들어갔던 회사를 흑자로 전환시켜 법정관리에서 벗어나게 했고, 회사의 상징 마크를 독립문에서 코뿔소로 바꾸고, 패션연구소를 설립하여 패션과학을 실천하면서 MODAL원단 등을 개발했다. 안성물류센터도 설립했다.

2005년에는 이탈리아 아웃도어 브랜드 '네파'(NEPA)의 주식 51%를 인수하여 세계적 브랜드로서의 기반을 마련했다. 2006년에는 한국 소비자

세계적 아웃도어 브랜드 네파의 주식 인수를 계기로 설립한 중국법인

신뢰기업 대상을 수상하고, 북경에 중국 법인을 설립, 본격적인 해외 시장 개척에 나섰다. 2009년 6월에는 일본 스노피크사와 사업협력 조인식을 갖고 아웃도어 의류와 캠핑용품에 대한 공동 사업을 전개했다. 같은 해 코리아패션대상

국무총리상을 수상했다.

평안섬유는 글로벌 기업으로의 도약과 성장을 위해 1910년 4월 상호를 평안L&C주식회사로 바꿨다. L&C는 Lifestyle & Culture의 약자로 고객의 라이프 스타일과 문화를 창조하는 것을 기업의 핵심 가치로 하겠다는 뜻을 담은 것이다. 증권시장으로의 복귀를 준비하고 있다.

평안섬유는 2008년 매출액이 1,658억원으로 전년보다 428억원이 증가했으며, 영업이익은 매출의 11.5%인 190억원이었다. 한국신용평가원은 2009년 이 회사가 경영이 안정적(BBB)이며, 경영진도 대부분 이 업계에서 오랜 경력을 가진 임원들로 구성돼 있어 전문성도 양호하다고 진단했다.

창업 회장 김항복이 메리야스 사업을 시작하면서 사원들에게 당부한 말이 전해 내려오고 있다.

"마음은 정직하고 순결하게, 물자는 아끼고 활용하자, 작업은 빠르고 정밀하게, 전원은 뭉치고 협력하자"는 당부가 64년이 지난 지금도 사훈으로 살아 있어 평안섬유, 지금은 평안L&C의 3대째 가업이 일류기업으로 번창하는 정신적 원동력이 되고 있다. (www.pat.co.kr)　　　　－노계원－

하이트맥주

– 각고 30년 1위 탈환한 조선맥주의 도약

크라운맥주의 신상품 하이트의 돌풍이 동양맥주 OB가 누려온 30년 동안의 아성을 무너뜨린 건 1996년 주류업계의 큰 사건이었다. 조선맥주의 그해 상반기 매출이 전년도 같은 기간에 비해 21.5% 늘어난 1,941억원을 기록한 반면, 맥주시장의 '황제'로 군림해온 OB는 이보다 174억원이 적은 1,767억원에 그친 것이다. 이로써 당시 맥주업계 1위 논쟁은 조선맥주의 승리로 결판났다.

조선, 동양 두 맥주회사는 반세기가 넘도록 1위 자리를 놓고 경쟁해온 라이벌 기업으로, 58년 이후 줄곧 조선맥주가 업계 1위를 해왔으나 66년 경영난으로 회사가 은행관리로 넘어가면서 만년 2위로 주저앉았다. 30년 가까이 절치부심하던 조선맥주는 1993년 출시한 하이트맥주가 일으킨 돌풍으로 극적인 역전승을 이룬 것이다.

조선맥주주식회사가 설립된 것은 일제식민통치가 한창이던 1933년. 제국주의 일본의 기업들이 대륙석권의 꿈을 실현하기 위해 우선 조선의 상권을 휘어잡던 때였다. 그해 3월 대일본맥주주식회사(뒤에 아사히맥주와 삿포로맥주로 분리)

하이트 캔맥주와 병맥주

가 경기도 시흥군 영등포읍에 조선맥주주식회사를 설립했다(동양맥주는 같은 해 12월). 대부분의 경영진은 일본인이었으나 총독부 지시로 한국인으로 민대식, 박영철, 한상용 등 당시 갑부들이 경영에 형식적으로 참여했다. 광복으로 일인들이 물러난 뒤 민대식의 손자 민덕기(閔德基)가 이 회사의 관리인으로 있다가, 52년 6월 정부로부터 공장시설을 불하받아 민영화된 조선맥주가 탄생한 것이다.

전쟁의 상처를 회복한 조선맥주는 54년 국내 최초로 주한미군에 맥주를 군납하는 등 사세를 다져갔으나, 동업 동양맥주와의 판매경쟁에서 자본과 전략이 미치지 못해 사양길을 걷다가, 58년 말에는 부실기업 선고를 받고 서울사세청 관리 아래 들어갔고, 다시 한일은행 관리로 넘어갔다. 모든 부채를 청산하고 경영권을 회복한 것은 65년 7월. 다시 사장에 취임한 민덕기는 회사재정을 다지기 위해 당시 대유증권 사장이며 개성 재벌로 소문난 이준영(李俊永)을 자본주로 끌어들였으나, 경영불화로 결국 부산의 대선주조 일가인 박경규(朴敬奎)에게 회사를 넘겼다. 박경규가 조선맥주를 인수한지 1년 7개월만인 68년 3월 갑자기 사망하면서 이른바 '크라운유산분쟁'이 일어난 것이다.

68년 4월 박경규의 생질 이상고(李相高)가 후임 사장으로 선출되자, 작고한 박 사장의 실형인 박경복(朴敬福)의 주도로 고 박사장의 미망인과 4자녀들에게 상속된 주식의 배분이 불공평하다는 이유로 주주권확인소송을 제기했다. 이유는 4자녀에게 상속된 주식보다 박사장의 미망인 전백수(田伯守)에게 상속된 지분이 훨씬 더 많다는 것이었다. 이 근친 간의 송사는 그해 9월 서울민사지법이 자녀들에게 추가상속을 명하고, 이것을 미망인이 승복하는 것으로 제1막은 끝났다. 이후 이상고 사장이 퇴임하고 박경복이 사장에 취임하면서 다시 제2막이 올랐다.

박 사장은 다시 계수 전백수와 그의 4자녀를 상대로, 작고한 그의 형 박경규가 조선맥주 사장으로 재직시 부실경영으로 회사에 끼친 6억 3천여만

원의 손해를 배상하라고 69년 5월 소송을 제기했다. 조선맥주 임시주총은 박 사장을 즉각 해임, 작고한 박경규 사장의 장남인 20대의 박문진(朴文辰)을 사장으로 선임하고 소송도 취하했다. 퇴임했던 박경복은 사재를 털고 외부자금을 동원, 그해 12월 조선맥주 주식 20만주를 모두 인수하여 다시 사장에 취임함으로써 근친간의 송사는 막을 내렸다. 대주주들의 분란에도 불구하고 사원들의 노력으로 맥주업계 2위 자리를 견지해 오던 조선맥주는 1993년 하이트맥주를 개발 시판에 들어가면서 일대 전환점을 맞은 것이다.

조선맥주는 92년 새로운 결의와 각오로 마케팅부를 신설하고, 3년 안에 차별화된 제품을 만들지 못하면 경쟁에 승산이 없다는 위기의식으로 배수진을 치고 신제품 개발에 나섰다. 우선 맥주의 성분 가운데 90% 이상이 물이라는 점에 착안, 소백산 지하 150m 암반층에서 뽑아 올린 천연 지하수로 만들었음을 광고의 중심 테마로 잡았다. 당시 낙동강 페놀유출사건으로

하이트 맥주 광고

식수공포에 짓눌려있던 국민들에게는 무공해 청정수로 만들었다는 하이트의 광고가 경쟁업체에 치명상을 입히는 내용이었다. 맥주맛의 차별화를 위해 기존의 병맥주가 살균 후 병에 담아 신선도가 떨어지는 점에 착안, 열처리 없이 효모를 필터로 걸러내 병입하는 방법(마이크로세라믹 필터링 공법)을 적용함으로써 알콜농도 4.5%의 고품질 확보에 성공했다.

이 밖에도 특수잉크로 인쇄된 온도 기억 인디케이터를 국내 최초로 도입, 맥주맛이 가장 좋은 온도 섭씨 12도가 되면 색이 변하게 한 '온도계가 달린 맥주'라는 이미지도 소비자의 관심을 끌기에 충분했다. 여기에 그치지 않

고 박경복이 직접 광고에 나서 신뢰성을 높이는 데 일조를 했고, 당시 최고 인기배우 배용준을 광고에 등장시킨 것도 판촉에 크게 도움이 됐다.

시음 결과 품질에 자신감이 생기자 고가정책이 바람직하다는 결론에 따라 가격을 기존제품보다 20% 비싸게 책정했다. 이어 전 직원을 동원, 시장개발팀을 만들어 백화점과 편의점, 슈퍼를 가리지 않고 하이트맥주 판촉에 투입했다. 이러한 전력투구의 판촉전이 하이트맥주를 성공으로 이끈 것이다. 하이트맥주는 시판 5년째인 98년 시장 점유율 50%에 육박했다. 이해 조선맥주주식회사라는 상호와 크라운맥주라는 브랜드는 폐기, 하이트맥주로 단일화 됐다. 하이트맥주는 외환위기를 계기로 98년 덴마크 칼스버그로부터 4,500만달러를 차입하면서 주식지분 16%를 배분, 칼스버그는 제2의 대주주로 부상했다. 이어서 미국계 투자회사 캐피탈그룹에 전환사채를 주고 3,000만 달러를 도입했다. 2008년에는 하이트맥주를 지주회사로 전환, 하이트홀딩스를 설립했다.

하이트맥주는 박경규, 박경복을 거쳐 87년 3월 박경복의 아들 박문효가 대표이사로 선임되면서 경영권이 2세로 넘어갔다. 이어 91년 그의 아우 박문덕이 대표이사 사장으로, 그리고 2007년 그가 회장으로 자리를 옮기면서는 조선맥주시절부터 이 회사에서 잔뼈가 굵은 김지현(金知鉉)을 관리 · 영업담당사장으로 임명함으로써 전문경영인 체제를 갖추게 됐다.

(www.thehite.com) — 노계원 —

현대건설(現代建設)

– 왕자의 난, 채권단 관리 거쳐도 그 명성 그대로

　환갑을 넘긴 현대건설이 10여년간의 방황을 끝내고 옛 주인 품에 돌아갔다. 외환은행, 정책금융공사, 우리은행 등의 채권단은 2010년 11월 현대건설을 매각키로 하고 현정은(창업주 정주영의 5남 정몽헌의 처)이 이끄는 현대그룹을 인수 우선협상 대상자로, 정몽구(정주영의 2남)의 현대차 그룹을 예비협상 대상자로 결정함으로써 새 주인이 금방 나타날 것처럼 보였다. 그러나 호사다마라 할까 일이 묘하게 꼬여 해를 넘겼다. 현대그룹의 현대건설 인수대금이 문제가 되어 현대차그룹이 2011년 4월 1일자로 정식 인수했다.

　현대건설의 시작은 창업자 정주영(鄭周永)이 1947년 5월에 설립한 현대토건사부터다. 정주영은 1950년 현대토건사와 1946년에 발족한 현대자동차공업사를 합병하여 현대건설로 이름을 바꾸었다. 6·25는 현대건설에게 날개를 달아주었다. 정주영의 뚝심과 당시 미군의 군속으로 근무하던 영어가 유창한 동생 정인영이 합작, 미군 공사는 현대건설이 독차지하다시피 했다.

1947년 현대토건 임직원들의 모습

1950년 12월 아이젠하워 미대통령 당선자가 방한했을 때의 그의 숙소 해결(운현궁 숙소의 난방문제와 수세식 화장실 건조)과 부산 유엔군 묘지 단장 공사(묘지 주변을 잔디가 아닌 보리밭으로 단장)등은 정주영의 기발한 아이디어와 뚝심, 그리고 그의 리더십을 이야기할 때 빼놓을 수 없는 일화 중의 하나이다.

정부 수립 이후에도 현대건설의 독주는 거침이 없었다. 6·25 이후의 전후 복구공사에서 한강 인도교 공사를 따내는 등 '건설 5인방'(대동건설, 현대건설, 대림산업, 극동건설, 중앙산업)으로써 맹활약했고, 서울의 강남 붐이 한창일 때는 '강남 5인방'(현대건설, 한신공영, 우성건설, 한양, 삼호)으로, 기술력이 강조되고 있는 최근엔 '건설 기술 5인방'(대우건설, 삼성물산, 현대건설, GS건설, 대림산업)으로서 그 명성을 그대로 지키고 있다.

현대건설의 승승장구 기세는 70년대의 중동 붐을 계기로 그 절정을 이룬다. 특히 1976년의 9억 3000만 달러짜리 사우디 아라비아 주베일 산업항 공사를 따낼 때의 과정은 지금까지도 건설업계의 전설로 회자되고 있다. 주베일 항 공사는 수심 30미터 바다에 길이 3.6킬로미터의 30만 톤 급 유조선 4대를 동시 접안시킬 수 있는 시설이다. 이 공사를 진행하면서 정주영은 기상천외한 아이디어를 짜낸다. 현장에서 만들어져야 할 가로 18미터, 세로 20미터, 높이 36미터의 10층 빌딩 크기의 구조물을 울산항에서 건조, 이들 구조물을 3개씩 묶어 뗏목 같은 바지선에 싣고 주베일 항까지 끌고 가는 해상운송법을 고안해 낸 것이다. 공사비를 줄이고 공기를 단축하기 위해서임은 두말할 나위 없다. 작전은 성공하여

1997년 현대 창립 50주년 기념식에서 정주영(가운데)의 모습

19번이나 운반했으나 한번도 태풍을 만나지 않는 등 억세게 좋은 운도 따라주었다는 후문이었다. 이 공사는 현대그룹을 재벌 랭킹 1위로 끌어 올리는 결정적 계기가 되기도 했다. 또한 첨단 시방서에 따른 공사 경험을 통해 현대건설의 기술력도 함께 신장하여 현대건설은 국내 뿐만 아니라 세계 건설업계의 스타로 발돋움했다.

화무십일홍(花無十日紅)이라 했던가. 그렇게 잘 나가던 현대건설도 창업 반세기 만에 일대 위기를 맞는다. 현대그룹은 IMF 경제위기 이후 구조조정 과정에서 창업주 정주영이 노환 등의 이유도 겹쳐 일선에서 후퇴하고 정몽구(鄭夢九), 정몽헌(鄭夢憲) 형제의 불안한 투톱 공동회장제로 운영됐다. 그러나 두 형제는 현대그룹의 상속자 자리를 놓고 이른바 '왕자의 난' 을 일으킨다. 2000년 3월 정몽헌계 이익치 사장의 인사를 둘러싸고 두 왕자가 격돌, 정몽헌의 판정승으로 끝났다. 이것이 '1차 왕자의 난' 이다. 같은 해 5월 현대그룹의 지배구조 개선과 경영진 문책 등을 통한 자구책으로 정주영은 두 아들과 함께 '3부자 동반퇴진' 선언을 한다. '2차 왕자의 난' 이다.

전세계에 소개되고 있는 현대건설 광고

이 같은 현대그룹 형제 간 갈등은 창업주가 작고한 그해 결국 그룹 분할로 매듭지어진다. 정몽헌은 그룹의 모태인 현대건설을 비롯해 현대상선, 현대전자(현 하이닉스) 등 26개 계열사를 차지했다. 정몽구는 자동차 관련 10개 계열사를 가졌다. 현대중공업 그룹은 정몽준이 계열 분리해 나갔다.

그룹이 분리된 후 정몽헌이 맡았던 현대건설은 외환위기 이후 누적된 부실과 '왕자의 난' 으로 빚어진 대외 신인도 추락 등이 겹쳐 2000년 10월 끝내 부도를 맞는다.

당시의 현대건설 재무 상태는 적자 2조 9000억원, 부채 4조 4000억원. 그러나 '썩어도 준치'다. 정부는 현대건설을 살리기로 결정하고 공적자금을 투입, 채권단이 공동운영하도록 하다가 10년 만에 옛 주인에게 넘겼다.

현대건설은 채권단 운영 아래서도 그 명성과 기술력을 바탕으로 비약적인 발전을 거듭한다. 2010년엔 400억 달러의 아랍에미리트(UAE) 원자력발전소 공사를 따냈다(본계약 기준). 계열사는 국내 21개, 해외 7개를 거느리고 있고, 서산 간척지, 계동 사옥용지 등 공시지가 기준 약 4000억원 규모의 부동산과 현금 약 9000억원을 보유하고 있다. (www.hdec.kr)

– 김두겸 –

현암사(玄岩社)

-『法典』(법전)으로 터 닦은 출판계 유일한 3대 경영

일제시대 육법전서를 대신한 현암사의 『法典』과 1949년의 『韓國公論』

현암사는 2010년 현재 창립 65주년을 맞이하였다. 또한 출판업계에서는 유일하게 3대째 가업을 잇고 있다. 현암사는 1912년생인 조상원(趙相元)이 1945년에 대구에서 건국공론사라는 시사월간지를 발간하는 회사로 출발하였다.

창업자는 초등학교 학력이 전부였지만 15세에 현재 7급 공무원 시험에 해당하는 보통문관 시험에 최연소로 합격한 수재였다. 해방 직후 기자가 되고 싶어 대구일보에 취직했으나 영업부로 발령이 나자 몇 달 만에 그만 두고 잡지사를 차렸지만 사업이 안정되는 데는 상당한 시일이 걸렸다. 종이가 귀한 시대였기 때문에 월간지를 마분지로 만들어 인쇄상태가 나빴고 이마저도 제때 구하지 못해 월간지가 계간지로 바뀌기도 했다. 1949년 사명을 한국공론사로 바꾸고 대구 회사를 정리하여 서울로 올라 와

삼청동 작은 한옥에 둥지를 마련하였다. 1951년 조상원이 직접 편역한 처세술 관련 책인『처세철언』이 베스트셀러가 되어 회사는 재정적으로 한숨 돌릴 수 있었다. 1951년 회사명을 현암사로 개명하였다. 현암은 조상원의 호이기도 하다.

현암사가 출판사로서 이름을 날리게 된 것은 1959년 일제시대의 잔재인 육법전서를 대체하는『法典』(법전)을 출판하면서부터다. 판매 당일 매진되어 웃돈까지 붙은『법전』은 국내 출판사 사상 정가 이상으로 판매된 유일한 책이라는 기록도 갖고 있다. 현암사하면 아직도『법전』을 떠올릴 만큼 현암사가 펴낸『법전』은 오랜 전통과 정확성으로 독자들의 절대적인 신뢰를 얻고 있고 실제로 현암사 매출의 20%를 차지하고 있는 스테디셀러이다. 조상원이 법전에 관심을 갖게 된 계기는 10여년간의 공무원 생활 중 난해한 법령집을 볼 때마다 느끼는 불편함에서 비롯되었다. 자신이 느꼈던 불편함을 해소하기 위해『법전』을 만들 때 자신만의 독특한 편집방식을 도입했다. 처음 출판된『법전』은 각 조문에 제목을 달았고 법전마다 참조조문을 넣고 '단어로 조문찾기', '사례별 조문찾기' 등 색인을 두었다. 현암사의『법전』 편집방식은 실용신안특허까지 받았다. 다른 출판사에서도 많은 법령집이 출판되었으나 정확도에서는 현암사의 법전을 따라가지 못했다.

『법전』이 50년 이상 명맥을 이어올 수 있었던 것은 정확하면서도 사용자 중심의 편집이 주효했기 때문이다. 그러나 1970년대 초반부터 사운을 걸고 추진했던『육당 최남선 전집』이 2년여 동안 출간이 지연되면서 심각한 경영난에 부딪치게 되었다. 1981년 창업주 조상원의 뒤를 이어 현암사 대표 이사직에 오른 아들 조근태(趙根台)는 10억여원의 부채를 진 빚더미의 회사를 물려 받았다. 주위에서는 회사를 고의 도산시킨 뒤 다시 정상화시키라는 조언도 있어 고민하던 중 부친은 '신의를 저버리면 회사의 정체성을 놓치는 것'이라고 일침을 놓았다. 결국 조근태는 신인작가 발굴과 좋은 책 출간이라는 정공법으로 회사의 위기를 타개하기로 했다.

연세대 철학과를 졸업한 직후인 1969년에 입사한 2대 조근태는 부친이 『법전』 출판에 주력했던 것과는 달리 교양서 등 출판영역을 넓혀 문학분야를 포함하는 종합출판사를 지향하는 쪽으로 사업 방향을 잡았다.

황석영의 『장길산』 전 10권, 이동철의 『꼬방동네 사람들』 등 베스트셀러를 잇따라 출간하면서 회사 채무를 10여년에 걸쳐 청산하는데 성공하였다. 특히 1988년에 발간한 『전환기 작가 총서』는 새로운 작가들의 새로운 작품을 발표할 장을 만드는데 기여하였다는 평가를 받고 있다. 이 총서를 통해 고원정, 김남길 등이 발굴되기도 했다. 1990년대 들어와 우리 문화와 자연에 관한 출판을 기획하고 내놓은 『우리가 알아야 할 백가지 시리즈』, 『아름다운 우리 자연, 우리 문화엽서 시리즈』, 『다시 읽는 고전시리즈』 등 기획물이 연이어 성공하면서 현암사는 법전 전문 출판사라는 한계를 벗어나 국내 굴지의 명문 출판사로 자리잡을 수 있게 되었다. 특히 『우리가 알아야 할 백가지 시리즈』는 발간 된 이래 20여년 간 확고부동한 스테디셀러로 자리잡으면서 현암사는 한국학 관련 출판사의 대표주자로 부상하게 되었다.

2000년 8월에는 3층짜리 옛 사옥을 증, 개축하여 1층을 북카페로 일반에게 공개하는 등 사옥을 열린 문화공간으로 만들기도 했다. 1981년 대표이사직에 올라 26년간 현암사의 출판 영역을 인문, 환경, 아동 분야로 넓혀 부침이 심한 한국 출판계에서는 드물게 전통과 연륜이 있는 출판사로 키운 2대 조근태는 2009년 건강이 나빠져 당시 39세인 장녀 조미현(趙美賢)에게 대표이사직을 넘겨주었다. 조미현 대표가 취임하면서 한국 출판업계 사상 최초로 3대가 가업을 잇는 출판사가 탄생하였다.

조미현은 1996년 이대 미대를 졸업하고 미대 교수가 되기 위해 미국 보스턴 대학원에 유학 중 1998년 외환위기를 계기로 부친의 부름을 받고 귀국하여 회사에 첫발을 내딛었다. 영업부 평사원으로 시작한 이후 도매, 소매, 지방사업부 등으로 발령받으면서 현장근무 경험을 쌓아 나갔다. 6년 뒤인 2002년 본격적으로 출판업에 대해 전문적인 공부를 위해 다시 미국으로 유학가 뉴욕대 출판학 석사과정을 마치고 2년 6개월 만에 귀국하여 상무를 거쳐 2009년 1월에 대표이사로 취임했다. 출판업계에서 드물게 탄탄한 스테디셀러를 보유하고 있는 현암사는 재정적으로 안정된 회사이기는 하나 조미현은 경영자들의 근검절약도 건실한 재무구조를 유지할 수 있었던 비결로 들고 있다. 조근태의 1남 2녀 중 아들은 현재 사진작가로 활동하고 있고 차녀는 현암사에서 저작권 업무를 맡고 있다. 2대 조근태는 2010년 3월 작고했다. (www.hyeonamsa.com)　　　　　　　　　　－ 오춘애 －

황남빵

- 70년 수작업으로 한결같은 맛 자랑 경주의 노포

먹음직스레 익은 갈색 표면에 윤기가 자르르하다. 한개를 집어 들고 반으로 갈라 보면 얇은 밀가루 피가 터질듯 꽉 찬 팥 앙금. 한입에 쏙 넣으면 달착지근한 맛과 향이 감돈다. 천년고도 경주의 또 다른 상징이 된 황남빵은 바로 이런 맛이다.

창업 70년이 넘은 황남빵은 장수기업이 아닌 노포(老鋪)다. 지역 명품으로 자리잡은 지 오래지만 비즈니스를 기업화하지도 않고, 경주를 떠나지도 않고, 지금까지 옛 방식 그대로 만들어 팔고 있다. 출발은 경주시 황남동 일대 시민들의 간식거리였지만 지금은 전국에서 고객들이 몰려와 관광시즌이나 주말이면 빵을 사기 위해 한두 시간씩 줄을 서서 기다려야 할 정도다.

황남빵을 처음으로 만든 이는 최영화(崔永和, 1917~1995)다. 식민지 시절이었던 1930년대는 사회 분위기가 암울하기도 했지만 먹을거리도 절대적으로 부족했다. 가난한 농부의 아들이었던 경주 토박이 최영화는 보통학교 졸업 후 도자기 취급점, 소비조합 등에 취직해 사회 경험을 쌓는다. 황남빵과의 인연은 열여덟 살 때 일본인이 운영하던 기우라(木浦)제과점에서 일을 하면서 시작된다. 손재주가 남달랐던 그는 제과 기술을 빠른 속도로 배워 나갔다. 특히 관심을 기울였던 것은 일본인들이 즐겨 먹던 밤처럼 생긴 '나마카시'(生菓子)였다. 최영화는 최씨 문중에 전해 내려오던 한과와

이 서양과자 제조 기술을 결합해 우리 입맛에 맞는 새로운 스타일의 황남빵을 만들어냈다. 마침내 1939년, 천마총 부근 황남동 30번지에서 간판도 없이 가게를 차려 빵을 만들어 1개 50전씩 받고 팔았다. 빵이 귀하던 시절 정성을 쏟아 만든 고급 빵은 금세 인기를 끌게 됐다. 학교 졸업식이나 소풍가는 날, 생일날이면 경주 시민들은 별미로 황남빵을 찾았다.

1930년대 경주 황남동에서 시작한 노포의 대명사 황남빵

그러나 빵가게를 유지하는 게 쉽지는 않았다. 중일전쟁 때는 원료 구입이 어려워 겨우 명맥만 유지했고, 태평양전쟁 당시에는 문을 닫는 아픔도 겪었다. 해방 이후에는 설탕을 구하기 어려워 미군 PX에서 반출되는 드롭프스를 빻아서 원료로 사용하며 빵가게를 운영하기도 했다. 몇 차례 개업과 폐업을 되풀이하던 빵가게가 완전히 자리를 잡게 된 것은 1955년이었다. 가게를 자주 찾던 고객들이 황남동에 있는 유일한 빵가게라며 황남빵으로 부르기 시작했고, 이것이 고유 브랜드로 굳어졌다.

최영화는 자신이 만든 빵에 대한 자부심이 남달랐다. 정직하게 빵을 만들고 성실하게 일했다. 기독교 장로였던 그는 일요일에는 일체 영업을 않고, 빵값은 깎아주지도 않고, 방부제는 일체 넣지 않고, 기계를 사용하지 않고, 수작업으로만 만든다는 원칙을 철저히 지켰다. 1974년 황남빵은 대릉원 문화재 발굴을 계기로 가게를 황오동 307번지로 옮겼다. 지금의 황오동 347-1번지 본 매장은 1998년에 개점했다.

1979년에는 대학 졸업 후 서울에서 직장생활을 하던 둘째 아들 최상은(崔相殷)을 불러 경영을 맡겼다. 비로소 2세 경영이 시작됐으나 당장 큰 변화는 없었다. 일요일에는 여전히 문을 닫았는데 이 때문에 토요일 저녁에는 몇 시간을 기다리고도 빵을 사가지 못하는 고객이 적지 않았다. 그러다 보니 주말 관광객이 많은 지역 특성상 황남빵을 사려던 고객을 비슷한 상품에 빼앗기는 경우가 적시 않았다. 최고의 빵을 만든다는 자부심으로 불과 여덟 명의 직원만 데리고 작은 가게를 운영하다 보니 빵 공급에도 문제가 있었다.

  1998년, 2대 최상은은 이런 위기 속에서 혁신을 시도하고 나섰다. 먼저 직원들에게 주인의식과 역사의식을 심어 주기 위해 주기적으로 교육을 했다. 일요일에도 문을 열고, 오후 9시면 문을 닫던 것을 관광시즌에는 밤 11시까지 손님을 맞았다. 경주까지 찾아온 손님에게 몸을 낮춰 서비스하는 현대식 경영 방식을 도입한 것이다. 황남빵 홍보 책자도 만들어 대대로 내려온 철학을 표현하고 황남빵을 알렸다. 노끈으로 묶어주는 게 고작이던 포장 방식을 바꿔 쇼핑백을 만들어 걸어 다니는 홍보물로 삼았다. 생산 방식도 현대화하고 기술자를 두 배 이상 늘림으로써 하루 2,400개 정도였던 생산량을 대폭 늘렸다.

  황남빵이라는 상표를 잃을 뻔한 위기도 있었다. 황남빵에서 일하던 직원이 맞은편에 같은 상호로 점포를 냈으나 최영화는 오랫동안 데리고 있던 직원이라 상표 사용을 묵인했다. 그런데 상대편 가게에서 상표 등록을 먼저 시도했던 것이다. 다행히 경주 출신인 특허청 담당자의 부인이 우연히 특허 신청자가 최영화가 아닌 것을 보고 깜짝 놀라 연락해 오는 바람에 극적으로 상표 등록을 막을 수 있었다.

  최근에는 최상은의 아들 최진환이 고려대 공대 졸업 후 황남빵 기술을 배운 뒤 일본으로 건너가 경영학을 배우고 있다. 황남빵의 3대 경영을 준비 중인 것이다.

황남빵은 우리나라에서 보기 드문 노포 성공 사례로 꼽힌다. 그 배경에는 최영화 시절부터 내려온 독특한 사업 전략이 있다. 우선 철저한 품질관리다. 황남빵 맛을 좌우하는 팥은 국산만 사용한다. 팥앙금은 아무리 먹어도 질리지 않는, 우리 입맛에 꼭 맞는 적당한 수준의 단맛을 낸다. 만드는 과정도 처음부터 끝까지 수작업을 고집한다. 그날 만든 빵은 재고를 일체 남기지 않고 그날 판매하는 게 원칙이다. 개당 600원(40g)으로 비교적 비싼 빵값에도 불구하고 경쟁업체들이 따라오기 어려운 뛰어난 맛과 품질로 고객들을 사로잡고 있다.

프랜차이즈도 일체 내주지 않는다. 황남빵을 만드는 곳은 전국에 단 한 곳, 경주 황오동의 본 매장 밖에 없다. 경주교육문화회관과 현대호텔, 울산공항, 경주역과 동대구역에서 일부 판매할 뿐이다. 그 밖의 지역에서는 황남빵을 살 수 없다. 외지인들의 불편을 감안해 최근 온라인 판매를 늘리고 있으나 주문량이 많은 날은 이마저 조기 마감되기 일쑤다. 경주빵이 전국에 체인점을 갖고 있는 것과 비교되는 대목이다.

1998년 경주세계문화엑스포 후원, 1999년 식품으로는 유일하게 경상북도 명품 선정, 2000년 세계문화엑스포 후원 등의 대외활동도 황남빵이 경주를 대표하는 명품 음식으로 자리잡는데 도움이 됐다. 경주 관광의 필수 코스로 관광책자 등에 소개되며 요즘은 일본인과 중국인 관광객들도 많이 찾는다. (www.hwangnam.co.kr) — 유규하 —

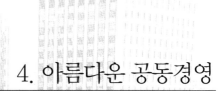

4. 아름다운 공동경영

- 협업의 장점을 살린다 -

광장(廣藏)

– 한 세기를 뛰어넘는 재래시장의 대명사

도매시장 하면 연상되는 곳이 서울의 동대문시장과 남대문시장이다. 의류 분야에 있어 두 시장은 전국 시장규모의 30%선을 공급하고 있다. 또 패션 외의 각종 상품들의 도매시장 기능을 겸하고 있다. 보석 도매상가, 의료기 도매상가를 비롯하여 황학동의 벼룩시장까지 대부분의 도매업종들이 집결되어 있다. 광의의 동대문시장은 종로 5가역부터 동대문 지하철역까지 분포하며 의류, 스포츠용품, 가정용품, 침구 등 다양한 물품을 취급한다. 이밖에 책 도매시장과 문구류 도매시장, 스테인레스 그릇시장 등이 형성되어 있어 남대문시장과 함께 한국 시장의 대표주자로 통한다.

1980년대 말부터 시장이 현대화되면서 평균 10층이 넘는 두산타워, 밀리오레, 우노꼬레, 디자이너클럽, 거평프레야, 삼우텍스프라자 등 고층 상가들이 들어서 명실상부한 패션 1번지로 자리매김하고 있다. 동대문 상권에 지금처럼 의류 도·소매시장이 들어서기 시작한 것은 1961

광장시장 모습

년 청계천 4가에서 8가에 걸쳐 3층짜리 평화시장이 설립되면서부터다. 그 후 신평화·동화시장(69년), 흥인시장(76년), 광희시장(80년), 동평화·청평화시장(83년) 등이 잇따라 자리를 잡는다. 1980년대 동대문운동장 건너편에 두산타워, 거평프레야, 밀리오레가 들어선다.

이렇듯 동대문 주변에 큰 상권이 형성된 것은 어떤 연유에서일까? 그것은 일제강점기 시절 지금의 광장시장에 민족자본에 의한 현대적 시장이 형성되면서부터였다. 1904년 을사조약 체결 후 일본은 경제침략의 일환으로 남대문시장 경영권을 장악했다. 이에 맞서 박승직 등 종로상인들이 힘을 모아 동대문 광장시장을 설립한다. 광장(주)은 포목상으로 거부를 이룬 종로상인 박승직(朴承稷)·장두현(張斗鉉)·최인성(崔仁成)·김한규(金漢奎) 등이 설립하여 동대문시장의 경영과 함께 토지, 가옥의 매매와 금전대부를 겸영했다.

이들은 토지와 현금 10만원을 출자해 청계천 3가~4가, 광교, 장교 간 일대를 후보지로 삼고 시장설립을 추진하다 1904년 대홍수를 만나 일단 중지한다. 그 후 현 국민은행 청계지점 자리와 그 주변을 매입했으나 한성부와의 환지 교섭으로 종로 5가와 청계 5가 사이의 현 위치를 시장부지로 확정했다. 이들은 1905년 시장 명칭을 동대문시장으로 확정하고 법원에 등기하고 법인명은 광장주식회사로 명명했다. 1905년 7월 5일 한성부의 시장개설 허가로 법원의 등기를 마치고 국내 최초의 현대식 시장으로 등장했다. 당시 보통 시장은 격일장, 3일장, 5일장, 7일장 등으로 열렸으나 광장시장은 상설로 운영해 현대시장의 선구적 역할을 한다. 처음에는 동부 이현(梨峴)의 예지동(禮智洞)에 세워졌다 하여 '배우개장'으로도 불리다가 같은 해 11월 동대문시장관리를 위한 광장주식회사(廣藏株式會社)가 설립되면서 '광장시장'으로도 불렸다.

1911년 통계에 의하면 점포수 98개 중 미곡상 31개, 어물상 12개, 청과상 15개, 잡화상 15개, 기타 25개로, 곡물류가 주거래 상품으로 나타나 있다. 동대문시장은 이후 전차의 개통으로 더욱 번창, 남대문시장과 서울의 양대 시장권을 형성했다. 초기의 주요 상품은 주로 농수산물, 신탄(땔나무) 등으로 가평. 뚝섬, 이천, 철원 등지에서 우마차로 반입했다고 한다.

6·25 전까지는 기와 건물로 동서남북에 각각 문이 있어 시장이 파하면 문을 닫았다. 전쟁으로 시장은 완전히 파괴되었으나 주로 월남 피난민의 생활 터전으로 생활필수품과 군용물자, 외래품의 암거래를 포함하는 시장거래가 활기를 띠면서 재발족되었다. 자유당 말기에는 이정재(李丁載)를 우두머리로 하는 여당의 폭력행동대의 거점이 되기도 하였다. 1959년 대지 3,600평 지상에 연건평 5,700평의 단일 건물을 세워 시장으로서의 면모를 갖추었다. 재건 중인 1958년과 재건 후인 1960년에 화재가 있었으나 바로 복구하여 현재에 이르고 있다.

현재는 주단, 포목(한복), 직물(양복, 양장지), 여성의류제품, 커튼지, 침구, 수예, 나전칠기, 주방용품, 수입품코너, 청과, 건어물, 제수용품, 생선, 정육, 야채 등 종합적인 면모를 갖춘 시장으로 세계관광코스로 지정돼 외국 관광객들도 많이 찾고 있다. 1층은 해산물·식료품·청과류·채소류와 양복지·양장지·기성복 점포, 2층은 주단·포목·양품 점포, 3층은 사무실 및 창고로 사용되고 있는데, 도시재개발법에 의한 재개발구역으로 지정되어 증·개축이 유보돼 있다. 역사적 유산이란 점에서 가능한 그대로의 존속이 필요하다는 이유에서다. 이렇듯 (주)광장이 조성한 동대문시장이 일찍이 자리한데서 오늘날의 세계적인 동대문상권이 폭넓게 형성된 것이다. 2000년부터 종로광장시장으로 이름이 바뀐 시장의 운영은 2000년 2월 결성된 상인총연합회(회장 복동규)가 맡고 있다. 5000여 점포에 2만여 명이 종사하고 있으며 하루 내장객은 7만 명 정도로 추산된다.

(www.kwangjangmarket.co.kr)   - 박영규 -

남선염업(南鮮鹽業)

– 주주들이 분할 책임 생산, 판매는 창구 단일화

전라북도 부안군 진서면 진서리에 있는 곰소염전은 바다와 인접해 있는 여느 염전과는 달리 곰소만 안쪽에 위치한 것으로 약 45만m²의 넓이에서 한해 2,000톤 가량의 천일염을 생산한다. 이 염전을 경영 관리하는 남선염업주식회사[공동대표 신종만(辛鍾萬), 신형구(辛炯九)]는 이 마을 유지들이 1946년 창립, 이미 65년의 연륜을 쌓아 오면서 국내 최고 품질의 천일염을 생산하고 있다.

곰소염전의 역사는 일제시대까지 거슬러 올라간다. 그 전까지만 해도 곰소리는 웅연도(熊淵島)라는 작은 무인도였다. 일제 말기 군함 요충지로 곰소만에 항구를 축조하는 작업이 시작됐다. 지금의 연동마을에서 곰소와 작도를 연결하는 제방을 쌓아 도로(지금의 30번 국도)를 개설해 물자를 수탈해 갈 군항과, 앞바다 칠산어장의 어업전진기지 공사를 설계하는 한편 제방 안의 간척지에는 천일염 염전을 만든다는 계획 아래 바닥다지기 공사를 시작한 것이다. 그러나 일제의 패망으로 모든 공사가 중단되자 이듬해 창립된 남선염업주식회사가 공사를 마무리했다.

한때는 90만m²도 넘는 염전에서 한해 2만 7,000톤까지 천일염을 생산했으나 인건비도 못 건질 정도의 가격 하락으로 해마다 염전이 줄어드는 추세였고, 1996~1997년 2년 동안은 염전을 폐쇄할 정도로 고전했다. 그러다 보니 염전 면적도 절반으로 줄어 현재는 45만m²에서 겨우 연간 2,000톤 정도를 생산한다. 폐쇄된 염전은 왕새우 양어장으로 전용되고 있다.

그러나 최근에는 이른바 '웰빙'이다 '슬로푸드'다 해서 천일염을 선호하는 쪽으로 사람들의 취향이 바뀌면서 곰소소금의 성가도 높아져, 2000년 5억 7,800만원이던 매출액이 2009년에는 8억 8,800만

남선염업 곰소염전과 작업하고 있는 모습

원에 이를 만큼 성장추세를 보였다. 염부 구하기가 어렵자 주주들이 가족단위로 직접 나서거나, 그들이 고용한 염부들이 생산에 나서고 있다고 남선염업 김동근(金東根, 71) 생산주임은 말한다. 현재 현장에서 일하는 사람들은 50대의 주부들과 60~70대 남자들로 대부분이 고령자들이다.

전체 염전은 5만m²씩 동일하게 9등분, 9개 반으로 나뉘어 있으며, 각 반은 전동기에 의한 최초의 해수유입 작업에서 마지막 소금채취까지 14단계를 독립적으로 책임 생산하는 체제다. 그러나 소출된 소금의 판매는 각 반별로는 할 수 없고 남선염업 회사로 창구가 일원화돼 있다. 곰소염전의 지주들에게는 해마다 수입의 50%를 임차료로 지불한다. 각종 생산비용과 염전임차료를 제하고 나면, 각 반별 년간(작업기간 8개월) 소득은 2,500만원 정도라고 김부장은 귀띔했다.

곰소염전 소금의 품질이 우수하다는 것은 청정한 해수 조건과 독특한 생산 방법에 비결이 있다. 가장 중요한 것은 이곳 바닷물의 수질이 청정하다는 것이다. 요지음 내륙 근처 바닷물은 각종 공장에서 흘러나온 오폐수로 오염돼 있으나, 이곳 곰소만에는 공장이 없어 공해가 없는 대신 미네랄 등 유익한 성분이 다른 염전에 비해 10배 정도 많이 함유돼 있고, 소금 제조에 가장 적합한 염도 비중 24도를 유지하고 있다는 것이다. 곰소염전에서는 소금결정을 한번 걷어낸 뒤에 남는 간수를 다시 쓰지 않고 바로 버리기 때문에, 마그네슘 함량이 거의 없어 뒷맛이 쓰지 않고 오히려 단맛이 남는다고 한다.

소금은 보통 3월말에서 10월까지 8개월 간 생산되는데, 햇볕이 강하고 바람이 많이 부는 4월과 6월 사이가 최적기다. 그 중에서도 5월에 생산되는 곰소염전의 소금은 염전을 3면에서 둘러싸고 있는 산의 소나무에서 바람을 타고 날아온 송화가루가 소금 결정체에 내려앉기 때문에 소금에서 나는 송화향기로 최고의 품질로 치고 값도 훨씬 비싸다(2011년 6월 현재, 곰소소금은 20kg에 2만 5천원 송화가루소금은 2만 8천원).

곰소염전의 소금제조 과정을 보면, 우선 바닷물을 모터펌프로 양수해서 저수지에 가둬 두었다가 다랭이논처럼 계단식으로 정리된 증발지에 차례로 흘려보내면서 수분을 증발시킨다. 3단계의 증발을 거치는 동안 일정한 비중이 돼야 보를 터서 다음 단계로 흘려보낸다. 이렇게 14번째 최종 결정지까지 내려와 염도의 비중이 25~30도가 되면 소금을 거둔다. 이때를 염부들은 '소금이 온다', '소금꽃이 피었다'고 한다. 이때 염도가 30도를 넘으면 식용으로는 적합하지 않은 '사염' 또는 간수가 돼, 주로 공업용으로 쓰인다. 곰소소금이 좋다는 것은 30도 이상의 간수에서는 절대 소금을 거두지 않는다는 원칙을 고수하기 때문이다. 바닷물에서 소금이 되기까지 날씨가 좋으면 15일 정도 걸리지만, 비라도 내리면 그 기간을 예측할 수 없다.

곰소염전의 바닥에는 증발지에 검은 비닐장판이나 옹기조각이 깔려 있고, 소금을 거두는 최종 결정지에는 검은 타일이 덮혀 있다. 태양열을 많이 받고, 바닥에서 불순물(개펄이나 모래 등)이 섞여들지 않도록 예방조치를 해둔 것이다. 이 염전에는 비가 올 때 증발지에 있는 소금물을 대피시키는 깊이 1m 정도의 '함수구덩이'가 각 반마다 8개씩 설비돼 있는데, 이곳은 빗물이 섞이지 않도록 지붕을 덮어 놓았다. 해가 나면 함수구덩이의 염수를 모터펌프를 돌려 증발지로 다시 보낸다.

곰소염전의 소금은 전량 소비자와 직거래되거나 곰소젓갈협회에 납품된다. 소금맛이 좋기 때문에 이 소금으로 절여 만든 곰소젓갈도 명품이 됐다. 곰소염전에 활기를 불어넣어 준 것은 곰소항이 이 지역 일대의 어항으로 자리잡음으로써 수산물 가공산업이 발전하는 것과도 맥을 같이 한다. 우리나라의 경우 그동안 천일염을 법적으로는 광물로 분류, 식품으로는 제대로 평가받지 못했고, 따라서 식품가공에도 쓰일 수 없었다. 2007년 염관리법 개정에 이어 이듬해 식품공전의 개정으로 천일염이 식품으로서의 우수성을 인정받게 됐다.

전라북도는 2010년 천일염산업 육성을 위해 28억원을 투자, 발효산업과 연계해서 발전시키는 방안과, 노후된 생산시설과 유통구조의 개선을 통해 식품으로서의 안전성을 확보하고 품질을 향상시키기로 했다.

(www.komsosalt.com)   – 노계원 –

삼양사(三養社)

– 한국정치사만큼 부침 심했던 86년 역사

삼양사는 1924년 김연수(金秊洙)에 의해 삼수사로 창립되었다. 김연수는 전북 고창의 대지주인 김경중의 차남으로 태어나 형 김성수의 권유로 일찍 일본으로 유학하여 도쿄에서 중학교를 마치고 교토제국대학 경제학과를 졸업했다. 1921년 일본에서 유학을 마치고 돌아 온 김연수는 이듬해 형 김성수(金性洙)가 설립한 경성방직의 상무로 취임하면서 회사 경영의 길로 들어섰다. 한편으로는 농촌을 기반으로 한 집안의 재산관리를 맡으면서 일제가 추진한 산미증식계획(産米增殖計劃)을 절호의 사업기회로 잡고 집안의 농지를 일괄 경영하는 기업인 삼수사를 설립하였다.

이후부터 삼수사는 장성, 줄포, 고창, 명고, 신태인, 법성, 영광 등 호남 각지에 농장을 만들어 기업형 농장으로 발전시켰다. 1931년에는 줄포, 손불, 해리에 간척사업을 벌려 1070 정보의 농지를 조성하는 등 사업을 확대하였다. 이시기에 상호를 삼수사에서 삼양사로 바꾸었다. 삼수사(三水社)는 백씨 성수(性洙), 연수(秊洙), 백부의 소생인 재수(在洙)의 친척간 삼형제인 三과 항렬자인 수(洙)자의 변인 물 수(水)자를 따 지은 것으로 삼형제의 우의와 협동을 뜻하는 것이었다. 그러나 한 작명가가 김연수를 찾아와 '수(水)'를 '만인의 양식' 이라는 뜻인 '기를 양(養)' 으로 바꿀 것을 권했다 한다(2007년, 서울신문사 산업부, 『재벌가 맥』 하권).

1935년에는 삼양사를 경영하면서 경성방직의 2대 사장으로도 취임하여 1945년까지 10년간 재임하면서 만주에도 본격적으로 진출하여 봉천에 한국 기업 최초의 해외 생산법인인 남만방적을 1939년에 설립하는 등 적자상태였던 경성방직을 흑자로 전환시키는 등 탁월한 경영능력을 발휘하였다. 경성방직과 더불어 삼양사도 만주에 적극적으로 진출하였다. 천일농장, 반석농장, 매하농장, 교하농장, 구대농장 등을 설립하여 우리 농민들을 정착시켰

초창기 삼양사 사옥(위)과 현재 사옥(아래)이 그 역사를 말해 주고 있다

고 삼림개간회사인 삼척기업을 인수하는 것을 비롯하여 맥주회사인 오리엔탈 비어도 운영하는 등 1940년대 초부터 해방되기 직전까지 만주에 대규모 사업을 전개하였다.

1945년 해방과 더불어 남북이 분단되면서 삼양사는 만주의 모든 사업장을 포기하고 남한으로 철수하였다. 타격이 컸으나 1946년 한국 최초로 민간 염전인 해리염전을 설립하여 운영하는 등 다른 방향으로 활로를 모색했다. 그러나 이어진 농지개혁으로 인해 15만석에 이르는 토지를 전부 정부에 넘기었고 다시 6·25전쟁을 맞이하여 삼양사는 사업기반을 거의 상실하여 해체위기에 몰렸다. 김연수는 제조업으로 사업방향을 다시 잡았다.

1954년 울산 앞바다를 메워 제당공장과 한천공장을 세우고 1956년 자본금 2억원의 주식회사 삼양사를 설립, 자신이 대표이사 회장을, 3남 상홍

은 사장으로, 5남 상하를 상무로 하여 회사를 출범시켰다. 이후 삼양은 3남 상홍 집안과 5남 상하 집안이 경영을 맡는 전통이 그대로 이어지고 있다. 현재 김상홍의 장남 김윤은 삼양사 회장으로, 김상하의 장남 김원은 삼양사 사장을 맡고 있다. 김연수는 슬하에 7남 6녀 13명의 자녀를 두었다. 삼양사보다 수익이 좋았던 해리염전을 삼양염업사로 독립시켜 장남 상준, 차남 상협, 시남 상돈에게 맡겨 형제간 경영권을 일찌기 교통정리하였다.

굴지의 민족기업으로 명성을 떨쳤던 삼양사는 해방이 된 이후 정치바람을 타면서 끝내 재계 상위 탈환을 이루지 못하였다. 삼양사의 경영 스타일을 두고 재계에서는 내실경영, 보수경영이라고 표현하기도 하고 돌다리도 두드린 후 건너간다는 평을 내리고 있다. 일제시대 만주에 대규모 사업을 전개한 진취적인 개척정신과는 매우 상반된 평인 것이다. 김연수의 형이 경성방직을 설립하였으나 첫번째 전성기를 일구어 낸 것은 동생인 김연수가 사장을 맡았던 시기였을 만큼 그의 경영능력은 탁월했다. 동생에게 사업을 맡긴 형 김성수는 고려대 전신인 보성전문학교를 인수하고 동아일보를 설립하는 등 육영사업과 언론사업에 더 관심을 쏟았고 김연수는 이에 소요되는 재정적인 뒷받침을 도맡아 했다.

그러나 김성수가 해방 직후 우익정당인 한국민주당을 창당하고 당수를 지내고 이승만 정권에서 부통령까지 역임하면서 이승만 대통령의 라이벌로 활동하는 등 형의 정치적 행보로 인해 김연수도 친한민당 사람으로 분류되었다. 삼양사는 집권당인 자유당 정권의 견제를 받아 중요한 정책적 사업에서도 소외되는 경우기 종종 있었다. 김연수가 제당업에 진출하기 위해 1951년 울산에 부지를 확보하였지만 정부가 공사대금으로 쓰일 외화 사용 승인을 3년이나 지연시켜 사업에 커다란 차질을 빚기도 했다.

박정희 정권 시기에는 야당지로 분류된 동아일보를 지원했다는 이유로 정권의 미움을 사는 등 삼양사는 역대 정권과 계속 긴장관계에 있었다. 타 그룹들이 정부의 지원을 받아 회사 규모를 키워 온 것 과는 달리 삼양사는 보수적인 경영으로 내실을 꾀하는 길을 택했다. 그러나 이러한 정치와 거리 두기가 부침이 심한 재계에서 오히려 삼양사가 장수기업으로 버티는 힘을 준 것이다. 또한 형제간 암묵의 경영권 순환제의 원활한 가동으로 회사의 경영권이 안정적인 것도 삼양사의 커다란 강점이다.

현재 삼양사는 산하에 삼양중기(주), 삼양화성(주), 삼양제넥솔, (주)삼양제넥스, 삼양엔텍(주), 삼남석유화학(주), (주)삼양밀맥스, (주)삼양웰푸드, 삼양데이타시스템(주), (주)삼양EMS, (주)세븐스프링스 등을 두고 있다. 2004년 삼양사 회장에 취임한 김윤은 취임 일성으로 보수적이고 안정 위주의 경영으로 성장이 정체되었다고 전제하고 향후엔 경영을 진취적으로 해 나겠다는 포부를 밝혔다. 창립자의 개척정신에 입각한 공격경영에 나서겠다고 선언한 삼양그룹은 2015년 매출 7조원 달성 목표를 세우고 주력인 식품과 더불어 화학, 의약 분야에 적극 진출한다는 비전을 발표하였다.

（www.samyang.com） 　　　　　　　　　　　　　　　　　　－ 오춘애 －

삼화(三和)페인트

- 도료 공업의 시조, 2대에 걸친 합심협력

우리나라 도료 공업의 시조격인 경기도 안산시 시화공단에 위치한 삼화페인트공업은 가구용을 비롯 건축, 공업, 자동차, 친환경용 등 각종 도료를 생산, 2009년도 총매출액이 4,400억원, 당기순익 160억원에 이르는 국내 정상급의 도료 제조 사업체이다. 특히 삼화페인트는 공동 경영의 모범적 성공 사례로 업계의 주목을 받아 왔다. 고 김복규(金福圭)·윤희중(尹熙重) 회장이 1946년 대한페인트에 이어 국내 두 번째로 도료 생산업체 동화산업주식회사를 공동 창업했다. 그들 사후에도 2세들이 공동 대표로 해서 동업관계를 지속해 왔다.

김복규는 1935년 청년 시절 일본 관서페인트에서 페인트 기술을 익혔다. 광복 후 귀국, 도쿄대 법대 출신인 윤희중을 만나 페인트 전문 기업 동화산업을 설립했다. 이 분야에 기술과 경험을 쌓은 김복규는 기술과 영업 등 업무를 맡고, 일본 유학파인 윤희중은 인사 회계 등 안살림을 전담하는 등 역할을 분담했다. 1953년 한국전쟁 휴전 후 삼화화학공업주식회사로 사명을 바꾸었다가 1964년 삼화페인트공업주식회사로 변경, 오늘에 이르고 있다.

1956년 최초로 주한미군에 페인트를 군납해 품질을 인정받았고, 1966년에는 월남에 수출, 해외 판매의 길을 열었다. 1968년 KS마크를 획득하고, 1979년에는 국내 최초로 방화페인트를 개발했다.

80년대 들어서는 선진국과의 기술 제휴를 활발히 전개하여 품질 향상에 더 진일보했다. 미국 U.S.페인트사와는 항공기·플라스틱용 도료기술제휴, 풀러사와는 공업용 도료 생산기술제휴, 일본유지와는 PCM용 도료기술제휴를 맺었다. 일본 츄고쿠도료와는 합작으로 츄고쿠삼화페인트(주)를 설립하여 선박용 도료를 생산하는 등 세계적인 페인트 기업들과 기술제휴나 합작을 통해 사업 영역을 확장하고 기술개발에 박차를 가했다. 1980년 납세 모범기업 대통령표창을 받았다.

　88올림픽을 계기로 급성장한 삼화페인트는 1993년에는 안산의 시화공단으로 공장을 옮기고 대대적인 투자로 도약의 발판을 다졌다. 연간 페인트 20만㎘, 합성수지 10만㎘ 이상의 생산시설을 갖추고, 최신 자동화 생산시스템도 완비했다. 그해 3월 창업자 김치복 회장이 사망하고, 50여년간의 동업자 윤희중 회장은 10년 후인 2004년 그 뒤를 따랐다. '근검절약'과 '내실경영'을 평생의 좌우명으로 삼아 실천했던 공동경영 1대는 마침표를 찍었다. 1993년 10월 증권거래소에 주식을 상장, 기업을 공개 했다.

　삼화페인트의 사장이 된 김 회장의 아들 김장연(金丈淵)은 1995년 선친의 동업자였던 윤희중의 아들 윤석영(尹錫永)을 부사장으로 영입해 2세 공동 경영에 들어갔다. 그들은 원가절감, 생산성 극대화, 독창적 기술력, 고객만족 제일주의 등 경영 혁신에 몰입했다. 특히 IMF위기 때는 오히려 시

1960년대 창고 모습의 공장과 오늘의 삼화페인트 공장

장 확대의 호기로 삼아 공격적인 판매 전략을 전개한 결과 1998년부터 6년
동안 두 자리 수의 고속성장을 이룩했다. 2010년에는 원자력 발전소 용 친
환경 방호도장재 시장진출 인증을 획득했다. 중국에 위해삼화도료유한공사
(100% 출자 현지법인), 상해보삼국제무역유한공사, 삼화도료장가항유한
공사 등 계열사를 두고 있다. 동종업체 중에는 가장 많은 800여개의 대리점
망을 활용한 영업적 시너지 효과로 시장 지배력을 공고히 하고 있다.

삼화페인트의 이러한 발전은 공동경영의 성공은 물론 창사 이래 노사분
규가 한번도 없었다는 사실에도 근거한다. 이 회사 노동조합은 1990년부
터 '뿌리깊은 나무운동'을 전개, 평생직장 의식을 고취하며 노사화합의 기
틀을 다져왔다. 이 운동은 회사의 경영 실태를 한해 두 차례씩 종업원들에
게 알려 회사의 입장을 이해시키고, 매년 1박 2일로 노사워크숍을 열어 폭
넓은 정보 공유와 친목의 장을 마련해오고 있다. 또 자녀 학비 등 각종 후생
복지를 적극 지원하여 일체감과 애사심을 형성해 왔다. 이 운동은 근로자들
에게는 직장에 대한 긍지를 느끼게 하고, 사용자에게는 확대 재생산을 통해
사업적 성취감을 고취해 왔다. 종업원들은 천직 의식이 강화돼 생산성 향상
으로, 사용자는 기술혁신과 재투자로 기업 활동에 더욱 주력하는 결과를 가
져온 것이다.

2008년 4월, 2대 동업자 윤석영이 사망하기 한해 전 병상에 있을 때 삼
화페인트는 전무이사 구자현(具滋賢)을 공동대표로 선임했다. 구자현은
서강대학교에서 화학을 전공하고 1971년 삼화에 입사 후 품질관리부장,
기술부상, 생산담당이사 등 주로 기술 분야에서 일해 온 골수 삼화맨이다.

2010년 6월 현재 김 대표의 주식 지분은 27.7%, 전 공동대표 윤석영 일
가(부인 및 2형제)의 지분은 총 26%이고, 그 다음 대주주는 일본 추고쿠사
(12%)이다. 구 대표는 주주가 아닌 순수 전문경영인이다. 공동 경영으로
성공한 삼화페인트는 다시 전문경영인 체제로 넘어가 보다 발전하는 미래
를 내다보고 있다. (www.spi.co.kr)   - 노계원 -

서울우유

– 조합 장점 앞세워 70여년째 줄곧 1등

'일본인 소비자들을 위한 일본인의 낙농'. 70여년 우리나라 우유의 역사를 써가고 있는 서울우유협동조합의 첫 출발은 아이러니컬하게도 우리 민족과는 별 관계가 없었다. 이는 1937년 서울우유의 전신인 '경성우유동업조합'이 출범할 당시의 국내 실정과 무관치 않다.

전통적으로 채식을 해온 우리 민족에게 우유는 '송아지의 양식'일 뿐 사람이 먹는 음식은 아니었다. 다만 양반들이나 부자들이 보신·보양·약용으로 드물게 섭취하는 정도였다. '낙농'이라는 개념도 없었다. 구한말 처음으로 젖소를 도입했다는 기록이 남아 있기는 하지만, 제대로 된 낙농은 20세기 초 한 프랑스인이 홀스타인 젖소를 들여와 신촌역 부근에서 키운 것이 시초였다.

반면 일본은 메이지 유신 이후 적극적인 우유 소비 권장 정책을 도입해 1920년대 말부터 우유가 대중화되는 단계에 들어섰다. 그러다 보니 일제의 강점으로 일본인의 한국 이주가 늘어나면서 낙농업 역시 자연스레 우리나라에 도입됐다. 일본인들은 자신들의 거주지 부근에 초지를 조성하고 목장을 만들어 젖소를 키우기 시작했다. 당시의 낙농업은 가난에 시달리던 우리 민족과는 거리가 멀었다. 일본인들이 생산자 겸 소비자였을 뿐이다.

우유 소비가 조금씩 늘어나던 1934년, 15명의 소규모 낙농인이 모여 동

주력 제품인 사각 팩의 서울우유와 본사 사옥

대문구 전농동에 '청량리농유조합'을 설립했다. 이 조합은 인근 목장에서 수집한 우유를 커다란 가마솥에 부어 끓인 다음 병에 담아 청량리 일대 일본인 가정에 배달했는데, 규모나 가공 방식이 영세하기 짝이 없었다.

3년 뒤인 1937년, 서울 지역의 대규모 목장들과 농유조합 회원 등 21명의 조합원이 모여 현대식 설비를 갖춘 '경성우유동업조합'을 만든다. 일본측의 집유선 일원화 조치에 따른 것이었다. 우리나라에서 결성된 최초의 생산자 조합이었다. 서울 정동의 지금의 정동극장 터에 자리 잡은 경성우유는 일본에서 수입한 1홉(180ml)짜리 유리병과 종이로 된 병마개를 사용하는 등 위생적으로 처리해 주 고객층인 일본인들 사이에서 인기가 높았다. 그러나 1941년 태평양전쟁 발발로 우유가 군수 식량으로 강제 반출되며 배급제가 실시되더니, 1943년에는 유아와 환자들만 우유를 마실 수 있는 '우유등록제'가 도입돼 민간의 우유 소비는 타격을 받게 된다.

해방이 되자 경성우유는 '서울우유동업조합'으로 이름을 바꾼다. 그러나 남북한이 분단되며 북한 지역에 있던 목장으로부터의 우유 공급이 중단되는 바람에 하루 생산량이 3,600kg에서 540kg으로 격감했다. 일본인이 주도했던 우유 소비도 대폭 줄어 조합 경영에 어려움이 적지 않았다. 결정적인 타격은 6·25였다. 1,000여 마리에 이르던 젖소는 전쟁 뒤 289마리로 격감했다. 낙농의 기반이 붕괴될 위기였다. 게다가 미국에서 원조 농산물로 보내온 분유를 물에 타서 만든 이른바 '환원우유'가 싼값에 시중에 나돌아

엄청난 타격을 받았다. 우유병을 구하지 못해 2홉짜리 맥주병을 씻어서 사용하다보니 위생 문제도 발생했다.

활로는 다방에서 마련됐다. 따끈하게 데운 우유를 다방에서 팔기 시작했는데, 의외로 인기를 끌어 서울 시내 다방 중 3분의 1 정도에 우유를 납품하게 됐다. 1950년대 중반 제과업체에서 우유를 원료로 만든 '밀크캬라멜'을 내놓아 히트를 친 것도 우유 소비 확대에 전기가 됐다.

1962년 서울우유는 새로운 모습으로 탈바꿈한다. 5 · 16군사혁명으로 정권을 잡은 박정희 정부는 1961년 농업협동조합법을 공포하고, 이에 따라 동업조합은 해체되고 지금의 '서울우유협동조합'이 출범한다.

새로 출범한 서울우유는 조합 형태의 변화와 함께 제품도 혁신했다. 유지방이 엉겨 붙지 않도록 해 주는 균질기를 국내 처음으로 도입해 보다 고급스런 우유를 생산하게 됐다. 다음해에는 서울 중랑교 인근에 최첨단 연유공장을 준공해 중랑교 시대를 연다. 중랑교 공장은 1984년 양주 공장이 준공될 때까지 가동됐으며, 1986년 이곳에 사무동을 완공해 지금까지 본사 건물로 쓰고 있다.

서울우유는 단순한 우유 판매에서 벗어나 각종 유제품 개발에도 본격적으로 나선다. 1965년 국내 처음으로 조제분유를 생산하고, 1970년대에는 커피우유로 인기를 끈다. 이 같은 호조로 조합 출범 10년째인 1971년 서울우유는 국내 원유 생산량의 절반을 차지할 정도로 성장했다. 조합원 수도 1,300여 명으로 늘었다.

서울우유가 국내 우유 시장에서 확실한 1등 자리를 굳히게 된 계기는 학교우유 급식과 군납이었다. 1960년대 초 몇몇 초등학교에서 시범 실시되다 국고 보조(우유값의 80%)가 없어지면서 중단됐던 학교급식은 1970년 재개된다. 이번엔 학생들이 우유값을 부담했으나 얼마 뒤 정부 보조금이 되살아났다. 1980년 초등학생에 이어 1987년 중고생에게도 보조금이 지급되면서 우유 소비는 폭발적으로 늘어났다.

군납 시장 개척도 큰 힘이 됐다. 1981년 3개 사단 시범 급식으로 시작된 군납은 단계적으로 확대돼 1988년에는 전 군에 매일 공급할 정도로 급증했다. 특히 군납은 민간업체의 반발에도 불구하고 서울우유 등 생산자 조합이 독점했다. 서울우유가 출범 이후 70여년간 줄곧 우유 시장 1등을 지켜온 배경은 협동조합이라는 독특한 조직 형태에서 찾을 수 있다. 무엇보다 원유 공급이 안정적이라는 게 장점이다. 국내 낙농인의 28%인 2,500여명의 조합원들이 매일 2,000t의 우유를 생산한다. 조합의 주인은 낙농인이며, 이들이 선출한 조합장이 경영을 책임지는 시스템이다. 경영의 목적도 이윤 추구가 아닌 조합원의 권익 증진이다. 이익이 나면 낙농인들을 위한 각종 지원 사업에 우선 투자한다. 민간기업과 달리 학교급식과 군납 같은 정책적 배려를 받게 된 배경이다. 학교급식과 군납은 지금도 서울우유 생산량 가운데 25% 정도를 차지하고 있다.

서울우유는 그러면서도 시장에서 민간기업과 치열하게 경쟁을 해 왔다. 국내 우유 시장을 선진화하기 위한 혁신도 적지 않았다. 1979년의 종이팩 도입, 1981년 젖소 전문 주치의 도입, 1984년 콜드체인 시스템 도입 등 우유 시장의 역사를 하나하나 새로 써 나갔다.

조합 특성상 민간 기업과의 경쟁이 버겁기도 했다. 대표적인 것이 조제분유 시장이었다. 생산자 단체로서는 자금력을 앞세운 민간 기업의 공격적 마케팅을 당해내기 어려워 1980년 시장에서 철수했다. 1970년대 중반 아이스크림 시장에 뛰어들기도 했으나 여기서도 기대 이하의 성적만 남겼다.

그러나 이 같은 마케팅 실패는 서울우유에 전화위복이 된다. 유가공 제품의 비중은 낮추는 대신 우유에 집중하는 시장 전략을 마련하는 계기가 된 것이다. 이는 서울우유가 70여년째 우유 시장 1위를 이어가는 결과로 나타난다. (www.seoulmilk.co.kr)

– 유규하 –

유유제약(柳柳製藥)

– 오너와 전문 경영인 공동 운영이 장수의 토대

　'제약산업의 명가(名家)'. 유한양행과 유유제약을 창업한 고 유일한(柳一韓) 박사 일가를 두고 하는 말이다. 유한양행을 창업한 유일한 박사와 유한양행의 2대 사장을 역임한 유명한(柳明韓) 사장, 유유제약을 창업한 고 유특한(柳特韓) 회장은 형제다. 세 사람 모두 유한양행을 통해 제약 사업에 뛰어들었다. 유명한은 제2대 대한약품공업협회(한국제약협회의 전신) 회장, 유특한은 제4대 회장을 지내기도 했다. 그야말로 초창기 제약산업을 이끌어 온 명가 중의 명가인 셈이다.

　8남매 중 맏이인 유일한은 1926년 유한양행을 설립해 10년 뒤인 1936년 주식회사로 전환해 초대 사장을 맡았다. 형과 함께 유한양행 일을 하던 유명한은 유일한이 대학원 공부를 위해 미국으로 떠나자 1941년 유한양행의 2대 사장에 취임해 1946년까지 경영을 책임졌다. 막내 동생인 유특한은 일본 와세다대학에서 법학을 전공한 후 귀국해 1941년 유유제약의 전신인 유한무역주식회사를 창업했다. 유한양행은 의약품 제조를 담당하고 유한무역은 무역을 맡은 자회사 형태였다. 1952년에는 유한양행의 6대 사장에 취임했다.

　6·25전쟁이 발발하자 유한양행은 사무실을 부산으로 옮겨 APC와 포도당 주사제 등을 생산했는데, 당시 귀국을 못하고 있던 유일한은 도쿄에 머

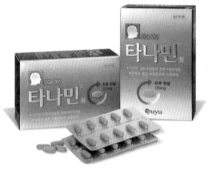

비타민제 '비나폴로'와 혈액순환제 '타나민'

물며 유특한을 수시로 불러 업무 지시를 하다 1952년 유특한에게 아예 유한양행의 경영을 맡겼던 것이다. 유일한은 1954년 유한양행의 경영에 복귀했고, 유특한은 이보다 한해 앞선 1953년 유한무역을 통해 비타민 제품을 내놓으며 제약산업에 독자적으로 뛰어들었다.

유특한이 유한양행과는 별도로 의약품 제조에 나서면서 내세운 창업 이념은 '과학만이 제약을 실현한다'는 것이었다. 유학 시절 우리보다 앞선 일본 제약회사들을 벤치마킹하며 스스로 깨우친 결과였다. 의약품의 경우 연구개발이 무엇보다 중요하며, 이를 위해서는 과학의 필요성이 절실하다는 판단이었다.

1955년에는 결핵치료제 '유파스짓'의 개발에 성공했다. 당시 결핵은 망국병이라 불릴 정도로 환자도 많았고 치료도 어려웠으나 유파스짓이 보급되면서 큰 인기를 끌었다. 1957년에는 국내 제약기술을 한 단계 끌어올린 종합비다민제 '비타엠 정'을 내놓았는데, 이는 1965년에 개발돼 지금까지 팔리는 장수 브랜드 '비나폴로'와 함께 유유제약이 비타민 전문 제약회사로 자리 잡는 데 큰 역할을 하게 된다.

유특한은 회사 규모가 커짐에 따라 1959년 봄 경기도 안양 공장을 준공했다. 그러나 이 해 유특한은 유한양행의 버들표 상표 사용 문제로 형 유일한과 마찰을 빚은 끝에 법정소송까지 하게 됐다. 결국 이 사건은 유특한이 회사 이름을 유유산업으로 바꾸면서 유한양행에서 완전히 독립하는 결과를 가져오게 됐다. 회사 이름은 2002년 (주)유유, 2008년에는 유유제약으로 바뀐다.

1960~70년대 비타민제의 인기로 유유제약은 크게 성장했고, 유특한은 기업 이윤을 사회에 환원한다는 취지로 사재를 출연해 1973년 유유문화재단을 설립해 장학 사업에 나섰다. 한편으론 원료 의약품 개발 및 경쟁력 강화를 위해 선진 제약업체들과의 협력을 대폭 강화하고 나섰다. 1970년 미국의 업존과 합작으로 한국업존을 설립했으며, 1984년에는 일본 후마킬라와 함께 유유후마킬라를, 1988년에는 영국의 렌토킬과 공동으로 유유칼믹을 각각 설립했다. 또한 우수한 제품 개발력을 보유하고 있는 해외 유수의 많은 제약사들과 제휴해 각종 치료제 생산에도 나섰다.

1987년 유유제약은 7순의 유특한 회장이 2선으로 물러나고 2세 유승필(柳承弼)사장이 경영을 맡으면서 새로운 전기를 맞게 된다. 유승필 사장은 미국 컬럼비아대 재정학 석사와 동 대학원 국제경영학 박사과정을 마친 뒤 서강대와 경희대 강사를 지내다 75년 다시 미국으로 건너가 포드햄대 경영대학원 강사 등을 역임하며 15년간 대학 강단에 섰던 학자 출신이었다.

그런 그가 가업을 잇게 된 것은 한 통의 편지 때문이었다. 1980년대 초반 유유제약은 심각한 경영위기를 겪고 있었다. 뚜렷한 신제품 개발 없이 기존 제품만으로 버티다 보니 회사 경영에 심각한 문제가 됐다. 결국 회사 중역들이 뜻을 모아 그에게 편지를 보냈다. '지금 유유제약이 경영난으로 어려움을 겪고 있으니 회사로 돌아와 유특한 회장의 힘이 돼 달라'는 내용이었다. 유승필은 미국 생활을 정리하고 한국으로 돌아왔다. 재무 전문가였던 유승필이 유유제약의 구원투수로 나서게 된 계기다.

신임 유승필 사장은 내실 다지기와 신제품 개발을 경영전략으로 삼았다. 무엇보다 제품 개발이 시급했다. 1993년 혈액순환개선제 '타나민' 개발에 성공했다. 타나민은 은행잎에서 혈액순환 개선 효과가 있는 진액을 추출해 주사제로 만든 제품으로, 연 매출액이 200억~300억 원에 달하는 효자상품이 됐다.

1990년대 후반부터는 본격적으로 신약 개발을 추진했다. 첫 번째 신약 개발에는 8년이 걸렸다. 2004년 시판된 골다공증 치료제 '맥스마빌'은 국내에서 12번째로 성공한 신약이다. 특수 필름 코팅을 해서 위에서 녹지 않고 장에서 흡수돼 주된 부작용인 위염을 해결한 제품으로 연간 매출이 100억 원에 이르렀다.

제약업계의 강소기업으로 불리는 유유제약의 2대에 걸친 경영을 관통하는 화두는 다름 아닌 '연구개발'이다. 1970~80년대를 중심으로 해외 제약업체와의 제휴로 다양한 선진 기술을 확보했다면, 1990년대 이후로는 제약산업 경쟁력에서 가장 중요한 분야인 신약 개발에 총력을 기울이고 있다.

창업주 유특한 회장과 2대 유승필 회장은 공교롭게도 모두 약학이 아닌 법학과 경영학을 전공했다. 유유제약은 이런 단점을 전문경영인을 통해 해결했다. 제약업계에서 잔뼈가 굵은 전문경영인을 영입해 오너와의 공동경영 시스템을 구축함으로써 경쟁력을 높여 미래에 대비하는 전략을 취하고 있는 것이다. (www.yuyu.co.kr)   - 유규하 -

인천탁주(仁川濁酒)

- 3대째 맞아 통합된 막걸리 만들기

인천시민들에게 친숙한 '소성주'는 인천탁주합동제조공장(인천 부평구 청천 2동)에서 나오는 막걸리의 대표적 상표이다. 당초 인천에는 11개 막걸리 양조회사가 있었는데, 1974년 정부의 '1지역 1탁주공장' 시책에 따라 하나로 정비되는 바람에 이 상호로 통합된 것이다. 인천탁주는 통합설립되면서 이전의 11개 회사 출신들이 번갈아 가면서 대표를 맡고 있다. 1998년부터 대표인 현 사장 정규성은 원래 인천에서 가장 오래된 막걸리 주조장 대화주조 설립자의 친손자다.

1906년 대한제국 말 우리나라에서 처음으로 주세법이 시행되자 주막을 제외한 술도가와 바침술집(甁酒家)들이 모두 양조장으로 정비됐다. 일제 강점 후 1916년 총독부에 의해 주세법 시행령이 바뀌면서 일본인에 의한 양조장이 난립하기 시작했다. 대화주조주식회사가 조선술 제조·판매를 표방하면서 1938년 처음 설립된 것도 실은 일본인이 경영하던 주조장을 인수한 것이다. 대화주조(지금의 인천시 중구 전동 19번지)의 첫 공동대표에는 정대현(鄭大賢)과 김규환(金奎煥), 그리고 당시 인천상공회의소 의원이던 최병두(崔炳斗)가 이사로서 인수 작업에 관여한 것으로 알려졌다. 정대현이 현재 인천탁주 사장 정규성(54)의 할아버지다.

대화주조는 설립 후 70년 넘는 세월 동안 창업자의 2세로, 그리고 통합

후 1988년에는 3세 정규성으로 대물림된 것이다. 통합 뒤에도 대화주조의 맥은 끊기지 않고, 양조비법이 그대로 전수되다가 1997년 정규성이 인천탁주의 사장을 맡으면서 명실공히 3대째 가업을 잇게 된 셈이다. 대화주조 이외에도 통합된 탁주주조업체 중 6개 업체가 모두 50년 이상의 역사를 지닌 노포들이다. 인천탁주에는 지금 직원 40명이 일을 하고 있는데, 그들도 대를 잇다 보니까 50~60대가 대부분이다. 이들이 단합해서 막걸리 제조라는 한 우물을 판 결과 오늘에 이르게 된 것이다.

정부의 탁주업계 통폐합 명분은 '탁주주조업의 난립으로 인한 경영부실을 시정하고 국민이 안심하고 마실 수 있는 술을 만들게 한다'는 것이었으나, 그 배경에는 주세를 효율적으로 징수하겠다는 의도가 깔려 있었다. 이 조치로 전국 2,600여 곳의 탁주양조장이 1,500여 개로 크게 줄었다.

인천탁주는 1990년 쌀막걸리 금지령 해제 직후 전국 최초로 쌀막걸리 소성주를 선보였는데, 이것이 오늘날 인천탁주의 대표 브랜드가 됐다. 술의 이름에 붙은 '소성(邵城)'은 인천의 옛 지명으로, 신라 경덕왕 때 행정제도를 개편하면서 고구려시대의 지명 매소홀현을 소성현으로 개칭한 데서 비롯됐다. 지금은 쌀막걸리가 95% 이상이지만, 금지가 풀릴 때까지는 국내 대부분의 양조장이 밀가루나 옥수수가루를 원료로 썼다.

쌀막걸리가 본격적으로 시판되기 시작한 것은 1996년 전후이다. 70년대부터 90년대 중반까지 국민의 소득증가에 따른 양주와 맥주 소비의 증가와 소주 선호 경향으로 막걸리 소비량은 매우 미미하였다. 그러나 90년대 말의 외환위기와 건강에 대한 관심의 증대로 고가주에서 저가주로, 고도주에서 저도주로 국민의 음주성향이 바뀌면서 막걸리가 부활하기 시작했다. 게다가 쌀막걸리의 허용으로 신뢰도까지 높아져 2010년 1분기에는 막걸리의 시장점유율이 12%대까지 늘었고, 계속 증가하는 추세다.

막걸리의 맛은 숙성온도와 시간에 좌우된다고 한다. 특히 소성주는 효모를 96시간 증식해 배양하고, 다시 4~6일이 지난 뒤 제조한다. 소성주는 오랜기간 쌓아온 인천탁주의 경험을 바탕으로 최적의 조건에서 제대로 발효시킨 생효모의 맛을 그대로 느낄 수 있다고 인천탁주 측은 주장한다. 1992년에는 6개월 이상 장기 보관할 수 있는 멸균탁주 '농주'와 약주 '명가', 그리고 종이팩 막걸리를 출시했다. 93년 뉴욕 시카고 도쿄 홍콩 쾰른 아르헨티나 등지에서 열린 식품전시회에 팩막걸리를 출품, 300만 달러어치를 수출했다. 94년에는 스페인 바르셀로나에서 열린 세계음료대회 주류분야 대상을 받았다.

인천지역 막걸리의 대표적 상표 인천탁주 제1공장과 인천탁주 '소성주'

2001년 막걸리 판매의 지역제한이 철폐되면서 막걸리 소비가 전국적으로 더욱 늘어나는 추세를 보였다. 인천탁주도 제품의 고급화 다양화로 양주와 소주에 밀려 침체해 있던 막걸리시장에 도전, 활기를 띄어갔다. 인천탁주의 경우 최근 불고 있는 막걸리 열풍으로 2009년 매출량이 전년에 비해 무려 70% 넘게 신장했고, 시장 점유율도 인천지역 막걸리시장의 80%에 이를 정도로 인기가 높다. 인천탁주는 쌀막걸리, 소성주 외에도 조껍데기동동주, 누룽지막걸리, 검은콩막걸리, 산더덕막걸리 등을 개발, 막걸리 애주가들에게 선택의 폭을 넓혀주고 있다. 현재 인천탁주는 하루 평균 6~7톤의 밥을 지어 750ml 들이 병 20개가 들어가는 상자 2,000~2,500개(3만~3만 7천 리터)를 인천지역에 공급하고 있다.

그러나 막걸리 소비가 늘어나는 추세에도 불구하고 인천탁주는 걱정도

덩달아서 높아지고 있다. 대기업들이 기존 막걸리시장을 급속도로 잠식해 오고 있기 때문이다. 거대한 유통망과 다양한 마케팅 기법을 구사하는 대기업의 막걸리 시장 진출에 일종의 공포감을 느끼고 있다. 전통은 오래지만 영세한 막걸리 업계가 대기업들과의 경쟁에서 살아남는 것 자체가 어렵다고 보기 때문이다. 이러한 사태에 대응해서 인천탁주는 최근 컴퓨터 제어시스템을 기반으로 하는 자동제국기와 주입기 등을 도입, 생산기술의 현대화, 자동화에 주력하는 한편 품질 향상과 품종 다양화에 힘쓰고 있다.

(www.icbr.co.kr)   - 노계원 -

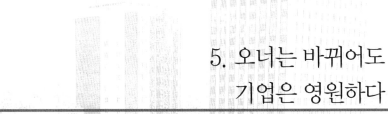

5. 오너는 바뀌어도
기업은 영원하다

- 기술개발과 제2 창업으로 위기 극복 -

가온전선

– 광케이블, 광섬유 등 산업혈관 잇기 반세기

가온전선, 회사 이름도 상호도 낯설다. 가정용이 아닌 산업용 전선을 만드는 회사라 잘 알아보지 못한다. 그러나 이 회사의 주력제품인 광케이블과 광섬유 등은 '산업의 혈관' 구실을 톡톡히 한다. 그도 그럴 것이 한전이 생산 송출하는 전력이 특수 전선을 통해 산업현장을 가동시키기 때문이다.

산업용 전선을 전문적으로 생산하는 이 회사의 족보는 다소 복잡한 편이다. 창업한 지 반세기를 훌쩍 뛰어 넘는 오랜 세월 동안 숱한 부침을 거듭하면서 간난을 극복하고 '산업혈관'의 명맥을 이어왔기 때문이다. 간명하게 말해 인수합병(M&A)과 연구개발(R&D)의 묘수로 살아남았다는 말이다.

1947년 9월 가온전선의 모태인 '국제전선'이 설립된다. 정부수립 한해 전인 미 군정시절이다. 한국 최초의 전선회사의 창업주는 이임득(李壬得). 그는 자유당 정권시절, 잘나가는 기업인이었다. 국제전선은 창업 10년 만인 57년 3월 국내 최초로 PVC(폴리염화비닐) 전선과 통신케이블을 생산하는데 성공한다. 7년 후인 1965년 11월에 한국 산업규격인 KS 표시허가를 얻는다.

4·19와 5·16를 거치는 격동의 시절에도 산업혈관의 명맥만은 이어왔다. 70년대 들어 박정희 정권의 산업화정책에 힘입어 군포공장(73년)을 준공해 회사 틀을 다진다. 이를 계기로 산업용 케이블(76년 XLPE 전력 케이

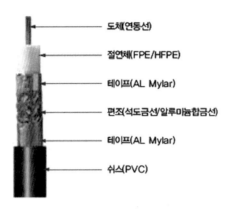

도체(연동선)
절연체(FPE/HFPE)
테이프(AL Mylar)
편조(석도금선/알루미늄합금선)
테이프(AL Mylar)
쉬스(PVC)

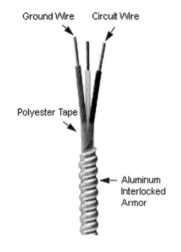

Ground Wire   Circuit Wire

Polyester Tape

Aluminum
Interlocked
Armor

기온전선의 고주파동과 배관배선

블, 82년 Foam skin 케이블) 을 잇따라 개발, 생산했다.

국제전선은 그런 노력과 성과물로 1984년 럭키 금성그룹에 인수 합병된다. 이후 LG그룹 계열사인 'LG전선'의 간판을 달고 본격적인 사세 신장에 나선다. 기술연구소(86년)를 설립하고 통신케이블을 전문 생산하는 전주공장(88년)을 세웠다. 1987년 6월 주식을 상장해 기업을 공개했다.

이때부터 산업의 혈관인 전력 케이블을 비롯해 통신케이블과 광케이블 개발 생산에 주력했다. 1990년대 들어 크게 발전한다. 90년 세계에서 두 번째로 연속주조 압연 설비인 KCR LINE과 93년 HSCR를 각각 준공했다. 해외 시장을 개척해 수출 5,000만불탑을 수상(93년)했으며 ISO 9001 9002 인증을 회득한다.

그러나 LG그룹 계열 분리로 상호를 다시 변경하지 않을 수 없는 전환점을 맞는다. 1995년 LG그룹에서 분리되어 희성그룹에 편입됐으며 96년 희성전선으로 회사 간판을 바꾼다. LS그룹의 출범으로 'LS전선'으로 이적한 것이다. Leading Solution(LS) 기업이란 뜻이다.

LS전선의 이름으로 광 통신사업에 뛰어들었다. 97년 광케이블을 생산했으면 98년 12월에는 광 복합가공전선인 OPGW를 개발했다. 2000년 9월 근거리 통신망인 LAN 케이블을 생산했고 2001년 12월 광섬유를 생산하기 시작했다. 같은 해 TRAY용 난연 케이블 전기용품 안전인증을 얻어 생산에 들어갔다. 2002년 ISO 14001 인증을 획득해 품질을 개선했다.

2004년 새 CI인 '가온전선'으로 바꾼다. 국제전선, 희성전선(LS전선)을 거쳐 세 번째로 옷을 갈아 입은 것이다. 21세기 격변하는 전자 정보 통신사업에 대비해 또 다른 '산업혈관' 명맥 잇기 100년사를 기록하기 위해서라고 한다. 그래서 그런지 '가온'은 세계의 중심, 미래의 중심이라는 뜻이다.

가온전선은 서울 강남구 삼성동 무역센터 아셈타워에 경영 사령탑인 본사를 두고 국가 기간산업의 인프라 구축에 앞장서고 있다. 반세기를 훌쩍 뛰어 넘어 앞으로 새로운 100년에 세계 굴지의 특수 전선 제조 기업을 설계하고 있다. 이를 위해 연구개발(R&D)을 승부처로 삼았다.

가온전선의 연구 개발 명성은 널리 알려져 있다. 국제전선 시절인 1986년 설립된 기술연구소가 산실이다. 첨단 장비와 우수한 연구 인력을 활용해 세계적인 기술력을 창출하고 있다. 아울러 오랜 세월 축척해 온 고기능 재료기술과 전력 통신케이블 개발 노하우를 바탕으로 경쟁력 있는 제품 개발에 힘쓰고 있다.

연구 개발 방향은 환경친화, 고성능화, 초고속정보통신 등에 초점을 맞추고 있다. 전력 부문은 환경친화형 무독성 난연 케이블을 비롯해 고기능성 케이블에 대한 연구 개발에 전념한다. 예컨대 내열성 케이블, 광전력 복합케이블, 고속철도용 고차폐 제어케이블, 고유연성 엘리베이터케이블 등이다.

가온전선의 저독성 난연 케이블

통신부문은 저독성 난연 케이블인 UTP 케이블 6의 UL 인증 취득을 바탕으로 기능이 높은 제품 개발에 몰두하고 있다. 재료부문은 친환경 전용선 재료를 비롯해 방서용 컴파운드, 난연성 특수케이블 재료 등을 중점 연구 개발한다.

2010년 현재 가온전선은 구자엽(具滋燁) LS산전 회장이 사령탑을 맡아 임직원을 중심으로 제2 도약을 위해 내수는 물론 수출 등 국내외 사업 확장 등 큰 그림을 그리고 있다. 흑자경영을 기조로 2013년까지 매출 1조원 경영이익 500억원의 경영 목표를 세웠다. 특히 동남아시아 그린비즈니스 역량 강화는 괄목할만하다. 2010년 들어 말레이시아 정부와 그린비지니스 사업협력 관련 양해각서(MOU)를 체결해 시장공략을 위한 교두보를 마련했다. 중국시장 진출 목표는 공격적이다. 2008년 7,800만 달러였던 중국 매출을 2015년까지 11억 7,200만 달러로 잡았다. 무려 열배 이상 올린 것이다. (www.gaoncable.com) — 이두석 —

금호전기(錦湖電氣)

– 기술 개발과 제2 창업으로 위기 극복

가정에서 스스로 전구를 갈아 끼우던 시절, 번개표 형광등을 모르는 사람은 없었다. 형광등 하면 '번개표'요 '번개표' 하면 곧 형광등인 줄 알던 시절이 있었다. 그러나 번개표를 내세워 전구 시장을 주도한 전구회사의 이름이 금호전기라는 사실을 아는 이는 별로 없다. 더욱이 그 회사가 여러 차례 위기를 겪으며 75년을 견디어낸 장수기업이란 사실에 더욱 놀랄 것이다.

금호전기의 전신은 원래 수도계량기를 만들던 조그마한 회사였다. 1935년 일제강점기에 이름조차 생소한 '청엽제작소'란 계량기 공장으로 시작한 이 회사는 1945년 해방이 되자 대한금속계기로 이름을 바꾸었다.

대한금속계기가 전구를 처음 만들기 시작한 건 1960년대 초. 그 전까지는 수도 및 가스계량기만을 만들던 영세업체에 불과했다. 그러다 1963년 처음 KS인증을 받은 백열전구를 만들어 내고 1966년에는 일본 도시바와 기술제휴로 형광램프를 생산하기 시작했다. 1967년에는 마포산업(주)으로 상호를 변경하고 1973년에 기업공개를 단행한 이 회사가 금호그룹에 편입된 시점은 1976년이다.

현재의 상호인 금호전기로 변신한 것은 1978년으로 이 시점을 제2 창업기로 볼 수 있다. 당시 사장은 금호아시아나그룹을 창업한 고 박인천(朴仁天) 회장의 동생인 박동복(朴東福)이었고, 현재는 그의 막내아들인 박명구

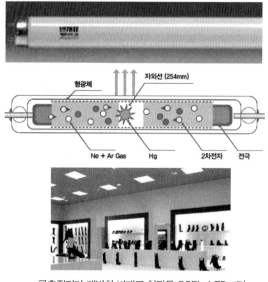

금호전기가 개발한 번개표 형광등 CCFL, LED조명

(朴明求) 부회장이 최고 경영자를 맡고 있다.

금호전기로 변신한 뒤 이 회사의 '번개표' 브랜드는 1980년대부터 1990년대 초반까지 국내 조명시장 점유율의 60% 이상을 차지하는 등 전구시장에서 독보적인 존재로 부상한다. 그러나 이런 호시절도 잠시였다. 1990년대 들어 국내 경제가 크게 성장하며 조명시장의 규모가 커지자 미국의 GE와 독일의 오스람 등 세계적인 조명업체들이 속속 한국 시장 공략에 나서기 시작했다. 당시 국내업체들의 매출은 고작 수백억 원. 반면 외국 기업들은 연간 수조원 이상의 매출을 올리는 거대기업들이었다. 외국 회사들은 기술면에서 금호전기를 앞선 데다 정부가 무역 장벽을 낮춘 덕분에 가격 경쟁력까지 갖추었다. 이런 가운데 금호전기의 시장점유율은 순식간에 40%대로 추락했다. 게다가 1997년 말에는 외환위기까지 겪으며 최악의 순간을 맞는다.

그러자 당시 경영을 맡았던 박 부회장은 서울 마포구 본사 사옥을 팔아 신제품 개발 자금을 마련했다. 그리고 한걸음 앞서 냉음극형광램프(CCFL) 개발에 나섰다. 박 부회장은 조명 전문 벤처기업을 스스로 세워 기술개발에 전념했던 엔지니어 출신이다. 그는 기술력으로 정면 돌파해야 경쟁에서 살아남을 수 있다고 판단한 것이다.

당시 금호전기가 개발에 나선 CCFL은 저온에서도 잘 견디는 제품이라 겨울에 옥외에서 사용되는 네온사인 등에 많이 쓰였다. 그런데 1990년대 말부터 CCFL를 광원(光源)으로 쓰는 새로운 수요처가 생겨나기 시작한다. 노트북 컴퓨터와 휴대전화 등 액정 표시장치(LCD)를 쓰는 정보기술 기기들이었다. LCD는 스스로 빛을 내지 못해 뒤에서 빛을 쐬는 광원이 필요한데 CCFL이 적합한 광원이었다. 금호전기가 이런 기술 시장을 예상하고 승부를 건 것인데 적중한 것이다. 금호가 2000년 CCFL을 처음 생산할 때 매출은 608억 원에 불과했지만 2년 뒤엔 1004억 원으로 늘었다.

금호전기는 CCFL 개발 이후에도 신기술개발의 끈을 늦추지 않고 있다. 최근에는 발광다이오드(LED) 조명 개발에 집중하고 있는데 LED는 CCFL보다 전기 소모가 적고 밝은데다 소형화에 유리해 LCD TV 등 다양한 기기에 사용되고 있다. 조명기기로서의 효율과 경제성도 형광등과 백열전구보다 뛰어났다.

금호전기는 이런 추세에 맞춰 다양한 LED 제품을 개발 중이다. 최근에는 완벽한 LED 생산라인을 갖추기 위해 LED 가공과정인 '패키징' 전문업체 '루미마이크로'와 LED칩 전문 업체인 '더리즈'를 인수했다. LED 조명 완제품과 TV 모듈 등 LED 부품 생산 경쟁력을 갖추기 위해서다.

금호전기 본사는 서울 마포에 있지만 박 부회장의 사무실만큼은 경기도 오산공장에 있다. 그 이유는 오산과 수원, 용인의 주력 공장을 수시로 둘러보고 연구개발을 지휘하기 위해서라고 한다.

금호전기 박 부회장은 언론과의 인터뷰에서 "우리는 조명 한 길만을 걸어온 덕분에 노하우와 기술을 쌓을 수 있었고 이런 전문성을 소비자들이 인정하고 신뢰한 덕에 지금까지 회사를 이어올 수 있었다"고 말했다. 이렇듯 위기를 딛고 이 회사가 세계 유수의 기업을 제치고 살아남은 것은 한 우물을 파며 끊임없이 기술개발에 매진한 덕분이다. 중단 없는 신기술 개발이야말로 이 회사가 장수기업으로 살아남은 비결이고 미래의 비전이라 할 것이다. (www.khe.co.kr)

- 박영규 -

기아자동차(起亞自動車)

– 오너에서 전문경영인으로, 다시 오너 체제로

기아산업의 창업자 김철호(金喆鎬, 1905-1973)는 16세의 어린 나이에 고향인 경상북도 칠곡을 떠나 일본으로 건너갔다. 오사카에서 철공소 직공으로 일하면서 모은 돈 1,000만엔을 갖고 1944년에 귀국해 서울 청파동에 경성전공(京城電工)을 창립하고, 이어 영등포와 인천에도 공장을 세워 자전거부품 생산을 시작했다.

1952년 부산 피난시절 회사명을 기아산업으로 바꾸면서 국내에서는 처음으로 자전거를 생산, '3000리호'라는 이름으로 내수는 물론 미국 등 해외에도 수출했다. 자전거 사업에 성공한 김철호는 1957년 공장을 경기도 시흥으로 옮기고, 일본과 기술제휴로 2륜 오토바이와, 배기량 356cc의 3륜 경화물차 '딸딸이'를 생산하는 등 자동차 제조사업을 본격화했다. 1973년 경기도 광명시의 소하리 공장으로 이전하면서 기업을 공개했다. 그해 창업자 김철호 회장이 사망하고 아들 김상문(金相汶)이 회장으로 취임, 2세 경영체제로 들어갔다. 그러나 무리한 사업 확장으로 회사가 어려움에 처하자 김상문 회장은 1981년 회장직을 내놓고 신병치료차 미국으로 출국했다. 그는 자기가 보유하고 있는 기아 주식에 관한 모든 권리를 회사에 일임한다는 것과, 그룹의 경영권을 당시 사장이던 김선홍(金善弘, 1932~)에게 맡긴다는 밀의를 남기고 떠났다.

그래서 탄생한 것이 전문경영인 김 선홍 회장 체제다. 그는 서울대학교 공과대학에서 기계공학을 전공하고 1958년 기아산업에 입사한 정통 기아 맨이다. 김 회장 취임 직후 9인승 봉고승합차가 크게 성공을 거두면서 이른바 '봉고신화'의 주인공으로서 기아 중흥을 이끌었다. 김 회장은 이를 계기로 고속 증자를 수단으로 대주주를 배제함으로써 강력한 1인 지배체제의 토대를 굳혔다.

기아자동차의 신화인 '봉고', 소형 3륜차와 미국 조지아 공장의 SUV

1990년에는 아산만 공장 준공과 함께 상호를 기아산업에서 '기아자동차'로 바꾸면서 사업영역을 계속 확장했다. 1997년 당시 기아그룹의 자동차 생산량은 세계 서열 17위, 종업원 56,700여명, 계열사 28개, 매출 실적 12조1천800억원으로 한국 재계 순위 8위의 거대 기업으로 약진했다.

기아의 위기는 방만한 경영과 수익성 악화, 과다한 차입 경영, 여기서 누적된 엄청난 규모의 적자와 이를 은폐하려는 분식회계가 한보사태와 외환위기를 계기로 표면화됐다. 금융감독원이 기아자동차에 대해 특별감리를 실시한 결과 1991년부터 97년 말까지 매출액 2조799억원을 부풀리고, 이를 차입금을 포함한 9,201억원과 상계처리했음이 밝혀졌다. 기아자동차는 결과적으로 3조148억원을 분식회계 처리한 셈이었다.

채권은행들은 즉각 대출을 중단하고 강력한 대출금 회수에 나섰다. 재정경제원과 채권은행단은 김선홍 회장의 사퇴와 경영권 포기, 계열사의 매각 처분 등을 요구했으나 김 회장이 거부하자 정부는 기아자동차와 아시아자동차에 대해 법정 관리에 들어갔다. 결국 1997년 10월 27일 김선홍 회장을 비롯한 경영진이 모두 사퇴함으로써 경영권 문제는 마무리 됐다.

기아자동차는 1998년 7월 대우, 삼성, 미국의 포드, 현대가 참여한 3차례의 국제공개입찰에서 현대그룹에 낙찰됐고, 12월에는 주식인수계약 체결을 통해 현대그룹에 흡수됨으로써 회생의 전기를 맞은 것이다. 현대그룹에서 현대기아차그룹으로 계열 분리된 기아자동차는 1998년 매출 4조 5107억원에 6조6496억원의 적자였던 경영실적이 11년이 지난 2009년 총 매출액 18조4200억원, 당기순익 1조4500억원, 상시종업원 32,600여명의 거대 기업으로 발전했다.

기아그룹이 부도유예협약 적용으로 위기에 몰리자 기아노조는 물론 민주노총 등 노동계와 일부 시민단체들이 대대적인 '국민기업 기아살리기운동'에 나섬으로써 사태를 어렵게 만들었다. 여기에 '노조를 인정하지 않는 삼성이 기아를 인수한다' 는 소문까지 나돌아 노조를 더욱 강성투쟁으로 몰아갔다. 노조의 폭력적 파업이 장기화하자 법정관리 중인 기아는 임시 휴업에 들어갔으나, 결국 김선홍 회장의 사퇴와 경영권 포기로 마무리 됐다. 그때까지 노조가 좌지우지했던 생산직 사원의 인사고가권은 회사로 회수됐고, 노사간 '합의' 에 의해서만 가능했던 공장이전, 합병, 전보, 파견 등 항목도 '협의' 에 의해 시행하도록 수정됐다.

기아사태는 방만한 기업 운영으로 부실에 빠진 그룹을 대규모 분식회계로 호도해오던 경영진이 강성 노조에 덜미를 잡혀 끌려다니다가 외환위기를 계기로 이 같은 사실이 들통났고, 결국은 파탄과 회생의 경로를 밟은 것이다.

현대그룹에 인수된 기아자동차는 2000년 8월 그룹에서 계열 분리, 현대자동차와 함께 현대기아자동차그룹으로 재탄생됐다. 기아차의 신차 품질지수는 2001년부터 급속도로 개선돼 왔으며, 2010년 4월에는 미국 시장조사 기관인 JD파워의 신차품질조사(IQS)에서 세계 37개 브랜드 중 12위

(2009년에는 24위), 고급 브랜드를 뺀 일반 브랜드에서는 23개사 중 6위를 마크했다. 2011년 상반기에는 미국 시장에서 자국내 자동차 생산품을 누르고 현대기아차가 판매고 1위를 기록했다.

이 같은 성과는 기아 경영진이 목표로 하는 '품질 경영'과 '글로벌 경영'이라는 2개의 축으로 된 전사원의 정신적 무장과 노력에서 비롯된 것이다. 현대그룹의 자동차 총수인 정몽구 회장은 취임 직후 생산, 영업, AS 등 부문별로 분리돼 있던 품질 관련 기능을 품질총괄본부로 통합시키는 등 품질 향상에 총력을 기울여 왔다. 기아자동차가 위기를 겪으면서도 환갑을 넘게 장수하는 것은 사업성격 자체가 시대적 요구에 부응하는 업종인 데다가 우수한 품질로 소비자를 설득하기 때문이다. (www.kia.co.kr)   - 노계원 -

넥센타이어

- 전문가들이 포진한 토종기업

국내 타이어 생산업계에서 역사가 가장 오래된 업체는 구 흥아타이어공업사이고, 70년 가깝게 그 맥의 정통성은 지금 성장의 기세를 올리고 있는 (주)넥센타이어(경남 양산시 유산동 30번지)가 이어가고 있다. 흥아타이어 공업사 설립 당시 기술책임자로 참여했던 김동배(金董培)는 "흥아타이어 공업사(주)는 1942년 부산 전포동에서 이연제(李年宰)와 문시환(文時煥)에 의해 설립됐으며, 1954년에야 미국으로부터 FOA자금 48만 달러를 배정받아 자동차타이어 제조설비를 갖추었다"고 자신이 집필한 『우리나라 타이어공업의 발전사』(대한타이어공업협회 회지 「타이어고무」 1991년 7~8월호)에서 증언하고 있다. 그들이 1942년부터 경영해오던 자전거타이어 튜브 제조공장을 확장, 자동차타이어 생산에 전용했으므로 그 맥을 이었다고 봐도 될 것 같다. 흥아타이어는 56년 11월 미국에서 들여온 장비의 설치공사를 이듬해 4월 미무리하고, 6월부터 우리나라 최초로 자동차타이어 생산에 들어갔다.

자동차 수요가 저조하던 당시 경영난에 빠진 흥아타이어는 73년 원풍산업으로 넘어간 뒤 76년 증권거래소에 상장됐다. 79년 다시 국제그룹에 인수됐으나 그룹이 해체되는 바람에 86년 우성그룹으로 넘어가는 등 수난의 연속이었다. 우성그룹에서는 프랑스 미쉐린타이어와 합작으로 미쉐린코리아를 설립, 경남 양산에 레디얼타이어 공장을 세웠다. 91년 미쉐린과 결별, 우성타이어로 사명을 다시 바꾸면서 일본 오츠타이어와 기술제휴로 92년 국내 최초

넥센타이어의 전신 흥아타이어 공장의 모습

로 V자형 로테이션타이어를 개발하는 등 본격적 생산 활동을 전개, 95년 1억달러수출탑을 수상하기에 이른다.

99년 세계적 외환위기로 법정관리에 들어간 우성타이어를 인수한 흥아타이어는 우성타이어의 전신인 흥아타이어공업사와는 무관한 기업체로, 당시 운수업을 하던 강병중(71)이 73년에 세운 튜브 전문생산 업체다. 강병중은 2000년 넥센타이어로 상호를 바꾸면서 그해 매출 2,064억원에 순익 1,622억원이라는 기적같은 실적을 올렸다. 상호 NEXEN은 'Next +Centry'의 합성조어로, 21세기 글로벌기업으로의 야망을 함축한 것이다.

흥아타이어가 인수하기 직전 우성타이어의 국내 점유율은 8%, 매출액 1,800억원에 불과했으나 이후 연평균 22%의 성장세를 거듭해 2009년에는 국내시장 점유율이 20%대로 2.5배나 성장, 관련업체중 최고의 성장률을 기록했다. 넥센타이어는 한때 6,800%나 되던 부채비율을 2000년 이후 구조조정 결과 우량기업 수준인 100%대로 낮췄다. 또 2006년에는 타이어 전문지 '타이어 비지네스'가 발표한 세계 타이어 메이커 75개사 순위에서 25위를 차지, 전년 대비 11단계나 뛰어올랐다.

95년 1억 달러수출탑을 수상한 지 10년만인 2005년 2억 달러에서 해마다 1억달러씩 증가, 2007년 4억 달러, 2010년 5억 달러수출탑을 받았다. 2007년 모스크바타이어박람회 금상, 2010년 세계 3대 디자인상 'IF어워

드' 등을 수상했다. 같은 해 대한민국우수산업디자인전에서도 넥센의 N8000과 윈가드스포츠 등 2개 제품이 최고상을 수상했다.

넥슨타이어의 이같은 고속성장세는 끊임없는 신기술의 개발과 적절한 시기의 사업 확장, 전문경영인 체제, '한 우물 파기식' 집중경영에 기인하는 것으로 평가되고 있다. 92년 국내 최초로 V자형 로케이션 타이어를 개발했고, 2005년 내구성을 크게 높인 나노타이어기술을 개발해 특허를 따냈으며, 같은 해 구동시 일반타이어보다 소음을 50%나 줄이는 사일런스 시스템, 2008년에는 세계 최저의 편평비를 지닌 UHP타이어 등을 개발해 평가를 받고 있으며, ISO9001, QS9000, ISO14001 등 국제적 품질인증을 획득했다. 최근 3년 동안 연구인력을 3배 이상 늘려 첨단제품 개발에 주력한 결과다. 이러한 노력으로 국내 자동차업계도 신차에 기본으로 장착하는 OE(Original Equipment)타이어에 넥센의 착용비율을 높이고 있다.

넥센은 85년 양산에 레디얼타이어 공장을 완공하고, 2004년에는 이를 확장했다. 2009년 10월에는 경남 창녕에 제2 공장을 착공, 2017년까지 1조 2,000억을 투입해 연산 2,100만개의 친환경·미래형 타이어를 생산한다는 계획이다. 이 공장이 완공되면 넥센타이어는 양산과 중국 청도와 함께 3개 공장에서 연간 6,000만개의 타이어를 생산, 세계 굴지의 타이어 메이커로 성장한다는 꿈을 실현해가고 있다.

넥센은 해외생산과 시장개척에 적극적이다. 2005년 미국법인 NEXEN Tire America Inc.(판매법인), 2006년 중국법인 청도넥센윤태유한공사(생산법인),

세계 3대디자인상을 받은 넥센 타이어

2008년 독일 프랑크푸르트 NEXEN Tire Europe GmbH(유럽판매법인) 등을 설립하고, 아랍에미리트(두바이)를 비롯 130여개국에 250여 판매망을 갖추고 있다. 2009년 미국 UHF타이어 전체시장에서 점유율 5%를 차지해 세계 타이어업체 중 판매순위 6위를 기록했으며, 2010년 수출목표 7억달러도 무난히 달성했다.

중요 직책들이 모두 전문경영인들이란 점도 넥센의 강점이다. 오너 강병중 회장 자신이 40여년을 타이어 업계에 종사해온 전문가이며, 94년부터 부산상공회의소 회장을 3번씩 연임하며 삼성자동차와 한국선물거래소의 부산 유치에 큰 역할을 함으로써 지역경제계에서도 신망이 높다. 영업부문 사장 강호찬(40)은 강 회장의 외아들로 2001년 입사 당시부터 양산공장 근로자들과 고락을 나누며 경영의 밑바닥을 수업했고, 해외영업 현장을 누비며 수출시장 개척과 국내 납품처 확보에 진력해 왔다. 국내시장 확장을 위해 넥슨 브랜드파워 제고책의 하나로 2010년 2월 프로야구 '히어로즈'와 메인스폰서십 계약을 체결한 데도 강 사장이 중심적 역할을 했다. 2010년 영입된 이현봉(李鉉奉, 61) 대표이사 부회장은 삼성전자서남아본부 사장을 역임한 베테랑이며, 홍종만(洪鍾萬, 67) 회장 또한 삼성자동차사장 출신이다. 오너와 전문경영인체제의 장점을 융합시키는 구도를 갖추고 있는 것이다.

넥센타이어(주)는 방계사로 KNN(Korea New Network-전 부산방송), (주)넥센테크(승용차내장부품 생산), (주)넥센산기(고무튜브, 재생타이어 생산), (주)넥센(자동차튜브와 골프공 생산) 등이 있다. 2009년 현재 자본금 527억1,000만원, 매출액 9,662억700만원에 당기순익 1,143억2,500만원, 상시종업원 수는 2009년 현재 2,490명이다. 생산제품은 내수 25%, 외국 수출 75%의 비율이다. (www.nexentire.com) - 노계원 -

대한통운(大韓通運)

– 80년 운송 외길 걸어온 물류의 역사

국내 장수기업 중 대한통운만큼 영욕의 역사를 함께 가진 곳도 찾아보기 어렵다. 식민지 시절 우리나라를 수탈할 목적으로 설립돼 해방 이후 국영기업으로 운영되다 민영화되며 국내 최대의 종합운송업체로 자리잡고, 이후 부도와 법정관리까지 받게 되는 등 파란만장한 역사 때문이다.

대한통운의 첫 출발은 1930년 11월 15일 자본금 100만원으로 설립된 조선미곡창고주식회사였다. 당시 식량 부족에 시달리던 일제는 우리나라에서 생산된 쌀을 일본으로 실어나르기 위해 혈안이 돼 있었고, 조선총독부는 일본 수출용 쌀을 수집, 보관하기 위해 '조선미창'을 설립한 것이다. 이에 앞서 같은 해 3월 20일에는 한국에 진출해 있던 운송업체들을 통합해 운송업을 전담할 조선운송주식회사가 설립됐다.

'조선운송'은 1937년 우리나라 최초로 사보를 발간할 정도로 선진화된 모습을 보여 주기도 했다. 이렇게 설립된 조선미창과 조선운송은 식민지 시절 일제의 대륙 진출 야망과 한반도 병참기지화를 위한 대동맥 구실을 하게 된다.

조선미창은 해방 이후 적산으로 관리 운영돼 오다 정부 수립 후 농림부의 감독을 받게 됐고, 1950년 '한국미곡창고'로 상호를 바꾼다. 설립 당시 4,200평이던 창고는 해방 직전 7만여 평으로 늘어날 정도로 성장해 있었

다. 또한 해방 당시 5만여 명의
종업원을 보유하고 있던 조선운
송은 1947년 '조선운수'로, 이어
1958년에는 '한국운수'로 회사
이름을 바꿨다. 두 회사 모두 정
부가 대주주인 국영기업체 형태
였다. 두 회사는 설립 당시에는
서로 역할이 나눠져 있었으나 한
국미창이 소운송 업무에 뛰어들

대한통운의 택배차량 행렬

며 치열한 경쟁을 벌이게 된다. 이 같은 운송업무 2원화는 출혈경쟁으로 이
어져 두 회사 모두 타격을 받았으나, 업무량이 많았던 한국운수의 피해가
훨씬 컸다. 결국 한국운수는 적자 누적으로 파산 지경에 이르게 된다. 견디
다 못한 한국운수는 5·16 직후 한국미창과의 통합을 정부에 건의했고,
1962년 1월 1일 한국미창이 한국운수를 흡수 통합하며 상호를 대한통운으
로 바꾼다.

통합 출범한 대한통운은 1960년대 시작된 정부의 경제개발5개년계획으
로 운송 수요가 급증하며 호황을 맞게 된다. 그러나 부실한 재무구조와 관
료화된 경영시스템 등 문제점도 적지 않았다. 대한통운은 자체적으로 재무
구조 개선에 나서는 한편, 대외적으로는 월남 진출을 추진하는 등 자구노력
을 기울였다.

대한통운의 또 다른 변신은 1968년의 민영화였다. 정부의 국영기업 민영
화 스케줄에 따라 동아건설이 인수함으로써 38년 만에 민간 기업으로 새
출발한 것이다. 최준문(崔埈文)이 설립한 동아건설은 대규모 토목공사가
중심이었으나 늘 장비가 부족해 애를 먹고 있었다. 최준문은 대한통운을 주
식 공개입찰 방식으로 민영화한다는 소식에 곧바로 전담팀을 구성해 대응
했다. 동아건설이 국내 화물운송과 창고보관업 분야에서 독보적 존재인 대

한통운을 인수하면 막대한 시너지 효과가 기대된다는 판단이었다.

최준문은 1967년 4월부터 동아건설 계열사인 동명증권 창구를 이용해 대한통운 주식을 집중적으로 사들였다. 정부 보유 지분 51.14%를 제외한 58만 주를 전량 매입한다는 것이 목표였다. 최준문은 50여 개 증권사에도 매일같이 들러 대한통운 주식을 사들여, 불과 두 달 만에 35만주를 확보했다. 역시 대한통운 인수를 선언했던 한진의 조중훈도 주식 매집 경쟁에 나서 23만여 주를 사 모았으나, 정부는 주식을 더 많이 사들인 동아건설의 손을 들어 주었다. 이로써 동아건설은 운송과 건설 양대 사업에서 국내 정상급 기업군을 형성해 '그룹'으로 첫발을 내딛게 됐다. 당시 동아건설에 비해 대한통운의 종업원 수는 6배, 매출과 자산 규모는 2배 수준이었다. 새우가 고래를 삼킨 격이었다.

최준문은 곧바로 대한통운 대표이사를 맡아 경영 정상화에 나섰다. 1971년에는 당시 28세의 2세 경영인 최원석(崔元碩)이 사장에 취임하며 대한통운의 변화에 가속도가 붙기 시작했다. 가장 두드러진 변화는 국제화였다. 최원석은 국내 물류사업에서 벗어나 항공과 해운까지 사업을 확대해 나갔다. 철도와 자동차 등 육상 물류는 물론 항만·항공·창고·컨테이너에 이르기까지 국제적인 종합 물류 기업으로서의 기반을 다져 나갔다. 그야말로 '운송 백화점'이었다.

서울 서소문동 대한통운 본사 사옥

특히 1970~80년대 대한통운의 성장 속도는 숨가빴다. 정부의 중화학공업 육성과 수출 드라이브에 힘입어 기업의 원자재와 제품 운송·하역이 급속도로 늘었다. 포항종합제철과 고리 원자력발전소 설비 운송 등 대형 국책

사업 참여도 활발했다.

군사독재의 덕을 보기도 했다. 1970년대 초 대한통운의 노사 문제는 복잡했다. 노총 산하 조합원의 10%인 4만여 명이 대한통운 소속일 정도였다. 그러나 10월 유신과 함께 새 헌법이 공포되며 노조활동이 크게 위축돼 노조 걱정에서 한시름 덜게 된 것이다.

성장의 또 다른 전기가 된 것은 '세계 최대의 토목 공사'인 리비아 대수로 공사 참여였다. 1983년 대한통운은 동아건설과 컨소시엄을 이뤄 39억 달러 규모의 1차 대수로 사업에 진출했다. 1990년에는 63억 달러 규모의 2차 대수로 사업에도 참여해 막대한 달러를 벌어들였다. 한편으로 신규사업 진출도 활발했다. 렌터카(1985년) 사업에 뛰어든 데 이어 1993년에는 택배 사업에 진출했다. 대한통운은 막강한 네트워크로 곧 택배 시장 1위로 올라서게 되며, 부도와 법정관리 등의 경영 위기를 넘기는 데도 택배 사업은 큰 역할을 하게 된다.

동아건설과 함께 동아그룹의 쌍두마차로 급성장하던 대한통운에 위기가 닥친 것은 1998년 외환위기 때였다. 동아그룹의 모기업인 동아건설이 유동성 위기에 몰린 끝에 부도 처리되고, 이 때문에 리비아 대수로 공사가 중단, 지연되자 지급보증을 섰던 대한통운이 부도 처리된 것이다. 대한통운은 중단됐던 대수로 2차 공사를 2004년 말 재개해 1년 만인 2005년 말 마무리한다. 2001년 6월 대한통운은 민영화된 지 33년 만에 법정관리를 받게 됐다. 법정관리는 무려 7년 동안 이어졌다. 2008년 4월 이번에는 국내 최대 종합 물류그룹을 목표로 내건 금호아시아나그룹을 새 주인으로 맞았다. 그러나 그 해 불어 닥친 글로벌 금융위기로 자금난에 몰린 금호아시아나는 제대로 경영을 해 보지도 못하고 대한통운을 매물로 내놓을 수밖에 없었다. 2011년 8월 현재 대한통운은 CJ그룹을 새 주인으로 맞아들일 채비다. 동아그룹 부도 이후 무려 10년 세월을 격랑 속에서 보낸 셈이다.

대한통운은 이러한 위기에도 불구하고 국내 1위 물류기업으로서의 위상을 변함없이 지켜오고 있다. 80년 동안 주인이 여러 차례 바뀌면서도 물류 외길을 걸어오며 한번도 1위 자리를 내준 적이 없다. 국영기업 시절은 물론 민영화 이후에도 줄곧 한국을 대표하는 물류 기업이라는 '공익적인' 기업 특성을 강조한다.

실제로 88올림픽, 2002월드컵 물자 수송, 국립박물관 이전, 대북 물자수 송 등 국가적인 대형 프로젝트에는 항상 대한통운이 참여했다. 1등 기업으 로서의 비교우위를 잃지 않은 결과다. 전국 곳곳에 거미줄처럼 뻗어있는 네 트워크와 막강한 운송 인프라 덕분이다. 대한통운은 2020년까지 매출 20 조원 규모의 세계 7위 물류기업이라는 새로운 목표를 세웠다.

(www.korex.co.kr)   - 유규하 -

두산동아(斗山東亞)

-60여년 스테디 셀러 『동아전과』와 『동아수련장』

1945년은 출판업계로서는 역사적인 한해이기도 하다. 빼앗겼던 우리말과 우리글을 되찾았다는 감격과 더불어 문화입국을 꿈꾸는 젊은 지식인들이 의욕적으로 출판업계로 진출했다. 1945년 말까지 등록된 출판사는 모두 49개사로 이중 30여 출판사는 새로이 창립된 회사들이다(국민일보 2005. 1. 6일자).

이들 신생 출판사 가운데 두산동아도 1945년 김상문(金相文)이 창립한 동아출판사를 모태로 2010년 현재 66년의 역사를 이어오고 있다. 김상문은 대구사범(현 경북대학교 사범대학)을 졸업한 후 5년여 동안 초등학교에서 교편을 잡았다가 25세에 일본으로 건너가 1년 숙성과정의 홍아공학원 채광과에 다녔다. 당시에는 일제가 군수물자 증산을 위해 광산업을 장려하던 시기였다. 유학 생활 중 프린트사에 필경 아르바이트한 경험을 살려 귀국한 이듬해인 1942년에 동아프린트사를 창립한다.

김상문은 자신의 뛰어난 필체를 무기 삼아 적극적인 영업활동을 벌여 경상북도 도청의 일감을 독차지하는 성공을 거두게 되었고 창업 1년 만에 거래은행이던 대구은행에 1만 2천원을 예금할 정도로 돈을 많이 벌었다. 특히 일제가 패망하기 직전에 약 2만 부에 달하는 그림책 주문을 받아 제작하고 아슬아슬하게 받은 대금으로 종이를 사 둔 것이 후일 동아출판사로 도약

동아출판사에서 펴낸 『국어독본』(위),
『동아전과』(가운데), 『국어사전』(아래)

하는 발판이 되었다. 해방이 되자 김상문은 저절로 물자부족시대에 종이를 다량 확보하고 있는 자산가가 되어 있었다. 해방되던 해 김상문의 맏형 친구이자 당시 경북도청의 학무과장으로 있던 이효상(李孝祥, 후일 국회의장 역임)은 출판용 종이를 많이 확보하고 있던 김상문에게 일제가 물러났으니 경북에서 제일 먼저 우리말국어독본을 만들자고 제의했다. 김상문이 직접 글씨를 쓰고 삽화는 경성사범을 나온 부인 박봉향이 그린 신생국어독본은 1945년에 80페이지 분량으로 3만 부가 만들어졌고 이 책은 이후 중고등학교 교과서의 효시가 되었다. 이를 계기로 동아프린트는 동아출판사로 새로 출범하였다. 이후 동아출판사는 국어자습서, 종합입시문제집, 한글맞춤법해설, 우리국사 등을 출판하며 점차 교과서와 참고서 분야에서 두각을 나타내기 시작했다.

　김상문은 대구가 기반이었던 동아를 1950년 5월 서울로 이전하고 수표동에 60평 한옥을 장만하고 참고서 출판 준비를 하던 중 한 달 뒤 6·25전쟁이 터져 모든 재산을 잃어버렸다. 전 재산을 잃은 김상문은 1951년 다시 대구로 내려간 뒤 『중학입시예상문제집』을 발행하여 공전의 히트를 쳤다. 뒤이어 1953년 발행한 초등학생용 『동아전과』와 중학생용 『완전정복』이 전국의 참고서 시장을 석권하는 성공을 거두어 1954년 다시 서울로 회사를 이전하고 이듬해 1955년 10월 서대문에 9백 평의 3층 사옥을 세웠다.

동아출판사는 사옥 건립과 더불어 한글 인쇄 활자 전체를 획기적으로 바꾸어 인쇄업계에 새 바람을 불어 넣었다. 1956년에는 회사를 주식회사로 개편했다. 1958년에 나온『동아 국어대사전』은 국내 최초로 월부판매를 실시하여 무려 20만 부가 팔리는 등 사세가 점점 확장되어 1959년에는 종업원 수가 6백 명에 이르렀고 사옥도 5층으로 증축하는 등 대기업의 면모를 갖추기 시작했다.

이후 동아출판사는 1971년에 참고서『완전정복』,『동아프라임 영한사전』등의 발행을 통하여 사전류와 중고교 검정도서 부문에서도 두각을 나타내기 시작했다. 특히 1978년에 출판한『동아 새국어사전』은 300만 부 이상 팔린 출판사상 최대 베스트 셀러 중 하나다. 참고서나 사전류 뿐만 아니라『새백과사전』,『백만인의 의학』,『세계문학전집』등을 내놓으면서 출판의 지평을 넓혀 갔다. 그러나 무리한 확장으로 1970년 7월 부도로 동아출판사는 3년간 채권단에 의해 위탁경영을 받은 적도 있었다. 그러나 위탁경영 기간 중 『완전정복』시리즈의 호조로 사세 회복에 성공, 1976년부터 다시 경영이 정상화 되어 인쇄물 수출에서 업계 1위를 기록하였다. 1978년에는 참고서 시장을 70% 점하는 기염을 토하였다. 특히 1983년 1학기에는 초중고를 합쳐 참고서 판매 최고 기록인 4천만 부를 팔아 1천억 원의 매출을 올리기도 했다.

80년대에 들어와 김상문은 경영다각화에 나서기 시작했다. 동아인쇄공업과 대아지공을 설립하고 국내 최초로 전산 사식 시스템을 도입하였다. 또한 로스엔젤스 올림픽 가이드 출판 및 판매권을 획득하여 미국에 동아서적사를 설립했다. 또한 1983년에는 6년에 걸쳐 기획한『동아원색 세계대백과사전』을 완간하여 정부로부터 보관문화훈장을 받기도 했다. 그러나 최신 기계설비 도입, 공장 증축 등에 막대한 자금을 투입한 상태에서 거액을 들인 야심작 원색백과사전이 예상 판매량의 절반에도 미치지 못하면서 자금 압박을 받기 시작했다. 더구나 동아출판사의 주 수입원인 참고서도 교과서 개편 주기와 맞물려 판매가 부진하여 결국 동아출판사는 1천억 원에 달하는 부채를 감당하지 못하고 주거래은행인 상업은행의 권유로 1985년 2월 두산그룹에 인수되었다.

김상문이 동아출판사를 창립한 지 40년 만의 일이다. 두산이 동아출판사를 인수하자 군소 인쇄업체들이 대기업이 영역 침범한다는 이유로 거세게 반발했다. 두산도 그룹 내 출판관련 사업이 없어 경험이 없다는 점과 1천억 원에 이르는 부채 또한 가장 큰 부담이었기 때문에 내부적으로 반대의견이 상당했다. 그러나 두산 경영진은 동아가 쓰러진 것은 1인 경영체제로 인한 비합리적인 방만 경영에 있다고 보고 합리적인 현대적 경영기법을 도입하면 문화사업으로 성공시키는데 승산이 있다고 판단하였다. 우선 두산은 직원들을 일본 업계에 연수를 보내고 새로이 인쇄연구소를 설립하는 등 기술력 향상과 전문 인력 양성에 힘을 쏟았다. 또한 동아의 강점인 참고서적, 사서류 중심의 사업방식에서 한 걸음 더 나아가 전집류, 단행본, 만화 등 인문, 사회, 자연과학, 문학 분야 등으로 출판물 다양화를 꾀하였다. 『우리시대 우리작가』전 50권 발간, 『국부론』, 『이기적인 유전자』등이 이즈음 발간된 책들이다. 1991년에는 도서상품권 발간 회사인 한국도서보급주식회사를 설립하였고 1998년에는 (주)두산으로 합병되어 사명이 (주)두산 출판 BG(Business Group)로 변경되었다. 2008년에 다시 두산동아(주)로 사명 변경을 하면서 (주)두산에서 분할되었다.

2010년 현재는 (주)두산이 지분을 100% 소유하고 있으며 사업구성은 교과서, 참고서, 사서류 등 교육관련 서적 및 컨텐츠가 약 63%, 기타 출판물 라벨지, 제품 포장지 등 인쇄사업이 약 37%를 각각 차지하고 있다. 특히 교과서 부문에서는 발행부수 기준으로는 업계 1위인 약 47%의 시장 점유율을 갖고 있다. 수많은 '최초'를 기록한 두산동아의 최초 창립자인 김상문은 이후 재기에 실패하고 2011년 3월 고인이 되었다.

(www.doosandonga.com)

- 오춘애 -

디엠씨(Daegu Machinery Corporation)

– 여운형 가 3대 수난을 넘어

금속 절삭기계를 제조하는 중소기업 대구중공업(주)이 창립된 건 광복 직전인 1944년 10월의 일이다. 환갑을 훨씬 넘긴 연륜을 쌓으면서 한국 기계공업의 산 증인이 된 것이다. 해방정국의 민족주의자 몽양 여운형(呂運亨)의 동생 여운홍의 아들, 그러니까 몽양의 조카 여성구(呂聲九)가 창립자이다. 그가 작고(시기 미상)한 이후 그의 아들 여인영(呂寅英)이 대를 이어 회사를 운영했다. 그러나 일제의 폐망과 한국전쟁, 4·19혁명, 5·16군사쿠데타 등 정치적 사회적 혼란기를 거치는 동안 대구중공업의 사세는 명맥을 유지하는 정도였다.

70년대 들어서야 생기를 찾은 대구중공업주식회사(대구광역시 서구 중리동)는 76년 상공부로부터 중소기업형 전문공작기계공장으로 지정받았고, 78년 전국 품질관리 경진대회에서 국무총리상을 수상하는 등 능력을 인정받으면서 활기를 띄었다. 회사의 형편이 안정되자 대표이사 여인영의 동생 여인성이 펄프 및 종이가공용 기계를 제작하는 대중기계를 설립, 독립해 나갔다. 그래서 82년에는 대구중공업이 중소기업계열화공장 모범기업체로 지정됐고, 수출의 날에 대통령표창도 받았다. 88년에는 정밀정확도 평가대회 우수상을 받았다. 91년 대중기계가 경영난에 빠지자 대구중공업으로 통합 운영해 위기를 넘기는 등 형제간의 우애를 과시했다.

대구중공업의 CNC선반

대구중공업이 94년 일시적으로 법정관리를 받은 시기에도 노사관계 모범사업장으로 노동부장관 표창을 받을 정도로 사원들을 돌봤으며, 95년 노사화합 우수상을 받고, 97년에는 노사협력 우량기업으로 선정되는 등 화합하는 노사관계를 과시하기도 했다. 99년 수출유망 중소기업으로 선정되고 2000년 대구 중소기업청이 기술평가기업으로 벤처기업에 지정했다.

2001년에는 수출 500만달러탑을 수상했다. 대구중공업 덕분에 경영위기를 벗어난 대중기계는 2000년 주식회사 대중기계라는 법인상호로 다시 독립했다. 그러나 역동적이면서 착실한 경영에도 불구하고 대구중공업은 다시 경영난에 빠져 결국 2003년 일림나노텍(주)(회장 박효찬)에게 회사를 넘기는 비운을 피할 수 없었다. 여씨 후손들이 대를 이었던 경영권이 제3자에게 넘어간 것이다.

일림나노텍(경남 창원시 팔용동)은 1992년 설립된 금속 절삭가공기계 제조업을 하는 중소기업체이다. 대구중공업 회장으로 취임한 박효찬은 2005년 상호를 디엠씨(Daegu Machinery Corporation의 머리글자)(주)로 바꿨다. 그 후 인수 당시 200억원 가량이었던 매출액이 계속 증가, 2009년에는 약 280억원으로 늘었고. 상시종업원 수도 33명에서 60명으로 배나 늘었다. 2006년과 2008년 두 차례 벤처기업으로 재지정 받았다.

디엠씨(주)가 이렇게 성장세를 보인 것은 기존의 인력과 체제를 그대로 유지하면서도 전에 갖지 못했던 소형정밀가공기와 초고속 레이저커팅 기계 분야에서 앞선 정밀도를 확보하고 있는 일림나노택과의 제작협력을 통해 더욱 다양한 제품을 생산, 시너지 효과를 낼 수 있었기 때문이다. 현재 CNC선반과 산업전용기, 종이재단기, 자동화기계, 광섬유인출기, 특수기계 등을 취급하고 있다.

대구중공업과 결별한 대중기계(주)는 자본금 3억5,000만 원에 매출액 34억 원, 상시종업원 26명에 불과한 중소기업이지만 2004년 전 기종에 S-마크 인증을 획득했고, 2006년에는 유망중소기업과 기술혁신형 중소기업(Inno-Biz)으로 지정받았다. 2007년과 2009년 두 차례 벤처기업으로 지정되는 등 꾸준한 발전을 거듭하고 있다.

대중기계 여인성 대표의 아우 여인걸도 1981년 (주)대중(경북 고령군 다산면 송곡리 다산주물공단)을 설립, 선친과 두 형의 뒤를 이어 강주물 주조업을 경영하고 있다. 화주철, 선박엔진부품, 공작기계부품 등을 생산, 국내는 물론 영국, 일본 등에 수출도 하면서 활기찬 경영을 하고 있다. 자본금 3억1,200만원으로 매출액 593억원(2009년)을 올리고, 상시종업원 176명의 중소기업이다. 매출액은 2000년 80억에 비해 9년 동안에 7배 이상, 종업원 수도 78명에서 2배 이상 증가한 것이다.

선친이 창립한 모기업 대구중공업은 잃었으나, 다시 시작한 형제들의 기업 (주)대중기계와 (주)대중이 새로운 여 씨 기업의 적통성을 이어가기 위해 분발하고 있다. (www.idmc.kr)　　　　　　　　　　　　　 - 노계원 -

로케트전기

– 수렁에서 헤어나 제2의 창업에 성공

로케트전기(주)(광주광역시 북구 일곡동 758)는 전 호남전기공업주식회사가 1982년 상호를 바꾼 건전지 전문 생산·수출업체이다. 호남전기는 1946년 설립돼 건전지와 그 응용기구, 제조설비를 제조·판매하는 64년 전통의 장수기업이며 몇 안되는 호남기업 중 굴지의 대기업이다.

설립자 심만택(沈萬澤)은 광주시 호남동에서 수공업으로 사업을 시작, 호남전기의 바탕을 마련해 놓았다. 그의 아들 심상하(沈相夏)가 20세 때 사업을 물려받아 세 동생과 함께 회사를 키웠으며, 5·16이후 우량기업으로 평가받아 정부의 지원을 받으면서 건전지 업계를 석권하게 됐다.

일찍이 60년대에 고성능 망간전지를 개발해 KS마크를 획득하고, 최초로 주한미군에 수출하면서 공업소유권 최우수상을 수상했다. 70년대에는 세계적인 건전지 메이커인 일본 마쓰시다전기와 기술제휴로 광주 일곡동 제2공장을 건설해 고성능 로케트 하이수퍼를 생산했다. 기존 우산동의 제1공장과 함께 건전지 생산 능력이 연 4억6천만 개에 달하는 등 번창 일로였다.

잘나가던 호남전기가 집안 싸움의 소용돌이에 휘말린 것은 70년대 초부터다. 1968년 당시 회장이던 심상하가 40세도 안된 젊은 나이에 심장마비로 사망한 뒤 나머지 형제들 간에 재산 싸움이 벌어지자 미망인 진봉자(陳鳳子)가 회사 대표이사를 맡아 실권을 행사했다. 1972년 아들 심흥근(沈

泓根)에게 회사를 넘기면서 거액의 상속세를 포탈한 사실이 들어났다. 또 진해전지를 인수하면서 자산평가액을 낮춰 신고해 취득세와 법인세 등을 포탈하는 등 탈세 액수가 모두 55억여원에 이르렀음이 국세청 조사 결과 밝혀진 것이다.

진봉자는 또 회장으로 있으면서 창업공신 중역들을 내쫓고 남동생, 형부 등 외척들을 경영에 참여시키면서 심 일가와 경영권 다툼이 표면화되기도 했다. 이때 억울하게 쫓겨난 중역들이 이 회사의 비리를 사직당국에 투서로 고발한 것이다. 이 일

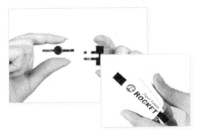

망간 전지와 페이퍼 전지

로 진봉자가 구속되고, 아들 심홍근은 방탕한 생활을 하다 1977년 동해안에서 익사체로 발견됐다.

주인을 잃은 호남전기는 호남 유수의 기업이라는 점을 감안한 당국의 배려로 공매를 피하고 호남출신 실업인들이 공동인수하도록 했으나 인수단 당사자들 간의 이견으로 무산됐다. 그 후 삼강산업이 인수했다가, 1978년 당시 전남일보·전일방송 회장 김남중(金南中)이 최종적으로 인수해, 경영부실의 수렁에 빠진 호남전기를 재건, 오늘에 이르게 한 것이다.

탈세사건 직전까지만 해도 호남전기가 로케트 건전지를, 계열사 진해전지가 자동차용 축전지를 만들고, 그밖에 동양전기, 한국카본, 송강물산 등 방계회사를 거느린 대기업으로 성장해 국내 건전지 제조업계를 거의 독점하고 있었다. 호남전기 탈세사건은 국내시장을 석권한 독점 기업체이면서도 탈세라는 사회적 부조리를 빚었다는 점에서 기업인들에게는 하나의 경

종이 됐으며, 기업 풍토 정립의 한 계기가 됐다.

80년대 들어 로케트전기는 본격적인 해외 수출 활동을 벌였다. 타이랜드와 방글라데시, 예맨, 네팔, 파키스탄, 인도네시아 등 세계 30개국에 건전지와 플랜트를 수출하는 등 과잉생산과 판매부진으로 막혔던 국내 시장의 숨통을 해외에서 뚫어보려고 노력했다. 새 상품 개발에도 힘을 기울여 알카리 단추형전지, 신화은선지, 리듐1차전지 등을 개발했다. 81년 일본 도쿄 사무소를 개설하고 83년에 첫 수출을 개시했다. 84년 미국 뉴욕과 로스앤젤레스에 지사를 설립했다. 87년 기술연구소를 개원하고, 88년 7월에는 증권거래소에 주식을 상장, 기업을 공개했다. 11월 산업포장 대통령상을, 이듬해는 우수KS업체대상(국무총리상)을 수상했다. 이해 도쿄에 현지 법인도 문을 열었다.

1987년 김남중이 사망하자 당시 전무로 있던 그의 아들 김종성(金鐘聲)이 뒤를 이어 사장으로 취임, 2세 경영체제에 들어갔다. 90년대 들어 국내의 과잉생산에다 값싼 중국산 전지가 대량수입으로 건전지 업체들은 심각한 경영난에 빠졌다. 로케트전기의 경우 91년 한해 동안 1백억원대의 적자를 기록, 감량 경영이 불가피했다. 생산직 인력을 대폭 정리하고 일부 품목은 생산을 중단하는 한편 보유 부동산을 매각했다. 당시 사장 김종성은 자기 지분의 주식 1만주를 팔아 회사 차입금을 갚기도 했다.

이런 상황에서도 로케트전기는 니켈수소전지, 니켈카드뮴고용량전지, 무수은알카리망간전지, 이동전화용 팩전지, 무카드뮴망간전지, 팩전지용 충전기 등 12종의 긴전시와 관련제품을 개발·생산 했다. 또한 중국에 2백만 달러, 영국에는 180만 달러 상당의 설비를 수출했다. 하남 제2 공장을 준공하고, 판매와 수출입 전문 업체인 로케트상사를 설립했다. 92년에는 중국 심천(深川)에 홍콩의 하이와트전기와 합작으로 건전지 생산 공장을 건설하기로 합의했다. 95년에는 기존의 전지보다 성능이 2배나 뛰어난 충전식 니켈수소전지를 생산 출시했다.

2000년대 들어서도 종이베터리 등 6종의 새로운 상품에 대한 개발 노력을 계속했다. 타이랜드 현지법인과 방콕지사를 설립하고 폴란드 공장을 인수했다. 2010년에는 초박형 망간전지(페이퍼전지) 제조법의 미국 특허를 획득하고, 미국 보스턴파워사와 145억원 규모의 리튬이온 2차전지 제조설비 수출 계약을 체결했다.

이미 일본에서 특허를 취득한 초박형망간전지는 로케트전기가 세계 최초로 개발한 최첨단 고용량 고출력 전지다. 이 회사는 이 전지를 이용한 미용패치를 일본 화장품 업체와 공동으로 개발하고, 국내 업체와도 사업성을 타진하고 있다. 이 종이전지는 이밖에도 IC카드, 전자페이퍼, 초박형 전자기기, 웨어러블(옷처럼 입는) 컴퓨터 등 미래 첨단 전자 산업의 핵심 기반이 되는 꿈의 기술로 세계적인 최고 기대 품목이다.

창립 이후 건전지 한 분야만을 고집해온 로케트전기는 한국 전지 발전의 역사이자 산 증인이라 할 수 있다. 로케트전기는 김남중이 인수 후 직접 경영일선에서 회사를 이끌어 왔고, 1987년 사망 후 2세 김종성으로 이어진 오너 체제가 지속돼 오면서 안정된 가운데 발전을 거듭하고 있다. 쏟아져 들어오는 수입 전지에 밀려 감소되던 영업이익이 2009년에는 전년보다 2배 가까운 17억원, 매출액도 12% 늘어난 558억원, 당기순익은 전년도 560억원 적자에서 160억원 흑자로 돌아섰다. 사업은 확장되면서도 조직의 경량화와 업무의 전산화로 종업원 수는 4년 전의 절반 수준으로 줄었다. 지칠 줄 모르는 개발정신과 안정된 경영체제가 로케트전기를 발전시키는 원동력이라는 평가를 받고 있다. (www.rocket.co.kr)   - 노계원 -

롯데손해보험

- 처가와의 불화로 몰락한 대한화재의 후신

롯데손해보험은 경영부실에 빠진 구 대한화재해상보험을 2008년 4월 롯데그룹이 인수해 이름을 바꿔 새롭게 출범한 금융전문 기업이다. 인수 이후 겨우 2년 동안에 업계 최고인 30%의 매출 신장률을 보이고, 자산총계 1조 6천억원을 돌파했다. 출범 당시 79개였던 점포는 130여개로 확대됐고, 2010년에는 보험금자금능력평가 A등급을 받았다.

전신 대한화재해상보험은 광복 직후인 1946년 부산 출신 양조업자 하원준(河元俊)이 창설했다. 하원준은 자유당 시절 국회의원에 두 번이나 출마했다가 낙선하는 바람에 선거빚을 많이 졌던 군납업자 김치복(金致福)에게 1954년 울며 겨자 먹기식으로 회사를 넘겼다.

김치복은 최태섭(崔泰涉)과 이봉수(李奉守) 등 신의주 출신 동향인들('신의주 트로이카')을 주주로 끌어들여 공동으로 경영했다. 1963년 한국무역화재보험을 인수해 합병하고, 1970년 장기저축성보험 업무를 개시하는 등 활발하게 사업을 확장했다. 이듬해 4월에는 증권거래소에 주식을 상장, 기업을 공개했다. 70년대에 들어 대한화재는 일대 신풍운동을 벌였다. 김치복 사장의 장남 김성두(金聖斗. 미국 뉴욕보험대학에서 석사 과정을 이수, 현지 손보사에서 차장급까지 근무)가 귀국, 재보험공사 촉탁사원을 거쳐 1969년 이 회사 기획부장으로 부임하면서부터였다.

엘리트 영업사원을 외부에서 스카웃하고, 영업사원에 대한 능률급 보너

스제를 신설하는 등 사세 확장과 복지 향상을 위한 조치들을 실시했다. 내외적으로 사세 확장에 박차를 가한 것이다. 1983년 자동차보험 인가를 받고, 1991년 5월부터는 24시간 보상 서비스를 개시했다. 2002년 온라인 '하우머치 자동차보험' 판매를 시작했다. 2004년에는 한국서비스우수기업 인정을 획득하고, 방카슈랑스 업무를 개시했다. 당시 대한화재는 10개 손보사 중 2, 3위를 다투는 상위권을 점하고

롯데손해보험의 이미지 광고

있었다. 업계에서는 이 회사가 수입보험금 운영을 부동산 투자나 금리가 높은 정기예금에만 의존하고 있기 때문에 지나치게 보수적이고 신중한 경영체라고 평가했다. 1972년 우량기관투자자로 국무총리상을 수상했다.

1979년 9월, 원로 보험인 김치복 회장이 사망한 뒤 대성목재 사장을 지낸 육군중장 출신 황필주(黃弼周)가 사장으로 영입됐다. 80년대 들어 사옥 신축에 따른 자금 부담과 신규계약 부진 등으로 경영이 어려워지자 통반까지 판매조직을 강화하는 등 열을 올렸으나 별다른 효과를 얻지 못하면서 사업비 지출은 업계 수위를 달리고 있었다. 1981년 12월에는 회사 빌딩 지하에서 프로판 가스 폭발로 인한 화재까지 발생하는 등 곤경이 겹쳤다.

1983년 5월 대한화재는 부사장으로 있던 창업자 김치복의 장남이자 전문 경영인 김성두를 사장으로 올려 경영책임을 맡겼다. 동시에 서울석유(주) 회장으로 있던 김성두의 장인 백은규(白殷珪)를 회장으로 영입했다. 같은 해 영국 런던 사무소를 개설하고, 자동차보험 업무를 개시했다.

1991년 제4차 남북고위급회담을 계기로 남북관계가 급진전을 보이는 가운데 교역 확대에 대비해 남북 보험회사 간 교류 문제가 제기되자 대한화재

는 북한 유일의 국립 조선국제보험공사와 접촉하고 재보험 상호 교환을 시도했다. 1992년에는 중국인민보험공사를 비롯 헝가리, 프랑스의 보험사들과 업무협정을 체결하는 등 사세를 계속 확장했다.

1992년 모든 손보업계가 경영난에 봉착했다. 보증보험 부문에서 계속 손실이 증가하고 있는데다가 요율 인상에도 불구하고 자동차보험의 손해율이 좀처럼 축소되지 않았기 때문이다. 이 같은 경영난 속에서도 기업보험을 무리하게 유치하기 위해 사업비를 과다하게 지출하는 등 과당경쟁을 계속했다. 대한화재는 1993년 한 해 동안 약 800억원의 적자를 기록했다. 이것은 같은 기간 보험료 수입의 20%가 넘는 액수였다. 그런 상황에서 장인 백 회장의 입김이 계속 강화되면서 그의 아들 백일환(白日煥, 후에 대한화재 부회장)을 통해 지분을 확대해 나가고, 이에 따라 자신이 회사의 자금운용에 실권을 행사하기 시작했다. 1993년 3월 김성두 사장이 전격 퇴임함으로써 40여년간 대한화재의 실질적인 경영자였던 김씨 일가는 사돈이자 처가인 백씨 일가에게 경영권을 넘긴 것이다. 그때부터 대한화재는 몰락의 길에 들어갔다. 대한화재는 그해 9월 보험감독원의 경영평가 결과 6개월간 점포 신설을 금지당했다. 이후 경영이 더욱 악화돼 부채가 자산을 초과하게 되자 2001년 보험감독원은 정상적인 영업이 어렵다고 판단, 부실금융기관으로 지정하고 매각절차에 들어갔다. 이 와중에도 백씨 일가는 보유 주식을 사전에 모두 매각 처분하는 기민성을 발휘하다가 일반 투자자에게 손실을 주었다는 혐의로 구속되기도 했다.

대한화재는 보험예금공사가 일부 출자로 대주주가 돼 대한시멘트에 매각됐고, 같은 해 대주그룹에 편입됐다. 2008년 2월 금융감독위원회는 호텔롯데 등 4개사(롯데 컨소시엄)가 대한화재의 대주주(지분율 57%)로 승인함으로써 롯데손해보험으로 재탄생했다. 롯데손해보험은 그 연혁에서 설립일을 1946년 5월 20일로 기록, 대한화재의 64년 역사를 잇고 있다.

(www.lotteins.co.kr)

― 노계원 ―

롯데칠성

– 브랜드 파워의 위력 60년

그 옛날 소풍이나 운동회 때 도시락 옆에는 칠성사이다 한 병이 따라다녔다. 그 칠성사이다가 탄생 60년 회갑을 맞았다. 이 사이다를 탄생시킨 회사는 세월의 흐름 속에 우여곡절을 겪으며 주인이 여러 번 바뀌었지만 브랜드는 여전히 회사 이름에까지 남아 명맥을 이어가고 있다. 좀 촌스럽게 느껴지는 칠성이란 이름이 당당하게 살아남은 비결은 무얼까? 그건 전적으로 소비자의 사랑 속에 강하게 각인된 브랜드 파워의 위력이라 할 수 있다.

우리나라에 탄산음료가 등장한 것은 1930년대로 이후 국내 청량음료사업이 자리를 틀기 시작했다. 그 중 한국전쟁을 1개월여 앞둔 1950년 5월 9일 창립된 동방청량음료가 출시한 음료가 칠성사이다였다. 칠성이란 제품명은 창립주주 7명의 성(姓)이 각각 다른데서 착안한 것이지만 밤하늘을 밝히는 북두칠성처럼 음료업계를 빛내라는 의미로 성자를 별 성(星)자로 바꾸어지었다고 한다. 동방청량음료는 주주 7명 가운데 연장자인 주동익을 사장으로 내세웠다.

동방이 사이다를 출시했을 때 이미 시중에는 선발업체인 서울사이다와 스타사이다가 자리잡고 있었다. 게다가 동방은 제품 출시 한달여 만에 전쟁을 맞았다. 피난으로 뿔뿔이 흩어진 주주들은 1953년 3월 전쟁이 소강상태에 이르자 서울로 돌아와 회사 재건에 나선다. 투자자는 일부가 바뀌고 8명

롯데칠성의 각종 제품들
위) 칠성사이다
아래) 스카치 블루

으로 늘었으며 대표이사는 주동익이 계속 맡았다. 동방은 새로 조성한 자금으로 수동식 기계를 반자동 기계로 바꾸었다. 1960년대 들어 음료업계는 호황을 맞았다. 정부가 특정외래품단속법을 만들어 군부대 등에서 흘러나온 외래품을 집중 단속해 국산음료의 소비가 촉진되며 수요가 늘었기 때문이다. 동방은 1963년에는 미8군에 칠성사이다를 납품하고 1964년 5월에는 서울사이다로 명성을 날리던 서울청량음료를 흡수 통합하기에 이른다. 1966년에는 월남파병과 때를 같이해 업계 최초로 사이다를 베트남에 수출한다. 이후 동방은 업계1위의 자리에 올라 1968년에는 월간 판매량 1만 상자를 기록했다.

그러나 1966년 동양맥주가 출자한 한양식품 등 4개의 회사가 잇따라 국내 코카콜라 보틀러회사로 등장하자 위기를 느낀 동방은 코카콜라의 경쟁 제품인 펩시콜라를 도입하기에 이른다. 동방은 1967년 11월 펩시콜라 보틀러 법인으로 한미식품공업주식회사를 설립했다. 그러나 펩시와의 기술제휴를 반대하는 일부 주주들이 동방에서 독립해 칠성음료공업을 새롭게 출범시키고 칠성사이다 외에 스페시코라 라는 콜라를 독자적으로 생산한다. 이 후 국내 음료시장에서는 코카콜라와 펩시콜라, 그리고 스페시코라(후에 칠성코라로 바꿈)의 판매전이 치열하게 펼쳐진다.

한미는 동방이 이미 구축한 탄탄한 전국판매망을 통한 도매상 공급과 중간대리점을 거치지 않고 직접 소매상에 제품을 공급하는 루트세일 방식을 병행했다. 이에 힘입어 1969년과 1970년 연속 시장점유율에서 코카콜라와 스페시코라를 앞서나갔다. 이처럼 한미식품공업이 펩시콜라로 성장을 구가하고, 칠성음료공업은 칠성사이다와 칠성코라로 사업을 활발히 전개할 때, 두 업체의 모기업격인 동방청량음료는 상대적으로 입지가 줄어들게 된다. 결국 동방음료는 1969년 12월 한미식품공업에 흡수된다.

이후 한미식품과 칠성음료공업은 몇 차례 갈등 끝에 결국 재합병의 길을 택하게 된다. 두 회사의 합병은 1973년 3월 이뤄졌고 상호는 칠성한미음료 주식회사로 명명됐다. 칠성의 브랜드 파워가 컸기에 칠성을 앞머리에 붙인 것이다. 칠성한미음료는 합병 첫해에 전년대비 166%의 성장과 순이익이 5억원을 넘기는 등 큰 성과를 보였다. 그러나 1973년 말 오일쇼크를 겪으면서 경영난에 봉착한다. 석유파동 여파로 병값이 치솟아 원가부담이 커진 데다 설탕값이 44%나 인상되며 품귀를 보였기 때문이다. 청량음료 원액수입 제한도 악영향을 끼쳤다.

칠성한미음료의 매출은 1973년 56억원에서 1974년에는 47억원으로 줄었고 영업이익은 6억2천만원의 적자를 보였다. 거액의 적자와 채무, 지속되는 불황 등의 삼중고를 견디기에 역부족이었다. 게다가 주주간의 알력은 골이 깊어졌다. 결국 임원진은 재무구조가 건실한 기업에 회사의 경영권을 넘기기로 하고 1974년 롯데제과에 칠성한미음료를 양도한다. 이때부터 롯데칠성음료 시대가 열리며 단순한 청량음료회사가 아닌 거대한 종합 음료기업으로 도약하는 발판을 이루게 된다.

롯데칠성음료는 1975년 부산의 합동음료공업을 인수해 부산공장으로 삼는 등 전국적으로 사업영역을 넓혀나갔다. 또한 오렌지주스를 비롯해 과즙음료시장에 참여하는 등 음료 제품의 다각화에 나섰다. 1986년에는 주식회사 롯데주조를 흡수 합병해 주류사업에도 진출했다. 서민용 양주인 캡틴큐로 시작한 주류사업은 정통 위스키 생산으로 이어져 스카치 블루라는 독자적인 위스키를 개발해 낸다. 롯데칠성음료는 각종 음료와 주류를 합쳐 이

제 연간 2조원의 매출을 올리는 거대기업이 됐다.

이렇게 성장한 배경에는 롯데칠성음료의 자본력과 끊임없는 연구개발에 힘입은 기술력, 다각적인 마케팅 등의 힘이 있다. 그러나 60년간 국민의 사랑을 받아온 칠성이란 브랜드의 파워도 무시할 순 없다. 2009년 칠성사이다 단일품목의 매출은 2800억원으로 국내 사이다 시장의 78%를 차지했다. 지금까지 총판매량은 160억병. 국민 1인당 한달에 1병 정도 마신 것으로 추산된다.(company.lottechilsung.co.kr)   - 박영규 -

메리츠손해해상보험

– 미수를 넘어 발전하는 최초의 화재보험

구한말 전통적 사농공상의 신분질서가 무너지고, 상업 규모가 커지면서 국민의 보험에 대한 인식이 서서히 싹트기 시작했다. 1800년대 말 국내에 들어오기 시작한 일본 보험회사들은 주로 농가의 기본재산인 소, 가옥, 농토 등을 가입대상으로 했으며, 청·일전쟁, 러·일전쟁의 영향으로 화재해상보험의 가입도 서서히 늘어났다.

3·1운동 이후 한국에 대해 유화정책을 펴면서 조선총독부는 국내 보험기업으로는 최초로 '조선화재보험'을 허가했다. 조선화재보험은 1921년 12월 조선식산은행본점(지금의 롯데백화점 자리)에서 일본과 국내 금융, 실업인들이 모여 회사설립 발기대회를 열면서 설립 허가 신청서를 총독부에 제출하고, 사무소는 조선식산은행본점에 두기로 했다. 이듬해 7월 총독부는 화재·해상·운송보험과 이들의 재보험영업을 목적으로 하는 '조선화재해상보험주식회사'의 설립을 허가했다.

1921년 조선화재 설립허가 발기인대회 관련 위임장

메리츠의 전신인 1920년대의 조선화재의 경원 대리
점 건물과 1942년 임직원 일동이 기념촬영한 모습

1922년 9월에 열린 창립총회는 사장에 일본인 고우치야마(河內山樂三), 취체역에는 일본인 5명과 이병하(李炳夏) 등 한국인 3명, 감사역에는 일본인 3명과 한국인 2명을 선출했다. 이어 10월 1일 경성부 황금정 1정목 97번지(지금의 을지로 1가) 사무실에서 업무를 개시했다. 자본금 500만원의 국내 첫 보험회사가 탄생한 것이다. 당시 회사조직은 사장을 포함 모두 46명이었는데, 이 가운데 조선인은 임원 4명, 사원 4명 등 모두 8명에 불과했으며, 따라서 일본인이 주도권을 잡고 있었다. 1942년에는 모두 113명으로 늘어났으나 조선인은 20명에 불과했다.

조선화재의 설립은 국내외에서 거둬들인 보험료를 가능하면 일본으로 유출시키지 않고 국내에 투자 또는 예치하게 함으로써 국내 경제를 부흥시키자는 데 의의가 있었다. 자산규모는 점차 확대돼 1935년 579만 원이던 총자산이 1945년에는 1,602만 원으로 3배 가까이 늘어났다.

조선화재 설립 당시인 1920년 전후해서 한국에 진출해 있던 일본 손보사는 이미 300여개에 영업망도 700여개로 경쟁이 치열했으며, 신설 조선화재에게는 큰 장애 요인이었다. 조선화재는 개업 직후 만주지역의 하르빈, 장춘, 연변 등지에서 조선은행을 통해 계약된 보험을 인수했으며, 여기에서 거둬들인 보험료가 조선화재 전체 보험료의 30%에 이르렀다. 1935년 태평동(서울 중구 태평로1가 19번지)에 새 사옥을 준공, 본사를 이전했다.

광복과 함께 일인이 운영한 적산기업이라는 이유로 조선화재보험은 미군 정청에 귀속됐다. 1946년 한국인 주주들만으로 총회를 열어, 사장 김영상을 비롯한 새로운 경영진을 구성하고, 12월부터는 업무를 시작했다. 창립 이래 일본인 임원의 주도로 경영해 왔던 운영체제는 한국인 임원들만으로 완전 교체됐다. 지금까지 통제받던 일본보험법에서 벗어나 우리 고유의 보험관계법을 만들기 위해 1948년 정부수립 직후 보험업법기초전문위원회를 구성해 법률 작업에 들어갔으나 6·25전쟁 발발로 무산됐다. 50년 5월 일제 때 쓰던 '조선화재'라는 상호를 '동양화재해상보험'으로 바꿨다. 이윽고 전쟁이 터졌고, 피난지 부산에서 보험 활동을 계속 수행했다. 53년 7월 휴전이 이뤄지자 곧 서울로 올라와 9월에야 겨우 10여명의 인력으로 영업을 다시 시작했다.

정부에 귀속됐던 동양화재를 불하받은 것은 엉뚱하게도 학교법인 이화학당이었다. 이화학당은 남아도는 학원자금을 투자하겠다는 목적으로 동양화재를 1955년 불하받아, 사장으로 박두병(朴斗秉. 후에 두산산업 회장)을 회장으로 임명했으나, 경영에는 직접 관여하지 않았다. 56년 7월에는 국내 손보사로는 최초로 증권거래소에 주식을 상장, 기업을 공개했다.

4·19와 5·16 등 사회 정치적 혼란기를 거치면서 1962년 삼성그룹의 동방생명이 이화학당으로부터 동양화재를 인수, 삼성 산하 기업이 됐다. 그리고 곧 빠른 기세로 성장일로에 진입, 인수 당시 안국화재의 70%에도 미치지 못했던 영업실적이 불과 3년 만에 대등한 수준에 올랐다. 1967년 동양화재는 다시 한진그룹의 일원으로 편입됐다. 손보사 2개를 가지고 있던 삼성은 그 중 하나를 처분하기로 하고 동양화재를 한진그룹에 넘긴 것이다.

당시 한진그룹은 월남 파견 기술자의 근로재해보상책임보험에 대한 수요가 많았기 때문에 손해보험 사업에의 진출이 불가피한 사정이었다. 한진그룹 조중훈(趙重勳) 회장은 자본과 경영의 분리 원칙을 내세워, 당시 문옥주(文玉柱) 사장을 비롯한 동양화재 임원들을 그대로 유임시켰다. 동양화재는 그해 바로 영업실적으로 업계의 선두자리에 올랐다. 63년에 영업을 시작한 뒤 지지부진하던 항공보험도 한진이 국영 대한항공을 인수하면서 급성장했다. 1976년 업계 최초로 연간 보험료 100억원을 돌파했다. 이어서 영국 로열사와의 업무 제휴와 도쿄, 뉴욕으로 사업을 넓히는 등 국제적 기업으로 사세를 확장해 갔다. 1983년 12월 태평로 시대를 마감하고 사옥을 여의도로 이전하면서 전산시스템과 경영정보시스템을 완비했다.

1998년 외환사태 때는 인위적인 구조조정 없이 우수 상품의 개발과 적극적 판매로 무난히 위기를 극복했다. 이때 개발된 보험상품이 학교폭력지킴이보험, 해피엔딩서비스보험, 올커버운전자종합보험, 파워플랜보험 등 참신한 아이디어 상품들이었다. 이해 동양화재는 국내 1위의 손해보험회사로 선정됐다. 이러한 성과는 사장을 비롯한 노사간에 정기적으로 '토론마당'을 벌여 상호 이해와 화합을 다지고 새로운 아이디어를 도출하는 전통이 이룩한 성과로 평가된다. 2001년에는 국내 은행들과 포괄적 협약을 맺고 본격적인 방카슈랑스 업무를 개시했다.

2003년 7월 재정경제부가 발표한 한국배당주가지수(KODI) 50종목 중 보험회사로는 동양화재가 유일하게 선정됐다. 이 무렵 세계적인 보험회사 신용평가 기관인 A.M.Best사로부터 B++(Very Good) 등급을 받았다. 그러는 가운데 동양화재는 한진그룹과의 계열분리 작업을 진행했다. 기업의 투명성과 기업의 가치를 극대화하기 위해서였으며, 공익적 성격이 강한 손보사의 독립적 경영의 보장이라는 점에서 사회적 의의가 큰 것이었다. 계열분리작업은 메리츠증권, 한불종금과 함께 종합금융그룹으로 도약한다는 계획 아래 진행됐다.

2005년 공정거래위원회로부터 계열 분리 승인을 받은 동양화재는 그 해 10월 회사명을 메리츠화재해상보험주식회사로 바꾸고 대표이사 회장에 조중훈의 4남인 조정호가 취임했다. 총자산이 2005년에는 3조원, 2007년에는 4조원, 2009년 1월에는 5조 원을 돌파, 2년마다 1조원씩 늘어나는 발전

을 이룬 셈이다. 2007년 A.M.Best가 신용평가 A+(Excellent)로 상향조
정하고, 2010년 Moody's는 신용평가 4년 연속 A3등급을 인정했다.

메리츠화재해상보험주식회사는 우리나라에서 최초의 보험회사 조선화재
로 출발해서 오늘날까지 88년 미수의 연륜을 쌓을 동안 5번이나 주인이 바
뀌었다. 그러면서도 구 동양화재가 그동안 수차례의 난관을 무난히 극복하
고, 오늘날 국내 최대의 손해보험 회사로 계속 번창하고 있는 원동력은 임
직원들의 인화단결과 결속 속에서 포기할 줄 모르는 창의력과 추진력이 충
분히 발휘된 것이라는 평가를 받는다. (www.meritzfire.com)   - 노계원 -

삼건사(三建社)

– 1944년 설립된 최고(最古)의 토목건설 기업

　주식회사 삼건사는 1944년에 한명식(韓明植)이 자본금 5,000만원(현재 단위로는 5만원)으로 설립했으므로 국내에서 가장 역사가 오랜 건설회사인 셈이다.

　대림산업이 건설자재를 취급하는 부림상회를 설립한 것이 1939년이나 건설업체로서 공식적으로 활동한 것은 1947년부터이다. 일제시대 조선물산장려회 이사를 지낸 민족주의 애국운동가 나경석(羅景錫. 한국 최초의 여류서양화가 나혜석의 친오빠)이 1940년대 말에 세웠던 것으로 전해지는 건설회사 상호도 삼건사인데, 현재 삼건사와의 연관성 여부는 확인되지 않는다. 삼건사는 2009년 대한건설협회가 평가한 시공능력이 국내 436위이기는 하나 댐 수로 등 주로 공공토목공사에 특화된 기술력을 바탕으로 탄탄한 경영을 하고 있다. 2009년도 매출액 395억원에 당기순익 13억원, 종업원 54명을 서느린 중소기업 규모의 회사이다. 주식 분포는 대표이사 정덕용(鄭德容)이 34.6%로 최대주주이고, 그의 친동생 정대용이 14.8%, 나머지는 군소주주들이다.

　1968년 전기철이 대표이사로 취임하면서 건설업(토목 건축) 면허를 취득하고, 서울 영등포구 가리봉동 4-2번지에 본점을 두었다. 그 후 71년부터는 건설부 항만국 공업항과장을 지낸 송종희(宋鍾禧)가 대표이사로 재

임한데 이어서 현재의 대표이
사 정덕용이 취임한 것은 1977
년 2월이다. 정 대표는 대구시
청 공무원과 포항축항사무소
직원을 거쳐 1969년 삼건사에
입사해 전무이사로 있다가 회
사를 인수했다. 정 대표 이후
1999년까지 20억 2,000만원까
지 자본금 증자가 계속됐다.

소수력발전설비를 시공하는 '성주발전'

삼건사는 1992년 사업목적에
건설용 자재 생산 및 위탁가공
판매업, 도로포장공사업, 중기
임대업 등을 추가하고, 2001년
(주)석하레저를 합병하면서 사
업 목적에 종합체육시설업을
추가했다. 2007년 본사를 서울

종합스포츠부문의 시설을 운영 · 개발 · 컨설팅하는
'석하레저'

방배동에서 현재의 사옥(경북 포항시 북구 장선동 1386-7. 창진빌딩 3층)
으로 이전했다. 산하에는 토목 · 철근콩크리트 · 수중공사 등 전문분야 시
공 업체 '석하개발'과, 소수력 발전설비를 시공하는 '성주발전', 배관 안의
녹을 제거하는 환경산업체 'SV(Solavite Korea)', 종합스포츠부문의 시설
을 운영 · 개발 · 컨설팅하는 '석하레저' 등을 계열사로 거느리고 있다.

삼건사의 주요 공사실적으로는 김천중앙중학교 교실증축공사(1995), 울
진수산종묘배양장기초실험동 신축공사(1996), 대륙빌딩 신축 및 증축공사
(1997), 농산물포장센터 증축공사(1998), 안동송형초등학교 급식소 및 숙
직실 증개축공사(1999), 서울지검 고양지청 신축공사(2000), 예천군청소
년수련관 건립공사(2005) 등을 들 수 있다. 토목공사로는 하천복개공사와

수해복구, 다리가설, 경지정리, 도로보수·개설, 항만축조, 방파제공사 등 주로 공공사업 분야를 시공했다. 특히 2001년에는 심해에 철강재로 어류의 서식처를 만들어주는 인공어초 시공사업에 실용신안권을 등록하고, 2002년에는 수하반딧불이 생태학교 조성공사를 시행하는 등 자연환경보호 사업에도 관심을 기울이고 있다.

최근에는 2009년 말 실시된 한강살리기 경기도 시행분(2·5공구) 입찰에서 5공구(여주보~여주대교 3.6km)를 수주했다. 이 공사는 낙찰율이 64.5%(경기도의 예상사업비 860억원 공사를 461억 6,800만원에 낙찰)에 그쳐 다른 공구 낙찰율 93~94%에 비해 너무 낮은 것이 화제가 됐다. 부실공사의 우려가 제기됐으나 경기도는 새로운 기술과 장비로 비용을 줄일 수 있다고 판단, 낙찰업체를 선정했다고 해명했다. 이어 2010년 9월 실시된 낙동강살리기 공사의 입찰에서도 23공구 공사를 삼건사가 수주했다. 낙동강공구 8곳에 참여하는 51개 중소건설사 중 27개가 경북과 경남, 대구에 몰려 있어 지역적 편중을 지적하는 여론도 있었다.

삼건사는 수로와 댐 등 토목분야에 특화돼 주로 정부발주공사 수주를 중심으로 기업의 건전성을 확보하면서 대외적인 신뢰성과 자금력을 바탕으로 전 종사원이 노력함으로써 70년 가까이 꾸준히 성장해온 기업이다. 삼건사는 특히 주택분양이나 자체개발사업을 최대한 자제함으로써 위험을 최소화하고, 무차입경영 원칙을 고수해 왔다. 그러한 조심성 있는 경영이 (주)삼건사의 장수비결로 평가받고 있다. (www.samgunsa.co.kr)

- 노계원 -

삼일제약(三一製藥)

- 3 · 1정신을 기업이념으로 한 '횃불 로고'

창업 이념 한번 거창하다. 약 만드는데
웬 '3 · 1정신'인가. 그런데 '삼일제약'
은 남다르다. 상호가 '횃불'이다. '인류
의 건강을 밝히고 국민 건강을 지킨다'
는 게 경영 모토다. 3 · 1정신으로 초창
기 척박한 제약업계의 숱한 위기를 극복
했다고 한다. 장수비결은 끊임없는 '연

삼일제약 창업이념이 담긴 횃불 로고

구개발과 한 우물 파기'. 해방 3년 후인 1947년 창립, 약사 출신 고희범이
창업주이다. 뜻을 같이한 동지 약사 2명과 함께 서울 성북구 돈암동에 빈약
한 생산 설비를 갖추고 제약업에 착수했다. 국내 최초의 효모제제인 '에비
오제 300정'을 간판 약으로 생산해 시판에 들어갔다.

하지만 경제적 빈곤과 정치적 혼란으로 점철된 해방공간의 여건은 녹녹
치 않았다. 각오는 했건만 가시밭길이었다. 우선 극심한 원료부족이 최대
난관이었다. 미군정당국으로부터의 원료배급과 한약재를 위주로 한 소규
모 가내 공업 수준의 명맥만 유지했다. 미군정이 끝나도 경영 여건은 나아
지지 않았다. 1948년 정부 수립 후에도 원료공급은 여전히 원활치 않았다
고 한다. 설상가상으로 1950년 6.25전쟁이 터져 사업을 중단할 수밖에 없

었다. 고희범은 53년 전란으로 초토화된 서울에서 동업자를 구해 삼일제약을 다시 일으켜 세웠다. 50년대는 시련과 간난의 나날이었다. 가내 공업수준으로 제약회사 간판을 지켰다. 그런데 해방 10주년 기념박람회(1955년)에서 에비오제가 우량상을 수상한 것에 고무돼 다음해(56년) 서울 용산구 한강로 2가에 공장을 건립하는 등 제약업의 기틀을 다지기 시작했다.

전화위복(轉禍爲福) - 60년대 들어 터진 메사돈사건(64년)은 제약업계를 뒤흔들어 놓기에 충분했다. 영세 악덕업자들이 마약성분이 든 메사돈을 밀조해 전국적으로 유통시키는 바람에 마약중독자가 속출하자 정부당국이 제약업계 정화의 칼날을 빼 들었다. 난립한 불량 제약업체와 유통업체를 정비했다. 당시 보사부 약정국장은 이 사건을 비롯해 불량 항생제(성분 50% 미달) 유통사건(65년)을 수습한 후 관계를 떠나 삼일제약의 경영에 참여하게 된다. 69년 일본 가겐사와 기술제휴로 소염 진통해열제 '부루펜'을 생산해 경영을 정상화 했다.

60년대는 4·19와 5·16을 거쳐 등장한 박정희 정부는 경제 발전을 최우선 과제로 삼았다. 그런 정부 경제 발전 정책에 따라 수입대체산업의 투자가 확대되었다. 국내 제약업계는 이를 호기로 삼아 제제기술을 연마했다. 선진국 제약회사와 기술제휴와 외자도입촉진법 시행으로 제약업계는 성장과 발전을 거듭할 수 있는 계기를 마련했다.

국내 제약업계의 기술향상과 유통질서가 확립으로 70년대 초 터진 오일쇼크를 극복할 수 있었다. 이런 시류에 편승해 삼일제약은 선두제약기업으로 발전했다. 3·1독립운동 정신을 기업 이념으로 못 박기 위해 '횃불표'를 회사 상호로 확정(1966년) 했다. 1974년 보건사회부 약정국장 출신인 허용이 삼일제약을 인수하여 대표이사 사장에 취임해 '제2 창업'을 선언한다. 이를 전후로 간판제품의 하나

소염진통해열제 '부루펜'

인 미용안약 '선 스타'(SUN STAR)를 판촉하는 미스 아이 콘테스트를 열어 사세를 확장한다. 약학 발전을 위해 '삼일횃불상'을 제정하는 등 제약기업의 기틀을 다졌다. 영국 부츠사와 해열 진통소염제 '부루펜'에 대한 기술제휴, 영국 웰컴사와 기술제휴로 코 감기약, 구충제, 살균치료제인 '액티피드정'과 '셀트린' 등을 제조한 것이 대표적인 사례로 꼽힌다. 호사다마라고 했던가. 잘 나가던 제약업계에도 시련이 닥친다. 77년부터 시행된 의료보험제도에 따른 의약 분리와 부가가치세 도입으로 적지 않은 타격을 받는다. 그러나 삼일제약은 그런 시련을 조직기구의 대폭 정비로 극복한다. 내수시장 위주 성장의 한계도 78년부터 수출(바셀린 가아제)로 돌파한다.

삼일제약의 사세는 80년-90년대를 거쳐 2000년대 들어 굳히기에 들어간다. 8년간 연구투자 끝에 우수의약품 제조관리기준인 GMP시설을 확충했다 이를 계기로 1985년 안산에 초현대식 자동화 KGMP(KOREA GOOD MANUFACTURING PRACTICE)공장을 준공한다. 주식을 상장해 기업을 공개, 법인화했다. 중앙연구소를 신설(87년)하고 서울 방배동에 본사사옥을 준공(88년) 이전한다. 89년에는 세계 최초로 암 진단시약 'GIFTEC'을 개발했으며 일본 아지노 모토사와 기술 제휴해 '리반ED'를 국내 생산했다. 90년대 들어 허용 대표이사 사장이 회장으로, 대표이사 사장에 아들 허강을 선임해 본격적인 회사 승계 수순에 들어갔다.

2000년대 들어 생명과학 사업 부서를 확장 신설하고 안산 공장을 증축한다. 2007년 창사 60주년 기념식을 갖고 환갑 넘긴 장수기업으로 자리매김했다. 2009년 안과 사업부 부문의 판매부문을 분할해 삼일아이 케어(주)를 설립했다. 문을 연 지 60년을 넘기면서 안과, 치과, 호르몬, 소화기, 어린이용 의약품 등 5개 분야 전문화 제약업체로 발돋움한 것이다. 또 다른 제약 100년을 지향하는 삼일 CEO가 강조하는 비결은 내실경영과 지속적인 연구 개발이다. (www.samil-pharm.com)   - 이두석 -

삼천당제약(參天堂製藥)

- 대형병원, 소매상으로 빈틈없는 유통망

일제 말 국내 제약업계는 2차세계대전 발발을 계기로 조선총독부 통제아래 약국·약방과 함께 통합 또는 폐쇄되는 상황이었다. 전시에 물자낭비를 막는다는 이유로 모든 처방을 통일해서 단일화하고, 조제도 한 곳에서 독점하도록 했다. 광복이 되자 일본인이 경영하던 제약회사, 약방, 약종상 등이 한국인 종업원이나 연고자에게 접수, 이양, 매도 등 각종 형태로 넘어갔다가 뒤에 미군정청에 의해 불하됐다. 일본인이 1943년에 설립한 조선삼천당제약주식회사는 서울 원서동 공장에서 대학 목약(目藥) 등을 생산했는데, 광복 후 이중구(李重九)를 관리자로 해서 안약 생산을 계속했다.(洪鉉五 저,『한국약업사』참조)

2006년 경기도 화성시에 설립한 삼천당제약의 R&D센터

제약업체 삼천당제약(SCD, 경기도 화성시 향남면 상신리 904-1, 향남제약공단)은 1986년 현재의 상호로 변경하면서 새로이 창립됐다. 주로 항생제를 비롯 순환계, 소화계, 안과계의 병원처방용 전문의약품을 생산하는 삼천당제약은 재단법인 일송의 계열사이다. 99년 말 현재 총매출액 680억 원,

당기순익 52억 6천만 원, 자산총계 920억원, 종업원 301명의 중소기업이다. 2000년 3월 중소기업청이 벤처기업으로 지정했고, 그 해 10월 코스닥 시장에 상장했다.

삼천당제약의 설립에서 창립에 이르는 40여년 동안의 연혁에 대한 기록은 없다고 삼천당 측은 말한다. 특히 최초의 한국인 관리인 이중구로부터 현재의 대주주인 일송재단으로 넘어온 경위에 대해서도 알려진 것이 없다. 다만 1986년 실질상의 오너인 윤대인(尹大仁)이 대표이사 사장으로 취임하기 전까지는 그의 부친인 한림대학교 창설자 일송 윤덕선(尹德善) 박사가 경영해 왔다.

삼천당은 1984년 경기도 화성의 향남제약공단에 GMP(우수의약품제조관리규정)규격에 의한 공장을 준공했다. 83년부터 단계적으로 실시된 의약품 수입개방에 맞춰 품질향상을 통한 국제 경쟁력 배양을 위한 대응이었다. 1986년 실질적인 오너 윤대인이 대표이사 사장에 취임했다. 실세 대주주가 경영일선에 나서면서 삼천당제약은 성장에 더욱 활기를 띠어 갔다.

윤대인은 특히 한강·춘천·강남·강동·평촌 성심병원, 한림대학병원, 한림대의료원 등 대형 병원들을 거느린 일송재단 윤대원 회장과 친형제 사이다. 총 3,200여 병상 규모의 대형 종합병원들이 안정적 매출처로 확보돼 있는 셈이다. 일송재단 소속 병원만을 상대로 한 매출 평균이 전체 매출의 20% 정도라고 한다. 윤대인이 대주주(지분 72.2%)인 약품 도매업체 (주)소화의 대표이사 고창원은 윤대인의 매부이다. 또 의약품 판매업체 수인약품(주)(대표이사 고창업은 고창원과 형제)이 (주)소화의 주식지분이 74%, 한림대의료원 이사장 부인 고화숙이 20%를 보유(2006년 기준)하고 있다(2009년 감사원자료). 3중의 직선유통망이 삼천당제약 수익의 시너지 효과를 극대화하고 있는 것이다.

일찍이 해외시장 진출에 눈을 돌린 삼천당제약은 1988년 국내 처음으로 동남아 2개국에 약제품을 수출하기 시작, 97년부터 3년 동안은 외환위기

미국 FDA로부터 연구대상 신약품 승인을 받은 '심적환'.

에도 불구하고 수출액이 연 70%씩 신장하는 호조를 보여 이듬해 정부로부터 수출유망 중소기업으로 지정받고, 2000년 무역의 날에는 100만불 수출의탑을 수상했다. 2002년에는 간질환 치료제로 유럽 10개국 특허를 획득하고, 혈액순환 개선제 '심적환'을 출시, 미국 FDA로부터 IND(연구대상신약품)승인을 받았다. 심적환은 중국 단슬리(天士力)제약과의 기술·제품교류계약으로 제조, 국내에 출시된 것이다. 2003년에는 자체개발한 간질환 예방치료제의 생산을 위해 총 125만 달러를 투자(지분 60%)해 중국에 강소강연약업고분유한공사를, 이듬해는 중국합작법인 연운항삼천당약업유한공사를 설립했다.

삼천당제약은 신약의 연구 개발에도 투자를 게을리하지 않았다. 92년 KGMP(위생관리시스템) 적격업체로 지정받았고, 93년 시화지구에 원료약품 전문생산공장을 건설했다. 이해부터 주로 안과용 약제 시장을 개척, 매년 30% 이상씩 성장하는 기록을 세웠다.

2006년 경기도 화성시에 R&D센터를 준공했다. 중앙연구소는 원래 94년 강원도 춘천에 설립, 천연물복합제 신약을 중점적으로 연구개발해 왔는데, 이를 확대 발전시킨 것이다. R&D센터는 '한방제제의 체계적인 과학화'를 목표로 국내 외부기관과의 산학협동으로 신약개발과 기술연구를 수행하고 있다. 삼천당은 2007년 이 연구소의 신약연구팀을 분리시켜 (주)파마팩스(Pharmapex)라는 별도 법인을 만들었다. 삼천당제약을 대주주로 계열 8개사가 출자한 자본금 10억원의 바이오연구 벤처회사이다. 파마팩스는 주로 당뇨병 고혈압 등 만성질환에 대한 한방치료제 개발에 목표를 두고 있다.

1994년 윤대인은 대표이사 회장으로 승격, 명실상부한 오너총수가 됐다. 2002년 보사부로부터 내용고형제, 주사제, 점안제, 약제 등에 대한 KGMP 적격업체와 벤처평가우수기업체로 지정받았다. 삼천당은 약제품의 판매를 극대화하기 위해 2005년에 한국오츠카제약과, 이듬해 6월에는 한국MSD와 공동판매계약을 채결했다. 그 결과 2008년에는 영업이익이 전년 대비 131%나 증가하는 기록을 세웠다.

삼천당제약은 2010년 신년회에서 앞으로 안과전문약 메이커로 위상을 정립하겠다는 뜻을 다지고, 영업부와 별도로 안과사업부를 신설했다. 이 회사의 개발 · 출시품 중에는 설립 당시부터 안과 품목의 비중이 가장 높았다. 끊임없는 연구 · 개발에 대한 투자와 해외시장 개척, 확보된 탄탄한 유통망 등을 동력으로 삼천당제약은 60년 이상 긴 세월 동안 끊임없이 성장 발전해 온 것이다. (www.scd.co.kr)   - 노계원 -

신세계(新世界)

– 한 장소, 한 건물에서 백화점 영업 80년

신세계가 2010년 11월 본점 개점 80주년 행사를 가졌다. 같은 건물에서 80년간 백화점을 개점해 온 것이 기념행사의 이유였다. 1930년 일본의 미쓰코시(三越)백화점 경성지점이 현재 신세계 본점 건물에서 개점한 이래 상호와 주인이 여러 차례 바뀌었지만 80년간 계속 같은 건물에서 동일 업종이 영업을 해 온 예는 드문 경우다. 신세계가 자리잡은 서울시 중구 충무로는 개점 당시에는 물론 현재도 서울 시내의 교통 요지로 백화점 입지로서는 최고의 장소였다는 점도 같은 장소에서 80년간 영업을 지속할 수 있었던 요인 중에 하나일 것이다.

일제 강점기에 미쓰코시백화점이 들어서기 전부터 이미 근방 지역은 일본상권이 형성되어 있었다. 1880년대부터 남대문 밖에서 장사를 하던 일본인들은 점차 남대문 일대부터 진고개에 이르는 지역을 차지하게 되면서 자연스럽게 일본인 상권이 형성되었다. 일본 백화점의 선구자격인 미쓰코시가 1906년 이 곳에 출장소를 내고 영업을 하다가 1930년 지점으로 격상시키면서 점포를 개축하고 취급 품목을 다양화하면서 본격적인 백화점 영업이 시작되었다.

남대문 일대에서 장사를 하던 조선인들은 이 곳을 빠져 나와 동대문에서 광화문에 이르는 종로통과 광교 일대에 자리잡고 있던 조선인 상가로 합류하였다. 북촌 상가인 종로 네거리에 박흥식이 화신백화점을, 최남이 동아백화점을 설립하여 일본자본인 미쓰코시, 조지야(丁字屋, 후일 미도파→롯데백화점으로 바뀜) 등과 경쟁하면서 당시에는 민족자본과 일본자본의 대결로 세인의 관심을 모았다.

위) 1930년 일본 미쓰코시 경성지점이었던 현재 신세계 본점
아래) 2009년에 오픈한 신세계 부산센텀시티점

해방이 된 후, 여타 일본 기업과 마찬가지로 미쓰코시 백화점도 적산기업으로 정부관리 하에 놓이게 되면서 종업원 대표들이 운영하는 동화백화점으로 상호가 바뀌었다. 6·25전쟁 때에는 일시적으로 영업이 중지되고 대신 미군 PX본관으로 사용되었으나 전쟁이 끝난 후 1955년 2월에 강영원이 자본금 5백만 원으로 동화백화점을 재탄생시키고 백화점 영업을 해 나갔다. 그러나 그가 죽고 난 후 경영 부실로 고전을 면치 못하다가 동방생명주식회사에 인수되었다. 1963년 삼성이 동방생명을 인수하면서 동화백화점도 자연히 삼성으로 인수되어 그 해 11월 주식회사 신세계백화점으로 다시 태어나게 되었다. 삼성그룹의 계열사가 된 신세계는 삼성그룹의 제일주의에 입각한 경영 마인드와 우수한 인력이 투입되기 시작했다. 업계 최초로 정찰제 실시, 신용카드 도입, POS 도입, 할인점 진출 등으로 신세계는 유통업계에서 업계 최초라는 타이틀을 단 경영 선진화 제도를 앞서 도입하면서 경쟁력을 강화하였다.

신세계와 거의 비슷한 길을 걸었던 미도파 백화점은 1998년도 부도를 내면서 업계에서 사라졌다. 1933년 현재의 롯데 영플라자 자리에 일본자본인 조지야 백화점이 개점하여 미쓰코시와 함께 한 시대를 풍미했다.

해방 후 귀속재산으로서 건물이 무역협회 소유로 넘어가 무역회관으로 쓰이면서 건물 일부가 이승만 대통령의 지시로 한국 무역진흥을 위한 국산품 장려관으로서 역할을 하는 임대백화점으로 운영되면서 백화점 영업의 명맥을 유지했다. 1964년 무역협회로부터 독립하여 미도파 백화점으로 재출발하였다. 1969년 대한농산그룹에 인수되어 신세계와 더불어 화려한 백화점 시대를 열어 나갔으나 1998년 성원그룹, 신동방 등의 적대적 M&A를 방어하기 위한 무리수로 경영체질이 약화되면서 부도발생으로 법정관리를 받다가 2003년 롯데가 인수하여 롯데 계열사로 편입되어 미도파는 업계에서 사라졌다.

1979년 12월에 재일교포 신격호가 미도파 백화점 옆에 롯데 백화점을 열었다. 1985년엔 현대그룹이 운영하는 현대백화점이 개점되었다. 1980년대 말까지만 해도 백화점은 황금알을 낳는 거위라는 인식이 팽배했다. 기업을 하는 경영자 중 잉여자금이 있는 기업은 누구나 백화점 설립을 꿈꾸던 시대였다. 코스모스, 제일, 화신, 신신, 신생 등 기존의 백화점에 더해 그레이스, 시티, 그랜드, 블르힐, 대구, 경방필 등 유통업계는 춘추전국시대를 방불케 하였다. 그러나 산업연구원의 연구에 따르면 1996년부터 외환 위기를 거친 1998년 4월까지 도산한 백화점은 주리원, 그레이스, 송원, 블르힐, 시티, 그랜드, 성안, 대구, 동양 등 전국적으로 15개에 이르며 이들 백화점의 평균 수명은 10년 2개월로 단명이었다.

백화점이 황금알을 낳는 거위라는 생각은 위기 대처에 안이했던 것을 의미하는 것으로 96년의 경기 침체와 98년의 외환위기는 수많은 백화점들이 유동성 위기를 겪으면서 파산 신청을 했다. 체력이 튼튼한 백화점은 이러한 위기를 기회로 활용했다. 파산한 백화점을 상대로 활발한 M&A가 진행되면서 유통업계는 질서재편에 들어가는 계기가 되었다.

신세계는 마산의 성안, 대구의 대구 백화점을, 현대백화점은 신촌의 그레이스, 광주의 송원을, 롯데는 분당의 블르힐과 부평의 시티, 강남의 그랜드, 부산 동래의 세원, 서울의 미도파를 각각 인수하여 수도권을 비롯, 각 지방에 점포를 일거에 확장할 수 있는 기회를 잡았다. 현재 백화점 빅 쓰리는 신세계, 롯데, 현대다. 그 중에서도 신세계와 롯데는 백화점 영업의 럭셔리 상품 중시, 면세점, 할인점, 명품 아울렛 등 다양한 업태를 전개하는 데 있어서 치열한 경쟁 속에서 팽팽하게 맞붙고 있다.

신세계는 1997년 삼성그룹에서 공식적으로 분리된 이후 독자의 유통 그룹으로 성장하면서 산하에 조선호텔, 신세계건설, 신세계푸드시스템,, 스타벅스 등을 거느리고 있다. 치열한 경쟁과 수없이 많은 백화점들이 떴다가 사라진 유통업 역사 속에서 80년 동안 한 곳에서 백화점 영업을 지켜 온 신세계의 저력은 남다르다 할 수 있다. (www.department.shinsegae.com)

– 오춘애 –

아트라스비엑스(ATRASBX)

- 축전지 한 우물만 파는 (주)이산(二産)의 후신

(주)아트라스비엑스(대표이사 李鍾喆)는 원래 오오야마(大山茂林) 등 3인의 일본인이 일제 패망 직전인 1944년 자본금 12만원으로 경기도 광주군 광주면 송정리에 이산(二産)주식회사를 설립, 축전지 수리·재생 사업을 한데서 비롯됐다. 이들은 광복되던 해 10월 24일 내려진 일본인 철수령에 따라 물러가고 회사는 군정청에 접수됐다. 군정청에서 이산을 불하받은 신석원(新錫源 대표취체역) 등 4인의 주주는 상호를 조선전지주식회사로 바꾸고 사업을 계속했으나 불과 6개월 만에 경영진이 바뀌는 등 몇 차례나 시련을 거듭했다. 이렇게 경영진의 자주 바뀐 것은 당시 주주들의 자금력이 미약한데다가 경영능력 부족 때문이었다. 그러나 전쟁의 발발로 공장은 폐쇄되고 직원들은 뿔뿔이 흩어져 버렸다.

수복이 되자 1952년 다시 집결한 주주들은 상호를 한국전지주식회사로 바꾸고 대표이사에 남상규(南相圭)를 선출하여 새출발했다. 1959년 서울 성동구 송정동 41번지에 6,700m²의 부지를 매입, 공장을 신축했다. 60년대에 들어와서는 미국의 경제원조(ICA) 자금으로 최신 생산설비를 도입, 축전지 재생사업에서 벗어나 본격적으로 자동차 축전지 제조업을 시작했다. 그러나 1973년의 1차 유류파동으로 국제 경기가 침체된데다가 국내에서는 호남전기 등 동종 대기업이 잇따라 출현하는 바람에 한국전지는 심화

되는 적자로 어려운 상황에 놓이게 됐다.

이 때 효성재벌 계열의 한국타이어주
식회사(회장 조양래)가 구원의 손길을 내
밀었다. 한국타이어는 ① 한국전자의 자
본금을 현재의 1억 9,000만원에서 3억
8,000만원으로 증자한다. ② 송정동의
협소한 공장을 매각하고 대전공업단지
안에 새 공장을 건립한다. ③ 채산성을
맞추기 위해 1977년 매출액 15억원을

산업용 축전지(배터리) 아트라스비엑스

18억원으로, 수출을 200만 달러로 끌어올리고, 최신 자동 생산설비확보와
동시에 외국 선진기술과 제휴한다 등 3가지 제안을 한국전지에 내놓았다.
한국전지는 즉각 이 제안을 수용, 같은 해 12월 20일자로 한국타이어 임원
을 한국전지 임원으로 선임했고, 같은 달 27일 한국타이어 장선곤(張善坤)
대표이사가 한국전지 대표이사를 겸임하게 됐다.

범 효성가(家)인 한국타이어주식회사 그룹의 계열사로 편입된 한국전지
는 주로 자동차용을 비롯해 선박, 농기계, 산업용 축전지(배터리)를 전문적
으로 생산 · 판매하는 기업이다. 현재 국내에서는 세방전지에 이어 2위, 세
계적으로는 6위의 위상을 점하고 있다. 연간 생산능력은 900만 개로 내수
는 물론 미국과 네덜란드 등 130개국에 생산량의 90%를 수출한다. 2009
년 총매출액 3,725억원에 당기순익 469억원의 초우량기업이다.

1992년 상공부로부터 세계일류상품화 기업체로 지정받고, 기술연구소를
개설해 주로 신소재 연구, 신제품 개발, 제조공정 개선 등에 몰두하고 있다.
2005년 1억달러, 2007년엔 2억달러, 2008년에는 3억달러수출탑을 수상
하는 등 약진을 거듭했다. 한국전지는 창설 60주년을 맞은 2004년 상호를
아트라스비엑스주식회사로 바꿨다. 아트라스(ATLAS)는 이 회사 대표상
품의 브랜드이고, 비엑스(BX)는 Battery Expert(배터리 전문가)의 약자

다. 기존 상호가 가졌던 '전통적 보수적 이미지를 벗어나 진취적이고 역동적인 기업 의지를 표출' 하기 위한 것이다. 해외시장에서는 아트라스 외에 'KOBA' 'HANKOOK' 'AURORA' 등의 브랜드도 사용한다.

1966년에는 KS표시 허가를 받고, 1979년에는 본사(대전광역시 대덕구 대화동 40-42)와 대전공장을 준공, 이전했다. 1982년 국내 최초로 MF'(무보수)축전지를 개발하고, 94년 코스닥 시장에 상장했다. 같은 해 ISO 9001를 비롯 ISO14001, QS9000, ISO/TS16949 등 인증을 획득하고, 2000년에는 WBA(World Best Award) Gold를 수상했다. 2001년 한국능률협회로부터 가치경영 최우수기업상을, 2004년에는 대한민국 생산성대상 기술혁신부문 최우수상을 수상했다. 2009년에는 노사문화 우수기업으로 선정되는가 하면, 업계 최초로 신뢰성인증(R-Mark)을 획득했다. 아트라스비엑스는 뻗어나는 사세를 과시하기 위해 2010년 4월 모터스포츠팀 '아트라스비엑스 레이싱팀' 을 창설했다.

아트라스비엑스가 승승장구만을 거듭한 것은 아니다. 1998년 세계를 휩쓴 외환위기와 국제 축전지 시장에서의 공급과잉 현상 및 걷잡을 수 없이 뛰어오르는 원자재(납) 가격 때문에 2000년대 들어 경쟁력이 뒤처지고 있었다. 게다가 중국의 저가 공세는 공포스런 적이었고, 공사중인 전주공장 건설비 400억원도 큰 부담이었다. 흑자행진을 계속하던 아트라스비엑스가 2001년부터는 적자의 나락으로 기울기 시작, 탈출구가 보이지 않았다. 이 난국을 극복하려면 구조조정으로 인건비를 절감해 제품의 원가를 더욱 낮추거나 품질을 파격적으로 개선해 판매고를 높여야만 했다. 아트라스비엑스는 후자를 택했다.

첨단 자동화설비를 갖춘 전주공장(전북 완주군 봉동읍 용암리)이 효자노릇을 했다. 2001년 준공한 전주공장은 최신 첨단공법으로 우수한 품질은 물론 공정의 자동화로 인건비 부담을 크게 줄일 수 있었고, 납품 기간과 생산 단가도 크게 줄었다. 전주공장에서는 납을 훨씬 적게 쓰고도 품질은 더

우수한 축전지를 생산해 냈다. 이른바 제3세대 축전지로 불리는 AGM(특수유리섬유 격리판)과 가스재결합 기술을 적용한 신제품을 출시하게 된 것이다. AGM축전지는 기존 제품에 비해 시동력과 자기방전 성능은 1.5~2배, 수명도 2배, 내진동성은 15배 이상 향상됐으며, 축전지를 뒤집어도 내부의 진액이 흘러나오지

첨단 자동화설비를 갖춘 전주공장

않아 인체 피해나 차량 손상의 위험이 전무한 프리미엄급 제품이었다. 회사의 적자 행진은 4년만인 2005년 드디어 흑자로 바뀌었다.

아트라스비엑스의 2009년 말 현재 주주현황을 보면 대주주 한국타이어가 31%, 소액주주 65.2%, 기타주주 3.67%로 돼있다. 이 가운데 한국타이어 회장 조양래의 차남 조현범이 6.15%, 차녀 조희원이 6.15%의 지분을 가진 것으로 알려졌다.

아트라스비엑스는 창업 이래 문어발식 확장에 한눈팔지 않고 전문경영인을 주축으로 축전지만을 외골수로 생산해 왔다. 그리고 구체적 운영방침으로는 첫째, 시장에서 제품의 가치를 인정받아야 한다. 둘째, 최소의 비용으로 적정 이윤을 내야 한다. 셋째, 직원들이 일하면서 기쁨을 느낄 수 있어야 한다는 방침을 바탕으로 하고 있다. 그 소박하고 평범한 경영철학의 실천에서 이 회사의 오랜 역사의 원동력과 지구력의 원천을 발견할 수 있다.

(www.atlasbx.co.kr)   - 노계원 -

유한양행(柳韓洋行)

– 시대를 앞서 소유와 경영을 분리한 모범 기업

'윤리경영과 투명경영으로 존경받는 기업. 사회적 책임을 다하는 기업.'

유한양행을 말할 때면 으레 따라 붙는 수식어다. 올해로 창립 85년을 맞는 유한양행을 설립한 이는 자신의 전 재산을 사회에 환원해 기업의 소유와 경영을 완전하게 분리함으로써 오래 전부터 '우리나라에서 가장 존경받는 기업인'으로 꼽혀 온 유일한(柳一韓. 1895~1971) 박사다.

평양에서 태어난 유일한은 부친의 뜻에 따라 1904년 불과 9세 때 대한제국의 순회 공사인 박장연을 따라 미국 유학길에 올랐다. 미국 중부의 내브래스카에서 초등학교과 중·고교 과정을 마치고 미시간대학 상과를 고학으로 졸업했다. 학업을 마친 유일한은 세계적 기업인 GE에 동양인 최초의 회계사로 취직했으나 얼마 뒤 퇴사해 숙주나물 통조림을 만들어 파는 식품 사업에 나선다. 중국인 등이 숙주나물을 즐겨 먹었지만 불과 며칠이년 시들어서 신선한 상태로 공급받기가 어렵다는 데 착안한 것이었다.

사업은 번창했으나 1925년 유일한은 연희전문학교에서 강의를 맡아 달라는 요청을 받고 미국 사업을 정리하고 귀국했다. 그러나 그는 강의보다는 국가와 민족에 도움이 되는 기업 경영, 특히 의약품 사업에 관심이 많았다.

1926년, 유일한은 서울 종로 2가 덕원빌딩에 유한양행을 설립한다. 암울한 일제 식민지 시절 '건강한 국민만이 잃어버린 주권을 되찾을 수 있다'는

신념으로 세운 회사였다. 회사 이
름은 자신의 성에서 '유(柳)'를 따
고 이름의 끝자인 동시에 한민족
을 뜻하는 '한(韓)'을 따 유한양행
으로 정했다. 지금도 사용중인 버
드나무 상표는 귀국 직전 서재필
박사에게서 받아 만든 것이었다.
유일한은 평소 교분이 두터웠던
서 박사를 찾아가 자신의 신념을

1933년에 출시된 진통소염제 '안티푸라민'

밝혔고, 서 박사는 격려의 말과 함께 자신의 딸이 버드나무 한 그루를 조각
해 만든 목각화 한장을 기념으로 주었던 것이다.

수입약품을 주로 판매하던 유한양행은 불과 몇 년 만에 국내에서 자리를
잡은 뒤 만주, 중국, 동남아까지 판로를 넓혔다. 1936년에는 회사 형태를
주식회사로 바꾸면서 경기도 소사 공장을 설립해 결핵치료제와 항균제 등
의 의약품을 직접 만들기 시작했다. 당시로선 파격적으로 종업원지주제를
도입, 일부 주식을 직원들에게 공로주 형태로 액면가의 10% 가격으로 나
눠주기도 했다.

유일한은 기업 경영을 하면서도 학업을 계속했다. 1941년 미국 남가주
대학에서 경영학 석사학위를 받은데 이어 1948년에는 스탠퍼드대학에서
국제법(박사과정)을 수학했다. 한편으론 독립운동에도 적극 참여했다. 필
라델피아 한인자유대회, 항일 무장 독립군인 맹호군 창설 주역으로 활동하
는 등 숱한 행적을 남겼다.

유일한이 미국에서 체계적으로 배운 선진 경영 기법은 유한양행의 경영
에 접목돼 한국전쟁 기간을 제외하고는 단 한 차례도 적자를 낸 적이 없는
탄탄하고 견실한 실적으로 나타났다. 또한 나라와 민족을 사랑하는 그의 마
음은 기업의 사회적 역할을 제고하는데도 큰 영향을 미치게 된다.

1962년에는 국내 기업 중 두 번째이자 제약업체 최초로 주식 공개를 단행했다. '기업은 개인의 것이 아닌 사회의 소유'라는 신념에 따라 유한양행을 사회적 기업으로 만들겠다는 뜻이었다. 1964년에는 유한학원을 만들어 교육 사업에도 본격적으로 나섰다.

기업 경영도 호조를 보였다. 창업 초기인 1933년에 출시된 진통소염제 '안티푸라민', 1960~70년대 국내 비타민제 시장을 선도해 온 '삐콤정'('삐콤씨'의 전신), 종합감기약 '콘택600' 등의 빅 히트상품이 잇따라 나왔다. 특히 유한양행은 1960~70년대 국내 경제발전에 힘입어 고속 성장을 하며 장수기업으로서의 기틀을 잡게 된다.

유한양행의 토대를 든든하게 쌓은 유일한 박사는 1971년 향년 76세로 타계했다. 20여일 뒤 공개된 그의 유언장은 사회에 신선한 충격을 던져 주었다. 자신이 보유한 전 재산인 유한양행 주식을 자식들에게 물려주지 않고 모두 '한국사회 및 교육원조 신탁기금'에 기증한 것이다. 이 기금은 유한재단으로 발전해 유한양행의 최대 주주가 된다. 직계 가족에게 물려준 것이라곤 당시 7세였던 손녀에게 대학 졸업까지의 학자금으로 1만 달러를 남겨준 게 거의 전부였다. 딸에게는 유한중·공고 내 묘소와 주변 땅 5,000평을 주었으나 이를 '유한동산'으로 만들어 자라나는 세대들이 마음껏 뛰어놀 수

경기도 부천 중앙공원의 유일한 박사 동상

있게 해 달라고 당부했다. 아내에게도 재산을 물려주지 않고 딸에게 노후를 당부했을 뿐이었다. 아들에게는 '대학까지 졸업시켰으니 앞으로는 자립해서 살아가거라'는 말만 남겨놓았다.

이에 앞서 유일한은 타계 2년 전인 1969년에 당시 조

권순 전무를 사장에 앉힘으로써 유한양행에 전문경영인 체제를 도입했다. 예나 지금이나 기업 또는 재산의 대물림이 일반화돼 있는 우리 사회에서 2세를 배제한 전문경영인 체제의 도입은 당시로선 획기적인 것이었다.

그렇다고 유일한이 아들 유일선을 처음부터 경영권에서 배제시켜 놓았던 것은 아니었다. 후계 구도를 위해 아들을 경영에 참여시켜야 한다는 임원들의 요청에 따라 1966년 미국에서 공부 중이던 유일선을 불러들여 부사장에 앉혔다. 그러나 미국식 효율과 합리성을 추구하던 아들의 경영관은 사회적 책임과 윤리성을 최우선시하는 유일한의 정신과 차이가 있었다. 유일한은 앞으로 유한양행을 어떤 식으로 이끌어가야 할 것인지 고심 끝에 전문경영인 체제 도입을 결심했고, 아들은 3년 만에 경영에서 손을 떼고 미국으로 돌아가 버렸다.

이렇게 시작된 유한양행의 전문경영인 체제는 지금까지 변함없이 이어져 오고 있다. 유한양행의 전·현직 최고경영자들은 모두 평사원으로 출발해 사장 자리까지 오른 사람들이다. 1,200여명의 임직원 중 유일한 박사의 친인척은 단 한 명도 없다고 한다.

유일한 박사의 기업관을 엿볼 수 있는 일화는 많다. 제2한강교(양화대교)를 건설할 당시 정부는 부지 매입가격으로 평당 4,000원을 제시했으나 주민들은 1만 2,000원을 요구했다. 유한양행 소유의 땅도 일부 있어서 당시 직원이 주민들과 함께 버티자 유일한 박사의 불호령이 떨어졌다. "임자는 평당 3원에 산 것을 4,000원에 가져가겠다는데 1,300배의 이익을 취하고도 만족하지 못하는가. 나라에서 필요하다는데 당장 서울시에 내주지 못하겠는가." 나보다는 회사, 회사보다는 국가를 우선시했던 유일한의 생각을 엿볼 수 있는 대목이다. 개인 생활 역시 지극히 검소했다. 식사할 때 반찬 수가 다섯 가지를 넘지 않았다. 장거리 출장 때도 이코노미석만 고집했다.

민족 제약기업으로 출발한 유한양행이 창립 85년을 넘도록 장수하는 데는 창업자인 유일한 박사의 기업관이 지금도 사내에 생생하게 살아 있기 때문이다. 핵심 가치는 윤리경영과 투명성이다. 이들 가치는 '가장 좋은 상품의 생산', '성실한 납세', '기업이윤의 사회 환원'으로 요약되는 유한양행의 경영이념에 잘 녹아 있다.

유한양행은 창업 이래 줄곧 우수의약품 개발을 기업의 최우선 과제의 하나로 삼고 있다. 1998년 외환위기를 맞아 조직을 슬림화하면서도 연구 인력은 되레 늘려 전 임직원의 20%에 이른다. 매출액 대비 R&D 투자도 제약업계 평균(3~4%)보다 높은 5~6% 수준을 유지하고 있다.

세금 납부와 관련된 일화도 많다. 자유당 정권 시절인 1959년, 유한양행은 정치자금 헌금을 한사코 거절하다 보복성 세무조사를 받기에 이르렀는데, '털어서 먼지 안 나오는 곳 없다'는 속담이 무색하게 탈세 의혹을 한 점도 찾을 수 없었다고 한다. 기업들의 엄청난 탈세가 밝혀져 사회가 시끄러웠던 1967년에도 세무사찰을 받았으나 다른 기업들과 달리 유한양행은 한 치의 오차 없이 성실히 납세하고 있었다는 것이 확인돼 다음해 모범 납세 우량기업으로 동탑산업훈장을 받기도 했다. 교육 사업을 통한 기업이윤의 사회 환원도 돋보이는 대목이다. 유일한 박사의 재산 기증으로 유한재단과 유한학원은 유한양행의 주식 25%를 보유한 최대 주주가 됐으며, 이를 통해 유한양행은 회사 이익을 사회에 환원하는 시스템을 갖추게 된 것이다. 물론 이 같은 구조가 가능하게 된 배경은 무리한 사업 확장을 않고 제약 한 우물만 파는 내실경영과 이를 통한 흑자 실현이다.

'모범 기업' 유한양행은 이처럼 소유와 경영의 분리, 국내 최초 종업원지주제 도입, 기업이윤의 사회 환원 등 선진 경영 기법을 국내에 누구보다 앞서 도입한 것은 물론, 이들 가치를 흔들림 없이 지켜온 것이 장수의 비결인 셈이다. (www.yuhan.co.kr)

— 유규하 —

진로(眞露)

– 참이슬로 다시 태어난 '국민 소주'

소주는 기쁠 때나 슬플 때나 한결같이 서민의 사랑을 받아온 대중적인 술이다. 그 중에서도 가장 오랫동안 소비자에게 친숙해진 소주가 진로 소주다. 이 술이 지금은 '진로(眞露)'를 우리말로 풀어 쓴 '참이슬'로 상징되지만 초기에는 복을 상징하는 두꺼비 상표로 서민들에게 친근히 다가왔다.

그러나 진로가 1924년 평안남도 용강에서 처음 나왔을 때는 원숭이표로 선을 보였다. 당시 원숭이가 평양지역에서 복을 주는 동물로 여겨졌기 때문이다. 그것이 한국전쟁 후 사업기반을 남한으로 옮긴 뒤 두꺼비로 바뀐다. 남쪽에서는 원숭이가 교활하다는 이미지를 주는 동물이었기 때문이다.

진로의 창업자는 1985년 81살로 세상을 떠난 장학엽(張學燁)이었다. 그는 1924년 평안남도 용강군에서 진천양조상회를 설립하고 '진로'를 생산

알코올 도수 23도의 '참이슬'과 30도의 '진로'

하기 시작했다. 장학엽은 한국전쟁 때 남쪽으로 내려와 부산에서 소주 사업을 계속했다. 전쟁이 한창이던 1951년 부산으로 내려온 장 씨 일가는 부산

동화양조로 상호를 바꾸고 '금련'이라는 소주를 생산하면서 남한에 터를 잡았다. 진로는 그 후 '낙동강'이란 브랜드로 소주를 판매한다. 전쟁이 끝나자 1953년 10월에는 서울 영등포구 신길동에 공장을 지어 이전하고 1954년부터 두꺼비 상표를 사용하기 시작했다. 상호도 1954년에 서광주조로 바꾸고 1966년에는 진로주조로 이름을 바꾸며 소주사업에 전념했다.

진로는 1965년 제조 방식을 증류식에서 희석식으로 바꾸면서 크게 도약하게 되는데 희석식 소주를 처음 내놓은 65년 소주 시장은 삼학의 독무대였다. 희석식 소주는 곡물을 증류한 알코올 95% 이상의 소주 원료인 주정에 물을 섞어 만드는 것이다. 생산방식의 변화로 소주의 대량생산 시대가 열린 것이다. 진로는 희석식 소주를 생산하면서부터 전남을 기반으로 전국시장을 휩쓸던 삼학을 따라 잡는데 전력한다. 제조기술을 향상시키는 동시에 '왕관 회수 작전'이라는 판촉활동을 펼쳤다. 소주 판매업소가 당시 왕관처럼 생겼던 진로 소주의 병뚜껑을 가져오면 보상을 해주는 판매촉진의 방법이었다. 두꺼비가 안에 그려진 병뚜껑을 갖고 오는 소비자에겐 재봉틀과 금두꺼비 등 당시로선 파격적인 고가의 경품행사를 곁들였다. 당시 주객들은 소주 마개를 따다가 두꺼비가 나오면 마치 로또에 당첨된 것처럼 기뻤던 시절이었다.

진로는 이런 노력에 힘입어 쓴 맛(진로), 단 맛(삼학) 대결로 시작된 삼학과의 경합을 10년 만에 승리로 이끌어낸다. 진로는 이런 공격적인 마케팅에 힘입어 1970년 드디어 삼학소주를 제치고 소주시장 1위에 오른 뒤 지금까지 부동의 시장 점유율 1위를 유지하고 있다. 그런 가운데 선진적인 광고판촉 활동을 벌인 진로는 국내 최초의 CM송으로 유명한 '야야야 야야야 차차차....진로 파라다이스'란 노래로 국내 광고의 새로운 장을 열었다. 애니메이션을 곁들인 CF는 영화관에서 본 영화에 앞서 상영되기도 했다. 당시 이 노래는 각종 체육대회의 응원가로 개작돼 불릴 만큼 인기를 끌었다.

그 후 진로가 시장의 주도권을 휘어잡은 것은 73년 알코올 도수를 5도나

내린 '25도 진로'를 내놓으면서부터다. 진로라는 이름은 75년부터 쓰기 시작했다. 이때까지는 '낙동강'이란 상표였다. 진로(眞露)는 생산지였던 평남 용강군 진지(眞池)면의 '진'(眞)자에 소주를 증류할 때 술 방울이 이슬처럼 맺힌다고 해 '이슬 로'(露)자를 붙여 만들었다고 한다. 그러나 1985년 한 우물을 판 사업을 일으킨 창업자가 타계하고 제2대 회장을 이어받은 장진호가 여러 사업에 손을 대면서 내리막길을 걷기 시작했다.

탄탄대로를 달리던 진로는 1994년 창립 70년을 맞아 『진로그룹 칠십년사』를 편찬하며 그동안의 사업 성과를 유감없이 담아냈다. 그러나 3년 뒤인 1997년 외환위기를 맞아 끝내 회생하지 못하고 법정관리를 거쳐 주인자리를 내주는 불운을 겪게 된다. 그러나 주인이 바뀌었어도 그 브랜드파워만은 퇴색하지 않고 장수를 누리고 있다. 1997년 부도에 이어 2003~2005년엔 법정관리를 받았지만 같은 주류업계인 하이트그룹을 통해 다시일어서 2005년 7월에는 하이트-진로그룹으로 새 출발해 역사를 이어가고 있다. 주인이 바뀐 뒤에도 진로의 혁신과 도전은 그치지 않았다. 1924년 처음에 진로가 내놓은 소주의 알코올 도수는 35도. 1965년 30도, 1974년 25도에 이어 1998년 히트상품 '참이슬'은 23도로 100억 병 넘게 팔았다. 2004년 21도로 내놨던 참이슬 후레쉬는 지금은 19.5도. 요즘 히트상품은 '진로 제이'로 20도 이하로 낮아진 순한 맛으로 젊은 층의 입맛을 사로잡고 있다. 진로는 이어 알코올 도수를 1도 더 내린 18.5도의 소주도 선보였다. 소비 트렌드 변화에 맞게끔 연구개발을 통해 이뤄낸 성과다.

진로는 2007년엔 전통 소주 제조법을 이용한 알코올 도수 30도의 고급 증류식 소주인 '일품 진로'도 선보이며 다각화를 추진중이다. 출고가 1000원 미만인 친근한 희석식 소주가 국민 대다수와 동고동락했지만, 프리미엄급 소주와 전통식 소주에 대한 수요도 다시 살아나고 있기 때문이다. 86세 진로의 도전은 이렇게 100년을 향해 나아가고 있다. (www.jinro.com)

– 박영규 –

한국타이어

– '조심 또 조심' 꼼꼼한 계수경영으로 세계 7위 도약

우리나라 기업 가운데 글로벌 기업으로 성장한 곳이 여럿 있지만, 특히 빼놓을 수 없는 곳 중 하나가 세계 7위의 타이어 생산업체인 한국타이어다. 회사 창립은 70년이 넘었지만 한국전쟁 당시 잿더미가 됐고, 공장 복구 이후에도 경영부실로 오랫동안 은행관리를 받는 등 초창기의 파란만장한 어려움을 극복하고 세계적 기업으로 거듭났기 때문이다.

1930년대 말 일본은 자동차공업이 급속도로 발전해 이미 세계 8위 생산국이 돼 있었다. 당시 일본의 대륙 진출이 본격화되면서 우리나라에서도 교통수요가 급증했고, 타이어공장의 필요성도 높아졌다. 1941년, 일본의 브릿지스톤이 한국타이어의 전신인 '조선다이야공업주식회사'를 자회사로 설립한 것은 이런 배경에서였다.

한국타이어의 각종 제품들

조선다이야는 1942년 경기도 시흥(지금의 서울 영등포구 신도림동)에 하루 300개, 연간 11만개 생산 규모의 공장을 완공해 화물차와 버스용 타이어를 주로 생산했다. 그러나 조선다이야는 태평양전쟁 발발과 함께 어려움에 부닥친다. 일본의 잇따른 패배로 원료인 동남아산 생고무 조달이 여의치 못한 탓이었다. 1943년 이후로는 하루 50개 생산에도 못 미칠 정도였다.

해방이 되자 조선다이야는 미군정의 관리를 받게 된다. 일본인 기술자들로부터 노하우를 전수받아 1년여 만에 공장이 재가동됐으나 원료 수급 문제로 생산량은 많지 않았다. 1950년의 한국 전쟁은 비극의 서막이었다. 그해 9월 인민군의 폭파와 연합군의 폭격으로 공장은 잿더미가 됐다. 시설물의 70% 이상이 파괴됐다. 남은 것이라곤 사무실용 목조건물과 정문 수위실 정도였다. 공장 복구는 엄두도 내기 힘든 상태였다.

1955년 정부는 터만 남다시피 한 한국다이야를 민간에 매각했고, 경영권은 3년 뒤 다시 제당업계로 넘어간다(조선다이야는 1955년 민간에 매각되며 회사 이름이 '한국다이야제조'로 바뀌며, 1968년 '한국타이어제조', 1999년 지금의 '한국타이어'로 바뀐다). 1958년 한국다이야는 동양제당측이 50.9%, 삼성물산측이 49.1%의 지분을 갖는 조건으로 주인이 바뀐다. 경영은 동양제당 사장 배동환(裵東桓)이 맡았다. 1950년대 설탕으로 큰돈을 번 동양제당과 대한제당(李洋球), 제일제당(李秉喆)은 삼척시멘트(지금의 동양시멘트)와 한국다이야를 공동 인수키로 했다. 그러나 세 사람의 의견 차이로, 이양구가 삼척시멘트 주식을 전부 인수하고 한국다이야는 배동환과 이병철이 공동 인수하는 것으로 조정됐다.

배동환은 복구에 박차를 가해 잿더미가 된지 8년만인 1958년 9월 공장을 다시 돌린다. 그러나 이번엔 과당경쟁이 문제가 됐다. 당시 국내 시장에는 홍아타이어(1952년 설립)와 동신화학(1954년), 삼양타이어(1960년, 지금의 금호타이어)까지 4개 사가 있었으나 과잉설비로 모두 경영난을 겪고 있었다. 의욕적으로 재가동한 한국다이야도 빚더미에 올라앉았다. 마침내 1961년 말 주거래은행인 한일은행은 대출중단을 통보했고, 이듬해 4월

은행관리가 시작됐다. 1962년 9월 한국다이야는 새 주인을 맞게 된다. 효성그룹 조홍제(趙洪濟, 1906~1984) 창업주는 삼성그룹 이병철 창업주와의 동업관계를 청산하며 제일제당이 보유하고 있던 한국다이야 주식을 전량 인수해 독자 경영에 나선다. 마침내 효성그룹의 일원으로 새 출발을 하게 된 것이다.

조홍제는 경남 함안 출신으로 일본 동경법정대학에서 당시 유학생으론 흔치 않게 경제학을 전공한 엘리트였다. 해방 이후 친구의 동생인 이병철이 설립한 삼성물산에 투자를 하면서 동업관계를 맺었다가 56세 때 독립해 효성물산을 창업한다. 조홍제는 치밀하고 꼼꼼한 성격이었다. 신규 사업에 진출할 때면 모든 것을 계수화해 검토에 검토를 거듭하는 스타일이었다.

한국다이야는 은행관리를 받고 있었지만, 조홍제는 대주주로서 경영정상화를 위해 안간힘을 쏟았다. 1963년 재생타이어 위주의 국내 시장에 처음으로 승용차용 타이어를 내놓았고, 파키스탄에 트럭용 타이어 680세트를 판매하며 수출 시장 개척에 나섰다. 1966년에는 미국을 포함해 32개국에 제품을 실어 보냈다. 1967년, 마침내 5년간의 은행관리가 끝나고 경영권을 찾아왔다.

호조는 계속됐다. 고속도로가 잇따라 건설되고 자동차산업도 빠른 속도로 성장했다. 이듬해 한국타이어는 기업을 공개해 공장 증설 자금을 조달하는 데 성공한다. 시장 여건도 유리하게 돌아갔다. 4대 메이커 가운데 동신타이어가 업종다양화에 실패하며 1970년 법정관리를 받게 됐고, 홍아타이어도 사세확장에 실패하며 1973년 매각됐다. 후발 삼양타이어와 2사 체제를 갖추게 됐지만, 주도권은 한국타이어가 잡았다.

1969년 조홍제는 둘째 아들 조양래(趙洋來)를 한국타이어 상무로 앉힌다. 장남 조석래(趙錫來)에게는 효성물산 등을, 3남 조욱래(趙旭來)에게는 대전피혁을 맡긴다. 조양래는 경기고와 미국 앨라배마대학을 졸업한 뒤 귀국해 효성 계열사에서 경영수업을 받아왔다. 2세 조양래는 경영방식이나 성격 등이 부친과 흡사했다. 검소한 성격에 외부에 나서기를 꺼려해 훗날 '은둔의 경영자'로 불릴 정도였다. 회사 경영에서는 부친이 늘 강조해온 '작은 것을 아껴라', '철저하게 연구 검토하라', '잘난 사람을 조심하라' 등 3가지를 신조로 삼고 기업 운영의 기준으로 해석했다. 작은 것을

한국타이어 대전공장, 1979년 완공 이후 4차례 증설로 연산 1,500만개 규모를 갖추웠다

아끼는 마음가짐이야말로 경영합리화의 기본이며, 학벌이나 출신을 따지기보다는 성실한 인재를 등용해야 한다는 내용이었다.

조양래는 한 우물만 팠다. 부친의 뜻을 이어받아 타이어 외에는 거들떠보지도 않았다. 국내 첫 스노우타이어 개발(1969년)에 이어 부가가치가 높은 승용차용 래디알타이어를 개발해(1974년) 수출시장 경쟁력을 강화했다. 1979년에는 대전에 래디알타이어 전용 공장을 완공했다. 대전 공장은 4차에 걸친 증설로 연간 1,500만개의 생산규모를 갖춘다. 1980년에는 회장에 취임하며 사훈을 바꾸고 경영이념과 사가를 제정하며 조양래 체제를 완성한다.

1980년대 중반 국내에서는 3저 호황에서 시작된 자동차 붐을 타고, 해외에서는 세계적인 경기 호황으로 한국타이어도 급성장했다. 글로벌 시장을 겨냥해 1999년에는 저장(浙江)성과 장쑤(江蘇)성 등 중국 내 두 곳에 연간 2,900만개 규모의 공장을 지었다.

1997년 조양래는 전문경영인에게 경영을 맡기고 자신은 한걸음 물러섰다. 자신의 두 아들이 입사할 즈음이었다. 이후 경영수업을 받아온 조양래의 장남 조현식은 2010년 사장으로 승진해 마케팅을 총괄하고 있고, 차남

조현범 부사장은 글로벌 전략을 맡고 있다. 3세 경영이 가시화된 것이다.

한국타이어는 70여년 역사를 거치며 몇 차례의 변곡점을 겪었다. 그러다 보니 창립 이후 1950년대까지는 정상적인 기업 활동이 어려웠다. 지금의 모습을 갖추게 된 것은 조홍제가 인수하며 제2의 창업에 나선 결과다. 조홍제가 사실상의 창업주인 셈이다.

한국타이어는 2세 체제에서도 창업주의 경영철학을 고스란히 유지하며 글로벌 기업으로 규모를 키우고 내실을 다져 장수의 기틀을 다져왔다. 2014년 세계 5위의 글로벌 타이어 기업이라는 청사진도 마련했다. 이를 위해서는 3세 경영 안착 등의 또 다른 변곡점을 무난히 통과하는 게 과제다.

(kr.hankooktire.com) — 유규하 —

한진중공업(韓進重工業)

– 국내 최초 기록 제조 70여년

　한진중공업은 자사의 사업 분야를 4가지로 분류한다. 조선사업과 건설, 수빅만조선소, 해모로 아파트건설 사업 등을 한진중공업그룹으로 묶은 것이다. 이 가운데 주력업체인 조선부문의 인수 전 대한조선공사 설립연도가 가장 오래됐으므로 회사를 얘기하려면 여기서부터 시작해야 순리다.

　한국 최초의 근대식 조선소는 구한말인 1887년 일본인에 의해 세워진 다나카(田中)조선철공소다. 이후 일본인 조선소가 여러 곳 생겨났으나 대부분 목선 분야였는데, 1937년에 일본인에 의해 최초로 생긴 강선(鋼船)전문 조선소가 지금의 부산 영도구에서 시작한 '조선중공업주식회사'다. 창립 이듬해 국내 최초로 철강화물선(390t)을 건조한 기록을 세웠다. 1945년 광복 직후 국영기업 대한조선공사로 바뀌면서 우리 기술로 공작기계(선반)와 철도차량 등을 제작하기 시작했다. 68년 '공사'라는 꼬리를 단채 민영화된 뒤 조선설비를 확충하면서 '국내 최초'라는 여러 기록을 세우기 시작했다. 대한조선공사는 2006년 4월 한진그룹에 인수돼 한진중공업그룹으로 다시 출범했다.

　한진중공업의 주력 선종은 초대형 컨테이너선과 LNG선, 유조탱커 등이다. 특히 컨테이너선의 경우 600여척의 건조실적이 축적된 기술과 노하우로 이 분야에서 세계적인 경쟁력을 인정받고 있다. LNG선의 경우는 95년 동양최초로 멤브레인형 LNG선을 건조하는 등 지속적인 R&D투자로 고부가가치 고기술의 새로운 선형을 개발해 왔다. 한진중공업은 방위산업에도 기여했다. 72년 국내 최초의 국산 경비정 '학생호' 건조를 계기로 74년 국내 방위산업체 제1호로 지정되면서 대함수송정 '독도함'과 초계함, 상륙함, 공기부양정, 경비정 등 다양한 특수선을 건조해오며 국내 최대의 함정 건조실적도 보유하고 있다. 이밖에도 케이블선, 쇄빙선, 냉동운반선, 시추선 등 1천여척의 다양한 선박건조 실적을 바탕으로 우량 선박건조업체로 널리 평가되고 있다.

건설부문은 1967년과 68년 각각 설립된 대한준설공사(90년 한진종합건설로 상호변경)와 한일개발(94년 한진건설로 상호변경)이 모체다. 이들은 68년 국내 최초로 철근골조건물(서울 해운센터빌딩)을 시공했으며, 72년에는 역시 국내업계 최초로 필리핀에 진출해 민다나오 섬 도로공사, 77년 사우디아라비아 TAIF공군기지 공사를 시공해 82년 10억불 해외건설수출탑을 수상했다. 88년에는 서울 동소문동 재개발사업에 참여, '해모로' 아파트 4,500가구를 처음으로 지으면서 아파트 건설업에 진출했다. 91년에는 국내 최초로 Lift-up공법을 개발했으며, 92년에는 인천국제공항 건설공사에 참여해 부지조성, 활주로, 국제여객청사 골조공사 등을 시공했다. 이 공로로 2001년 국내 건설업계 최초로 금탑산업훈장을 받았다. 99에는 한진중공업(주식지분 60%)에 한진건설(25%)과 한진종합건설(15%)을 통합했다.

2000년에는 세계 최초로 '플로트에이팅공법'을 개발해 영종대교 건설에 참여, 국내 건설시공능력 1위 평가를 받았다. 2005년 10월에는 한진그룹으로부터 계열을 분리 독립하면서 한진중공업그룹으로 공식 출범, 조남호(趙南鎬, 고 조중훈 한진그룹회장의 차남) 회장을 정점으로 새출발했다. 2007년에는 한진중공업홀딩스를 출범, 지주회사 체제로 전환했다. 2009년에는 (주)대륜에너지를 설립, 신규로 집단에너지사업에 진출했다. 2006

년부터는 필리핀 수빅만 70
만평 부지를 확보, 총 7,000
여억원을 투자해 2016년까
지 수빅조선소를 건설중에
있다. 이미 1, 2단계 공사를
마무리해 전 공정을 소화할
수 있는 생산시스템을 갖추
고, 4,300TEU급 컨테이너
선 4척을 수주했다. 한진중공
업은 오랜 전통의 노하우와
축적된 기술의 바탕에서 역
동적이고 공격적인 경영을
추진, 신속한 성장과 발전을
이루어 왔다. 그러나 그 과정
에는 수시로 부작용이 돌출
하기도 했다.

위) 한진중공업 부산 영도조선소
아래) 한진중공업이 필립핀 수빅만에 건설 중인 조선소

　1988년에는 경기불황으로 6개 시중은행에 진 부채 4,300억원을 갚지 못
해 법정관리처분을 받았고, 8년만인 96년 10월에야 채무 일부를 상환하면
서 법정관리에서 해제됐다. 95년 거양해운을 인수할 때는 법정관리중인 기
업이 다른 기업을 인수할 수 있느냐는 시비에 휘말리기도 했다. 같은 해 2
월에는 부산 영도조선소에서 수리 작업중이던 컨테이너운반선에서 화재가
발생, 작업중이던 인부 19명이 사망하는 사고가 발생했다. 이 사고로 안전
관리 책임자 이우식 부사장 등 5명의 직원이 구속되기도 했다. 그러나 무엇
보다도 한진중공업의 가장 큰 골칫거리는 노조의 잦은 파업문제였다.
　91년 5월 파업 중 부상으로 병원에 입원중이던 한진중공업 노조위원장
박창수가 병원 옥상에서 추락사하자 노조원 2천여명이 사인을 밝히라며 사

내외서 농성시위를 벌였다. 93년 6월에는 임금협상을 벌이던 노조가 회사 측과의 이견이 좁혀지지 않자 파업농성에 들어갔다. 94년 7월에는 모든 노조원들이 높이 42m의 LNG운반선에 올라가 '결사투쟁'을 결의하고 파업을 벌였다. 노조의 파업이 장기간 계속되자 18개 외주협력업체들이 노조를 상대로 손해배상소송을 제기하고 노조간부들을 검찰에 고발하기도 했다. 96년 6월에도 임금협상 때문에 전면파업을 벌였다.

2000년대 들어와서도 한진중공업 노조의 파업투쟁은 계속됐다. 2003년 파업사태 때는 전주익 당시 노조위원장이 129일 동안 농성을 벌이다가 크레인에 스스로 목을 매 자살한 사건이 일어났다. 그 후 7년 동안 큰 분란없이 잠잠하던 노조가 다시 2010년 말 파업농성을 벌였다. 경영난을 이유로 회사가 생산직 사원 400명을 정리해고하겠다고 통고하자 이의 철회를 요구하며 파업에 들어갔다. 이 농성파업에 지원 가세한 민주노총 부산본부 지도위원 김진숙이 고공크레인 위에 올라가 단신 농성을 벌였다. 농성장소는 2003년 김주익 전 노조위원장이 자살했던 곳으로, 농성자들을 자극하는 요인이 됐다.

그럼에도 불구하고 한진중공업(본사, 부산 영도구 봉래동 5가)은 2008년 현재 자본금 2,400억원, 매출액 3,228억원, 상시종업원 4,200명(이상 대한상공회의소 자료)의 대기업그룹으로 국내외에서 위상을 확고히 하고 있다. (www.hanjinsc.com)   – 노계원 –

한화손해보험(韓火損害保險)

– 주인이 6번 바뀐 구 신동아화재

한화손해보험(서울 중구 태평로 2가 43)은 구 신동아화재해상보험의 새로운 이름이다. 서울신문의 창립주주였던 조중환(曺重煥)과 김동준(金東濬)이 구화 1천만환의 자본금으로 신동아화재보험을 설립한 것은 광복 이듬해인 1946년이다. 조중환은 당시 1만2천석을 한다는 만석군 갑부였으며, 김동준 역시 7천석을 거둬들이는 지주였다. 이들이 광복 직후 서울신문을 창립했으므로 신동아의 모체는 서울신문인 셈이다.

두 사람이 신문경영에 보탬이 되도록 한다고 설립한 방계기업이 신동아손해보험이다. 여세를 몰아 합동통신을 설립, 김동준이 합동통신 사장으로 갔다. 조·김 두 사람은 언론에 전념하고, 신동아화재의 초대 사장은 당시 주주 중의 한사람이던 황병석(黃炳碩)이 맡았다. 황은 경북 울진에서 저인망어업과 양조업을 하던 사람이다.

6·25가 터지자 부산으로 피난간 신동아보험에 대해 정부는 1억원의 증자를 명령했다. 이 거액의 조달이 어렵자 남선무역 김원규(金元圭)에게 신동아화재와 합동통신을 함께 넘겼다. 신동아보험은 1956년 조선제분의 윤인준(尹寅駿) 회장에게 다시 넘어가고, 1958년 윤이 사망하자 그의 미망인 최낭은(崔朗恩)이 회장을 맡았다. 그러나 조선제분그룹을 운영하기에도 힘이 부쳤던 최 회장은 윤인준의 형뻘 되는 송택성(宋鐸星)에게 신동아

와 조선제분그룹 전체의 운영권을 백지위임했다. 송은 윤 회장의 인척이며, 식산은행 이사와 제일은행 전무이사 등을 지낸 금융인이었다. 경영권을 거머쥔 송 사장이 조흥은행주식 40%를 매입하면서 부채가 늘어나자 상업은행에 신동아 주식을 담보로 자금을 차입하면서부터 신동아의 운영은 점차 어려워졌다.

상업은행은 채권보전책으로 신동아의 관리를 요구했으며, 이에 맞서 송 사장도 법원에 관리 신청을 냈다. 법원은 상은과 조선제분 모두가 주권행사를 못하도록 가처분을 내렸다. 신동아는 1964년 재무부의 강제관리에 들어갔고, 1966년 대법원 판결에 따라 재무부는 신동아주식의 99.9%를 조선제분으로부터 상업은행에 명의개서토록 조치했다.

상업은행으로부터 신동아를 사들인 것이 최성모(崔聖模)다. 최성모는 황해도 사리원에서 정미소와 양조장을 하다가 1945년 월남, 서울에서는 고무신 등을 만드는 세기고무, 부산 피난시절에는 부산수산냉동 등으로 돈을 모은 사람이다. 환도 이후에는 조선제분(동아제분)에서 기반을 굳혔고, 그 여세로 신동아화재를 매입한 것이다. 68년 상호를 신동아손해보험으로 바꾼 최 회장은 이어 대한생명보험을 인수했다. 74년부터 장기보험 판매에 들어가고, 75년 6월에는 기업을 공개했다. 1976년 6월 최성모 회장이 사망하자 신동아그룹 주주총회는 2세 최순영(崔淳永)을 새 회장으로 추대했다. 당시 38세인 최순영은 최 회장의 장남으로 그동안 신동아그룹 기획실장과 콘티넨탈식품 전무, 사장을 역임해 왔다.

신동아그룹은 1983년 계열사 대한생명을 통해 제일은행 주식 800만 주(6.2%)를 사들여 대주주가 됐다. 85년에는 대한생명 명의로 서울 여의도에 63층 빌딩을 준공했다. 당시 신동아그룹은 신동아화재보험, 동아제분 등 9개 회사를 거느린 재벌급 기업으로 자산이 1조원을 넘었다. 90년 신동아화재는 당기순익 63억원으로 손보업계 1위였다.

그러나 1993년 10월 최순영 신동아화재해상보험 회장이 가명계좌로 숨겨 왔던 자사주 48만 4천주(지분 7.27%, 시가 110억원 상당)를 실명주로 전환하면서부터 신뢰에 금이 가기 시작했다. 최 회장은 겉으로는 단 한주의 주식도 갖지 않은 것처럼 행세하면서 가명계좌를 통해 의결권을 행사해온 것이다. 신뢰를 잃은 신동아는 생산성이 추락하기 시작, 95년 정부로부터 경영개선 촉구 명령을 받았다. 96년도에는 국내 11개 손보사에서 보험설계사 1인당 생산성이 최하위로 추락했다.

한화손해보험의 이미지 광고

1998년에 부실기업에 대한 사정이 진행 중에 최 회장이 미국에 있는 그의 개인 유령회사 명의로 회사 공금 1억8천만달러를 스위스은행 등에 빼돌린 사실이 내부 고발로 검찰에 알려져 사기와 재산 국외도피 등의 혐의로 구속 수감됐다. 검찰은 그가 그룹 부실채권 1,800억원을 대한생명에 떠넘긴 사실도 밝혀냈다. 이 사건을 계기로 금융감독원이 99년 3월에 실시한 신동아그룹에 대한 조사 결과 자산을 초과하는 부체 규모는 2조 8,000억원, 최 회장이 빼돌린 회사자금은 3,000억원에 이른 것으로 파악됐다. 최 회장은 이 사건으로 뒤늦게 2006년 징역 5년에 추징금 1,575억 원을 선고받았다.

이 와중에서 최순영 회장의 '그림 로비' 의혹 사건이 불거졌다. 그가 소장하고 있는 유명 화가의 그림을 이용해 사건을 무마하려고 했다는 것이었다. 그러나 검찰이 전문가들과 함께 벌인 수사에서 소장품이 목록대로 보관돼 있는 것을 확인했다. 이어 최 회장이 부인 이형자(李馨子)를 통해 정치 · 금융 · 검찰 등 관계 요로에 로비를 벌였다는 이른바 옷로비의혹사건이 터졌으나 용두사미로 끝났다. 1999년 6월 금융감독원의 권고에 따라 최순영 회장은 주주총회에서 해임돼, 1978년 회장 취임 21년만에 경영일선에서 물러났다. 1999년 5월 금융감독위원회는 모회사 대한생명명과 함께 신동아화재를 공개입찰에 부쳤다. 신동아는 당시 영업신장이 손보업계 수위 자리를 차지하는 우량기업이었으나 주식지분 49%를 보유한 대한화재에 묻혀 공매의 운명을 맞은 것이다. 경매가 3차례나 유찰되자 같은 해 8월 금융감독위원회가 대한생명을 부실금융기관으로 결정, 예금보험공사의 공적자금을 투입하면서 국영 생명보험사로 전환, 정부가 경영권을 장악했다. 2001년 4차 공매 끝에 대한생명이 한화그룹에 낙찰되고, 신동아화재도 운명을 같이했다. 2002년 12월 신동아화재는 대한생명과 함께 한화그룹에 편입되고, 2009년 명칭도 한화손해보험으로 바뀌었다. 2010년 1월에는 제일화재보험이 합병됐다. 이로써 한화손해보험은 총자산 4조원, 시장 점유율 6.9%로 손보업계 3위의 규모를 갖추게 됐다.

신동아화재는 경영주가 여러 차례 바뀌고, 형사사건에 연루되는 등 불안정한 분위기에도 불구하고 경영면에서는 계속 상위권을 유지해 왔다. 1975년 기업을 공개하고, 89년에는 납입자본금이 1천억원을 돌파했다. 98년에는 업계 최고의 자동차보험 영업실적을 기록, 보험감독원 경영평가에서 A등급 우수보험사로 선정됐다. 보험상품에서도 83년 안전드라이버보험을 비롯 신혼보험, 만능설계종합보험, 참튼튼자녀사랑보험, 전천후운전자보험, 메가클래스남성보험 등 참신한 상품을 개발, 판매했다. 1998년 외환위기 때는 사업비 10%를 감축하고, 기구와 조직의 축소, 부실한 모집조직 정리, 임직원들의 감봉, 불요불급한 사업의 축소 등 경영혁신을 단행해 위기를 극복했다.

신동아화재해상보험은 한화그룹으로 편입된 뒤 1년 만에 한국안전대상 행정자치부장관상을 수상했으며, 이듬해에는 카네이션자동차보험이 금융감독원의 우수 금융신상품상을 수상했다. 2005년에는 퇴직연금사업자로 등록했다. 편입 3년 만인 2009년에는 매출이 62% 증가하는 실적을 보였다. (www.hwgeneralins.com)   – 노계원 –

집필자(가나다순)

김두겸(金斗謙) (사)신산업전략연구원장
노계원(盧癸源) 전 중앙일보 수석논설위원
박영규(朴榮珪) 전 연합뉴스 논설위원
오춘애(吳春愛) (사)신산업전략연구원 연구위원
유규하(柳奎夏) 파이낸셜뉴스 논설위원
이두석(李斗石) 전 문화일보 편집국장

뿌리깊은기업

2011년 9월 30일 초판 제1쇄 발행
2011년 12월 15일 초판 제2쇄 발행

엮은이 新産業戰略研究院
펴낸곳 華山文化
펴낸이 許萬逸

등록번호 2-1880호(1994년 12월 18일)
전화 02-736-7411~2
팩스 02-736-7413
주소 서울시 종로구 통인동 6, 효자상가 A 201호
e-mail huhmanil@empal.com

ISBN 978-89-93910-11-7 03320
ⓒ 新産業戰略研究院, 2011

新産業戰略研究院(院長 金斗謙)
주소 서울시 관악구 낙선대동 1629-2,
    동아타운빌딩 2층 205호(⎰151‐818)
전화 02-872-1664~5, 팩스 02-872-1673
e-mail dkkimm45@naver.com